純與俗：文學的對立與溝通

欒梅健著

現代文學研究叢刊

文史哲出版社印行

國家圖書館出版品預行編目資料

純與俗：文學的對立與溝通 / 欒梅健著. --
初版. -- 臺北市：文史哲, 民94
　面： 公分. -- (現代文學研究叢刊; 15)
含參考書目
ISBN 957-549-591-8 (平裝)

1.中國文學 – 歷史 – 現代（1900- ）2.中國
文學 – 評論

820.908　　　　　　　　　　　　94001594

現代文學研究叢刊　　15

純與俗:文學的對立與溝通

著　　者：欒　　　梅　　　健
出 版 者：文　史　哲　出　版　社
　　　　　http://www.lapen.com.tw
登記證字號：行政院新聞局版臺業字五三三七號
發 行 人：彭　　　正　　　雄
發 行 所：文　史　哲　出　版　社
印 刷 者：文　史　哲　出　版　社
　　　臺北市羅斯福路一段七十二巷四號
　　　郵政劃撥帳號：一六一八〇一七五
　　　電話886-2-23511028 · 傳真886-2-23965656

實價新臺幣三六〇元

中華民國九十四年（2005）二月初版

純　與　俗

—— 文學的對立與溝通

目　　錄

下　編

附　錄

上　編

上　　編

前期《小說月報》的重要主持人
——惲鐵樵評傳

一

　　惲鐵樵（1878-1935），名樹珏，別號冷風、焦木、黃岷。江蘇省武進縣孟河鄉人，我國近、現代著名的通俗文學家和中西醫匯通學派的重要代表人物。幼年時，父母相繼病故，生活艱辛。從小刻苦自勵，奮志讀書。十三歲時就讀於族人家塾，通誦儒家經典，打下了紮實的古文功底。十六歲考中秀才。二十六歲（1904 年）時，考入上海南洋公學（即今上海交通大學的前身）。畢業後，一度曾去湖南長沙任教，不久即回上海，在浦東中學執鞭。

　　1911 年，惲鐵樵到上海商務印書館編譯所工作。他仿效「林譯小說」的筆法，用文言翻譯了英國卻而司・佳維的《豆蔻葩》、《黑衣娘》、《波痕荑因》等小說，發表於當時包天笑主辦的《小說時報》上。同時，又自作了《造象毀象》等文言小說，在當時小說界名震一時。

　　1921 年，《小說月報》原主編王蘊章有事往南洋。應商務印書館總編張菊生之聘，惲鐵樵從三卷一期起接編《小說月報》。這個創辦於 1910 年 7 月的小說月刊，是當時商務印書館所屬的重要文學刊物。惲鐵樵接編後，革新內容，擴充版面，影響迅速擴大。從三卷七期起，《小說月報》由原來主要編發小說創作與翻譯的專門刊物，擴展到小說、傳奇、新劇、詩歌、散文皆備的大型文學刊物。並從五卷一期起，由二十五開本擴大到十六開本，每期字數由六萬增至十萬。它的影響也從

中國擴大到南洋、新加坡一帶，銷數超出一萬份。1918 年，惲鐵樵的興趣逐漸轉向醫學。從九卷一期起，重新由王蘊章主編。而到 1921 年的第十二卷起，《小說月報》則由沈雁冰全面革新後成爲新文學運動的重要陣地。

惲鐵樵編輯《小說月報》整整六個年頭，占去前期《小說月報》十一卷的一半還多。1913 年 4 月，魯迅先生的第一篇文言小說《懷舊》發表在該刊的第四卷第一期上。他在 1934 年寫給楊霽雲的信中曾經這樣提到：

> 現在都說我第一篇小說是《狂人日記》，其實我的最初排了活字的東西，是一篇文言的短篇小說，登在《小說林》（？）上。那時恐怕還在革命之前，題目和筆名，都忘記了，內容是講私塾裏的事情的。後有惲鐵樵的批語，還得了幾本小說，算是獎品。[1]

由於時隔久遠，魯迅先生已經記不清楚發表的確切時間與刊名了。在這篇署名「周卓」的文言小說末尾，惲鐵樵加的批語是：「實處可致力，空處不能致力，然初步不誤。靈機人所固有，非難事也。曾見青年才能握管，便講詞章，卒致滿紙餖飣，無有是處，亟宜以此等文字藥之。」[2]在文中，惲鐵樵還加了「轉彎處俱見筆力」，「寫得活現，真繪聲繪影」，「狀物入細」等等批語，予以讚揚。對於當時尚未發表過任何小說的魯迅先生來說，能得到當時頗有影響的雜誌主編惲鐵樵的稱許，那當是非常的激動與興奮。難怪在二十多年之後，魯迅先生儘管已經忘記了這篇小說的題目和筆名，但還仍然清楚記得「後有惲鐵樵的批語」！

當然，得到惲鐵樵獎掖的並非只有魯迅先生一人。1913 年前後，年僅十八歲的張恨水正在蘇州蒙藏墾殖學堂讀書。當時他尚未發表過任何作品。課餘，他試寫了兩篇短篇小說，一篇叫《歸新娘》，是白話的；另一篇叫《梅花劫》，是文言。大著膽子，悄悄地寄給了《小說月報》編輯部：

> ……稿子寄出去了，我也只是寄出去而已，並沒有任何被選

1 《魯迅全集》第十二卷，第 403 頁。
2 《小說月報》第四卷第 1 期，1913 年 4 月出版。

的幻想。可是事有出於意外，四五天後，一封來自商務印書館的
信，放在我寢室的桌上。我料着是退稿，悄悄的將它拆開。奇怪，
裏面沒有稿子，是編者惲鐵樵先生的回信。信上說，稿子很好，
意思尤可欽佩，容緩選載。我這一喜，幾乎發了狂了。我居然可
以在大雜誌上寫稿，我的學問一定是很不錯的呀！我終於忍不住
這陣歡喜，告訴了要好的同學，而且和惲先生通過兩封信。……
後來我當了五十年的小說匠，他的這封信是對我起了作用的。[3]

在鄭逸梅爲近、現代通俗文學所作的「稗品」中，對惲鐵樵以「敦
厚」[4]見稱。他性格質直，所交朋友，不論新舊，都以真誠相見。主編
《小說月報》數年，對於投稿的後進，獎掖勸勉，不遺餘力。作爲我
國新文學運動旗手的魯迅先生，和被譽爲現代通俗文學鉅子的張恨水
先生，都不期而遇地得到了惲鐵樵的扶持與嘉勉，足以見出他作爲一
名編輯大家的遠見卓識。

1920 年，惲鐵樵正式懸牌從醫。《禮拜六》的主編王鈍根曾作「惲
鐵樵良醫」的廣告，介紹了他棄文從醫的經過：

> 惲先生初以小說名家主任商務印書館《小說月報》有年。子
> 女繁盛而多病，誤殺於中西名醫之手者凡七人。先生乃大憤，潛
> 心歧黃之術，於古今醫書研覽極博，漸爲戚友所知，邀往治病，
> 輒見神效。予家次兒嘗患太陰病，吐下狂躁，勢已垂絕。先生來，
> 投以附子乾薑四劑而愈。先生辯症明快，下藥簡當，一反時下數
> 衍之習。予生平所僅見真良醫也。[5]

他在診治之餘，還創辦「鐵樵中醫函授學校」，受業弟子達六百餘
人。又留心西洋醫學，主張中西醫彙通，各取所長。醫學著作計二十
二種，編有《藥庵醫學叢書》行世。而在文學方面，興趣漸減。所見
最晚作品，爲 1924 年底發表於《海報》的隨感《畫舫回頭錄》。此後
不再見有文學作品問世。

1935 年，惲鐵樵在上海去世。終年五十七歲。

---

3 張恨水：《我的創作和生活》。
4 《紅雜誌》第 70 期，1923 年 12 月 21 日出版。
5 載《禮拜六》第 110 期。

二

　　惲鐵樵主編《小說月報》的幾年，正是辛亥革命到「五四」新文化運動爆發之間的最黑暗時期。文學創作中充斥著言情、武俠、偵探、滑稽等類的鴛鴦蝴蝶派作家的作品。儘管後來的文學史家也都一律把他視爲鴛鴦蝴蝶派作家隊伍中的一員，然而對他卻頗多溢美之詞。有些論者認爲：「那時中國的小說，還在幼稚時代，居然經他的提倡，把小說的價值頓時提高了。」[6]也有人認爲，他主編《小說月報》後，「編輯方針、內容都有所變革，在稿件上以『雅潔者是取』爲取捨原則。」[7]「對提高小說價值，繁榮小說創作，有一定貢獻」。[8]這些，都反映了文學史家們的一種共識。

　　《小說月報》本是商務印書館原有《繡像小說》的繼承和發展。王蘊章在創刊第一期的《編輯大意》中認爲：「本館舊有《繡像小說》之刊，嗣響遽寂，用廣前例，輯成是報。匪曰丹稗黃說，濫觴虞初，庶幾撮壤涓流，貢諸社會。」正是出於對《繡像小說》「嗣響遽寂」的初充，他敦請名人，分門提任撰述。「其體裁，則長篇、短篇、文言、白話、著作、翻譯、無美不搜；其內容，則偵探、言情、政治、歷史、科學、社會各種皆備。」而其旨則在於：「材料豐富，趣味醇濃」。在此，王蘊章對《小說月報》的要求，只是「用廣前例」，並沒有超越傳統《繡像小說》的框架。

　　在三卷七期的扉頁上，惲鐵樵首次發表了他接編後的「本社特別廣告」。這可以看作他對《小說月報》編輯方針和內容都加以變革的宣言：

> 　　本報自本期起，封面插圖用美人、名士、風景、古跡諸攝影，或東、西男女文豪小影。其妓女照片，雖美不錄。內容側重文學，詩古文詞，諸體鹹備。長、短篇小說，及傳奇新劇諸欄，皆精心撰選，務使清新雋永，不落恒蹊。間有未安，皆從割愛。故能雅

6　嚴芙孫：《惲鐵樵》，見魏紹昌編《鴛鴦蝴蝶派研究資料》，上卷第 551 頁。
7　徐瑞珏：《中國現代文學辭典》，第 151 頁。
8　范明禮：《小說月報》。見《辛亥革命時期期刊介紹》第五卷，第 83 頁。

馴而不艱深，淺顯而不俚俗，可供公暇遣興之需，亦資課餘補助之用。

這裏有三點需要特別注意。第一，「其妓女照片，雖美不錄」。在民國初年，以妓女照片作爲文學刊物封面和插圖成爲風尙，《小說時報》、《禮拜六》等有影響的刊物皆不能免。在前二卷的《小說月報》中，也常有所謂「北京妓女謝卿卿」、「上海名妓花元春」等的照片。惲鐵樵此舉，確有一洗穢風之意。第二，「清新雋永，不落恒蹊」，「雅馴而不艱深，淺顯而不俚俗」。當時的一些無聊文人，常常硬拉扯上兩個癡男怨女，說上兩句恩愛纏綿的話，便自認爲是愛情小說。或者造出些生死離別的情節，加上些哀感頑豔的詞藻，就目爲哀情小說。這種陳陳相因、彼此沿襲的惡習，到頭來只能是大大妨礙了人們對小說價值的重視，影響到小說創作的聲譽。惲鐵樵對「俚俗」、「恒蹊」的反對，正是出於對當時創作風氣的反感，顯示出非同尋常的創新精神。第三，該刊「可供公暇遣興之需，亦資課餘補助之用」。這是他對《小說月報》的目的要求。如果說這一目的要求的後一部分，即「亦資課餘補助之用」，尙反映了一些要求灌輸新理、增進常識之類的進步理想，那麼，前一部分的所謂「供公暇遣興之需」，則還是一個十足的鴛鴦蝴蝶派作者的論調。而且還應該看到，惲鐵樵的這一論調貫穿了他編輯《小說月報》的始終。其後，他還多次認爲：「文字處理不拘濃淡，體例不拘章回筆記或文言白話，惟以雋永漂亮爲歸。」[9]任何作品都必須「情節曲折有味」，[10]符合「極有趣味」[11]的原則，因此，從總的傾向上看來，他所主編的《小說月報》仍然大力提倡趣味文學，成爲鴛鴦蝴蝶派的一個重要陣地。

對於言情小說的看法，一直是惲鐵樵經常談論的話題。他在「答某君書」的《本社函件最錄》中認爲：「言情之作，固爲社會歡迎。若觸目皆是，未免積久生厭。適乎山重水複，不得不做反面文章，以濟其窮。而其結果，乃教猿升木。且香豔文字不能索解，甚於散文。迨

9　《小說月報》八卷 5 期的《本社特別啓事》。
10　同 9。
11　《小說月報》四卷 12 期的《特別廣告》。

既流於淫蕩，則父兄將誡其子弟不許翻檢。」[12]可見，他並不是一概地反對言情之作，而是對當時許多言情小說流於淫蕩的不滿。他還進一步指出了其墮落的原因：「言情小說實非現時代中國之產品，贍才華者偶作狡獪，昧者不察，拾其唾餘，遞演遞下，至於今日。此敝報愛讀者所以有言情小說淘汰淨盡之說也。」[13]在這裏，惲鐵樵把言情小說的墮落僅僅歸結於「遞演遞下」，當然只能是屬於皮相之見。這裏尚有著更爲重要的社會與時代的因素。不過，他對挽救言情小說墮落的建議，倒不失爲一種良策。他指出：「外國言情小說層出不窮，推原其故，則以彼邦有男女交際可言，吾國無之。彼以自由結婚辦法，我國尙在新舊嬗蛻之時。……是故歐洲言情小說，取之社會而有餘；我國言情小說，搜索枯腸而不足。」而且，外國言情小說「可以廣見聞，新耳目，無誨淫誨盜之弊」[14]正確地指出了當時的言情小說與外國同類作品之間的區別。因此，他覺得在當時應該多翻譯外國的言情作品，而不必在匆忙之間粗製濫造。至於在編輯《小說月報》時，「敝報中幾於摒棄不用，即是此意」[15]。確使《小說月報》比當時的同類刊物在格調上高出一籌。

作爲接受過深厚的傳統文化薰陶的知識份子，惲鐵樵對於文學的社會功利性也一直是相當重視的。文學不僅可以有娛樂、遊戲、消遣的功能，而且還有「文以載道」之用。這是我國文學史上長期以來形成的兩個傳統。不過問題的關鍵是：何時可以強調趣味，何時又應該強調社會功利？惲鐵樵認爲，當時「大局搖搖，人心不古」，[16]小說自然應擔負起社會使命。他指出：「《紅樓夢》寫情欲於表面，寫盛衰興亡於裏面；《儒林外史》側重社會；《水滸》痛罵政治……故曰無上品。《西廂記》僅言男女而無歸束以後之事，此可謂有賓而無主。」[17]在此，他把對社會的勸懲教化作用放到了文學作品的重要地位，愛情之類的

---

12 《小說月報》七卷 2 期。
13 同 12。
14 《論言情小說作不如譯》，《小說月報》六卷 7 期。
15 《小說月報》六卷 4 期的《本報函件最錄》。
16 《小說月報》六卷 5 期的《本報函件最錄》。
17 《再答某君書》，《見小說月報》七卷 3 期。

男女之事只能處於從屬的位置。在當時政治黑暗、遊戲人生的觀念佔據上風的時期，惲鐵樵的這種觀點實屬難能可貴。反映在他的編輯意圖上，《小說月報》在提供人們「公暇遣興之需」的同時，也還編發了不少頗有教育意義的社會小說。

<h2>三</h2>

　　惲鐵樵的文學觀念與編輯思想，在他的文學創作中有著更爲形象的表現。儘管從數量上講，他在《小說月報》上只發表了三十餘篇短篇小說和一些雜論，但是，由於他「對於小說寫作，態度非常嚴肅，認爲下筆必須鄭重考慮，因此有人和他開玩笑：『這不是小說，簡直成爲大說了。』」[18]所以他的作品具有相當的文學價值。

　　惲鐵樵最著名的作品是發表於四卷七期上的《工人小史》。即使在二十世紀五、六十年代對鴛鴦蝴蝶派作品大加討伐之時，這個短篇小說也被稱作「逆流中的現實主義」[19]，予以較高的評價。

　　《工人小史》通過船廠工人韓孿人的悲慘遭遇，反映了「五四」前夕工人階級的痛苦生活。韓孿人原本是一個書香門第的世家公子，然而，科舉制度的廢除斷絕了他讀書求仕的美夢。他只得從陝西家鄉逃出，和妻子兒女一起來到上海求職謀生。在四處碰壁、投江自殺被救起後，偶爾在一位熟人的幫助下，到一家外國人辦的船廠當修理工。對於這個好不容易才得到的工作，他兢兢業業地幹活，生怕有半點閃失。但是，在出外修船時，由於一身油垢的工作服遭到了電車售票員的侮辱。在工廠上班時，因爲誤失一個輪葉而被工頭胡某毒打，竟致開除出廠。妻子不服，訴之警署，仍然一無結果。最後，韓孿人只得流落街頭賣報度日。這是一曲悽楚哀涼的悲歌。作爲一個一無所有的破落子弟，他在這個大都會中沒有一點資本可言。他明知道給工頭胡某一些賄賂，就可以得到高的工錢，但是，他從書本中所接受的傳統教育與心中正義、真誠的品性，使他不願低頭彎腰。他覺得「加薪由勢力，或以運動。吾異鄉人，又憨，誰肯噓拂者？」他也知道工人階

---

18 鄭逸梅：《民國舊派文藝期刊叢話·小說月報》。
19 復旦大學中文系 56 級編《中國近代文學史稿》。

級的貧困地位，「既爲工人，便終身與貧困結不解緣」，甘處貧困生活。
然而，不僅工頭隨意就砸掉了他的飯碗，就是他的同類，那個電車售
票員也可以對他肆意欺負。他敢於大聲指責工頭：「汝亦工人，何苦借
洋人勢力自殘同類！」然而，他的這一聲微弱的反抗，在工頭、洋人、
警署連成一氣的黑暗時代，又怎麼能產生些微的反響呢？這是一個社
會的悲劇，一個純樸、善良的靈魂不斷呻吟哭泣的歷史。

　　總起來看，惲鐵樵的作品大都關注社會，比較真實地反映現實生
活，屬於社會小說一類。《村老嫗》（三卷十期），反映的是辛亥革命以
後農村中一幕幕假民主的醜聞。某村老嫗，有兒子名阿二，年二十五，
儘管一向遊手好閒、不務正業，然而辛亥革命爆發後，卻突然搖身一
變，徹夜在外運動選舉，企圖撈個一官半職。老嫗則大惑不解：「今日
世界已爲共和，百姓最大，官府亦仰其鼻息，譬之設肆貿易，百姓爲
店東，官爲夥計……阿二何以不安心做店東，而心醉夥計？」從一個
側面形象地揭示了辛亥革命的不徹底性。《血花一幕》（三卷四期）、《鞠
有黃花》（三卷五期）諸篇，作者自稱爲「革命外史」，記載了一批土
豪劣紳在辛亥革命到來之時，乘機搶班奪權、謀取財物、結黨營私的
勾當。而一慣嚮往民主、支援變革的中學教員趙先生等人，則遭到打
擊、排擠與欺壓。作者在《血花一幕》的「自評」中指出：「本現在之
事實，留真相於將來，一孔之見，以爲無取乎憑空架虛也。」在真實
地揭露社會的黑暗現實之時，尚有著相當鮮明的時代色彩。《新論字》
（三卷一期）感慨舊科舉教育的誤人，《七十五星》（三卷八期）在敍
述朋友的交情之中，夾雜著對當時學校體質強化訓練的擔憂，也都有
一定的社會教育內容。

　　此外，惲鐵樵還有一些作品著重抒發對人生態度的見解。《孽海暗
潮》（三卷二期）中的某少婦，在丈夫外出爲官時與隔壁一男子私通，
後又畏懼被夫發現，將姦夫殺死藏於甕中，自己也複投江自盡，揭示
了縱欲主義對日常家庭的嚴重破壞。《憶泥雲》（三卷四期）中的潘少
丞，因貪圖富貴而拋棄前妻，成爲一個人人唾罵的可卑小人。《贛榆奇
案》（三卷一期），表現的則是一個以色害命、謀財殺人的複雜故事。
作者認爲：「蓋天下至悲慘事釀成，無不以財色爲酵，至可歎也。」這

些作品，則可算作勸諫小說的一類。

惲鐵樵長於古文。所寫小說大都繪聲繪色、形象生動，富有藝術感染力。譬如《工人小史》的開頭一段：

> 晨光熹微中，汽笛聲嗚嗚。一中年婦女從黑甜深處聞之，蹶然坐起。揉搓其睡目，向黝暗之玻璃瞠目凝視。玻璃塵封蛛網，不能辯天光雲影，中一塊已破碎，代以紙，紙復舊敝。曉風拂拂穿隙入，著襟袖雲鬢間，始瞿然若蘇醒。急振衣起立，躊躇四顧。室殊逼窄，一臥榻已占面積四之三。榻間臥男子一，小兒二，鼻息鼾鼾眠正酣。右隅一板桌，桌間物至夥，奩具、炊具皆在焉，餘不能悉舉名。婦則趨室隅，燃火淅米治餐，已而搖榻間男子，促之使起曰：『飯已熟矣。』時天才黎明，男子披衣起，喈曰，殆已後時。遂著履下床，匆匆覓食器。嘻，是兩人者，殆猶有雞鳴戒旦之風哉。

這是工人韓孽人一家早晨的生活，以及他們貧寒的家境。作者由遠到近，由景及人，寫得錯落有致，很有層次，顯示了很強的古文表達能力。

這是一個質直、敦厚的通俗作家。他並不滿於當時卿卿我我、誨淫誨盜的流行小說，試圖以自己所掌握的刊物陣地進行某些革新。但是，他所處的特定歷史環境與他自身所受的教育，使他不能真正成爲新文學的作者。他仍屬於鴛鴦蝴蝶派中的一員。然而，他的努力與追求，卻也到底使他的作品較少鴛蝴習氣。而他所主編的那幾年《小說月報》，則又在鴛蝴派的刊物中贏得了較高的聲譽。

（原載《傳奇百家》1992 年第 1 期）

「禮拜六」派大本營的主要營造者
——王鈍根評傳

在今天一般讀者的腦海中，人們已經忘記了「王鈍根」的名字。但是，在二十世紀一、二十年代，他所主編的《禮拜六》週刊卻吸引了當時無數的讀者，被後來文學史家共推爲我國近、現代通俗文學中最有代表性的刊物。文變染乎世情，興廢繫乎時序。儘管鴛鴦蝴蝶派作家在民國初年的大量湧現，以及《禮拜六》週刊的誕生，有著其特定而又廣泛的政治、經濟與文化的基因，然而，作爲個人的努力，王鈍根無疑在促使「鴛鴦蝴蝶——禮拜六」派的形成中起到了發酵與催化的重要作用。他的文學道路、編輯方針、創作傾向，以及其中的得失因由，自然也構成了我們考察近、現代通俗文學經驗教訓的一個重要內容。

一

王鈍根（1888-1950），名晦，字耕培，江蘇青浦（今屬上海市）人。祖父王鴻鈞，爲清末有名的古文家。其父王訪岩，秀才出身，也擅文章。王鈍根幼年非常聰慧，一目數行俱下，十歲時，即喜閱小說，凡舊小說，諸如《西遊記》、《七俠五義》、《紅樓夢》等等，幾無不覽。鴻鈞與訪岩父子藏書頗多，稗官家言，兼收並蓄。但認爲這一類書，不宜給子弟閱看，乃貯藏於秘篋中。一日清晨，家人打掃書房，發覺書籍滿地，疑爲昨宵被盜，可是鄴架依然，青氈無恙，始知鈍根私取說部，秉燭偷閱，自然是一頓毒打。不過，王鈍根的文學功底卻在其間逐漸孕育而成。

辛亥革命前夕，王鈍根在家鄉青浦創辦《自治旬報》，鼓吹民主共和的進步言論，一時名播鄉里。這時，同鄉席子佩正在上海主辦《申報》，聞其名，請他出任《申報》編輯。1911 年 8 月 24 日（農曆辛亥

年七月初一），王鈍根到上海首創《自由談》，爲《申報》副刊。並在其後不久，加入由柳亞子等人發起組織的進步文學團體南社。

《申報‧自由談》是我國近、現代報學史上歷史最悠久、影響最深遠的副刊。儘管後來編輯幾易其人，特別是在三十年代初期黎烈文任編輯期間，發表了魯迅、瞿秋白等一大批激進作家的重要作品，但是在它前後長達二十五年的時間當中，卻大都依循了王鈍根初創時的基調，成爲當時鴛鴦蝴蝶派作家的又一重要陣地。按照王鈍根的意旨，《自由談》在欄目設置上闢有「遊戲文章」、「海外奇談」、「豈有此理」、「博君一粲」等項，注重作品的趣味性與娛樂效果。《自由談》發表的第一篇作品，便是王鈍根自己創作的遊戲短篇《助娠會》。作品中一幕幕令人發噱的助娠會活動圖景，顯示出作者追求輕鬆與娛悅效果的藝術情趣。1913 年 9 月，鴛鴦蝴蝶派的又一作家童愛樓，將《申報‧自由談》的文章選錄彙編成《自由雜誌》出版。內分「遊戲文章」、「海外奇談」、「心直口快」、「千金一笑錄」、「古今聞見錄」、「自由室文選」、「自由室雜著」、「尊聞閣詞選」、「新劇本」、「小說叢編」諸類。僅僅從這些類目的標題看來，便可清楚地窺見王鈍根在編輯《自由談》時的取捨標準，以及其後不久在《禮拜六》中體現出的編輯思想的最初端倪。同年底，王鈍根與天虛我生（陳蝶仙）改組《自由雜誌》而創辦《遊戲雜誌》，每月一期，仍然主要是結集《自由談》中的重要作品。1915 年初，正值日本強迫中國接受「二十一條」之際，王鈍根因「主張激昂，與主者意見相左」，[1] 不得已辭去《申報‧自由談》編輯之職，而由吳覺迷、姚鵷雛、陳蝶仙與周瘦鵑等鴛鴦蝴蝶派作家接編。《遊戲雜誌》則在王鈍根離開不久出至十九期時宣佈停刊。

王鈍根開始編輯《禮拜六》週刊是在辭去《自由談》職務之前不久。第一期出版於 1914 年 6 月 6 日，至 1916 年 4 月 29 日出至百期時停刊。中華圖書館在第 100 期的《禮拜六》中宣告：由於歐戰影響，時局不靖，郵遞常誤，紙價昂貴等原因，《禮拜六》被迫暫停出版。隔了五年，1921 年 3 月 19 日《禮拜六》復刊，出至 1923 年 2 月 10 日第

---

1 《王鈍根啓示》。載《禮拜六》44 期。

200 期時終刊。前百期的編輯者，初署鈍根，到第十九期以後則署鈍根、劍秋。其實王鈍根是主幹，劍秋則是協助工作。在鴛鴦蝴蝶派作家讚賞《禮拜六》的詩詞、文章中，也大都是「題鈍根編禮拜六」云云。後百期的編輯者署瘦鵑，理事編輯署鈍根。周瘦鵑在《禮拜六舊話》中認為：自 1921 年 9 月辦《半月》以後，「我卻依舊助鈍根編《禮拜六》，……直到一百三十餘期，因自己精神不夠，才歸鈍根獨編。」[2]由此可見，儘管後百期《禮拜六》的版權頁上一直注有「編輯者瘦鵑」的字樣，但是只有前三十幾期由鈍根與瘦鵑合作編輯，餘下皆由王鈍根一人獨編。因此，總起來看，在編輯前後二百期的《禮拜六》中，王鈍根確實是用力最多、支持最久、貢獻最大的一位。作為「禮拜六」派大本營的主要營造者，王鈍根確實發揮了特殊的作用。

1922 年 12 月，王鈍根還與劉豁公、步林屋、袁寒雲一起合輯《心聲》半月刊，共出二十七期，於 1924 年 8 月停刊。發表有徐枕亞、姚民哀、嚴芙孫、海上漱石生等一大批鴛鴦蝴蝶派作家的小說作品。1923 年 8 月 6 日，王鈍根在上海東亞酒樓參加當時通俗小說作家團體「青社」的活動。次年一月，王鈍根創辦《社會之花》雜誌，每十日出版一冊，沈禹鐘為協理編輯，由上海大陸圖書公司發行。《社會之花》除發表有鄭逸梅、張秋蟲、平襟亞等人的作品外，還刊出王鈍根自己創作的長篇小說《溫柔鄉》。該刊共出三十六期，於 1925 年 11 月停刊。1925 年，王鈍根又與劉豁公合作，編輯《說部精英》雜誌，由上海五洲書社印行。包天笑的《婢學夫人》、嚴獨鶴的《戰神與窮神》、江紅蕉的《同性戀愛者》等作品均由此面世。該刊於 1926 年停刊。總的看來，從 1921 年復刊《禮拜六》雜誌到編輯《說部精英》的這幾年，是王鈍根對通俗文學用力最勤的時期。

早在 1915 年前後，王鈍根就傾向實業，試圖易轍入工商界，但遲遲都未實行。直到 1926 年，王鈍根才決然徹底拋棄筆墨，經營鐵業。然而，儘管面對巨額的商業利潤，文人不免眼熱心跳，但是，一旦自己真的投入爾虞我詐的商業競爭漩渦時，卻又終不能脫盡書生本色。

---

2 載 1928 年 8 月 25 日《工商新聞》副刊《禮拜六》第 271 期。

1933 年，王鈍根經商失敗，不得不重整筆墨，應上海《新申報》之聘，主編該報附刊《小申報》與《自由閒話》。同時，又與邵飄萍、王天恨等合作，出版《新上海》月刊，由滬濱出版社發行。到 1934 年 6 月，《新上海》停刊時止，先後發表有周瘦鵑、程小青、徐卓呆等鴛鴦蝴蝶派作家的眾多作品。其後，王鈍根興趣又有轉變。曾先後撰寫《聶慧娘彈詞》，編刊《戲考》，提倡京劇，對戲曲表現出熱心。

在王鈍根一生中，他所主持創辦的期刊不下十餘種。鄭逸梅在《王鈍根小傳》中認為：「他提掖青年作者，不遺餘力，對來稿往往費去很多時間，為之細加潤色，多所增損。」[3]而且，他為人謙抑，不計名利，對鴛鴦蝴蝶派的形成與發展耗費了大量的心血。1950 年，王鈍根在上海去世。

二

作為王鈍根編輯思想集中體現的典型領地，自然是他苦心經營的《禮拜六》週刊。不過，在這前後二百期的雜誌中，它所留下的卻是一片斑駁、錯雜、充滿矛盾的思想圖景。

王鈍根在《〈禮拜六〉出版贅言》中，曾經開宗明義地指出過該刊的辦刊宗旨：

> 或問：『子為小說週刊，何以不名禮拜一、禮拜二、禮拜三、禮拜四、禮拜五，而必名禮拜六也？』余曰：『禮拜一、禮拜二、禮拜三、禮拜四、禮拜五人皆從事於職業，惟禮拜六與禮拜日，乃得休暇而讀小說也。然則何以不名禮拜日而必名禮拜六也？』余曰：『禮拜日多停止交易，故以禮拜六下午發行之，使人先睹為快也。』或又曰：『禮拜六下午之樂事多矣，人豈不欲往戲園顧曲，往酒樓覓醉，往平康買笑，而寧寂寞寡歡，踽踽然來購讀汝之小說耶？』余曰：『不然！買笑耗金錢，覓醉得衛生，顧曲苦喧囂，不若讀小說之省儉而安樂也。讀小說則以小銀元一枚，換得新奇小說數十篇，遊倦歸齋，挑燈展卷，或與良友抵掌評論，或伴愛

3 鄭逸梅：《王鈍根》，見《南社叢談》第 101 頁。

> 妻並肩互讀，意興稍闌，則以其餘留於明日讀之。晴曦照窗，花
> 香入坐，一編在手，萬慮都忘，勞瘁一周，安閒此日，不亦快哉！
> 故人有不愛買笑、不愛覓醉、不愛顧曲，而未有不愛讀小說者。
> 況小說之輕便有趣如《禮拜六》者乎？」

這是王鈍根唯一正面敍述《禮拜六》編輯宗旨的文字。簡括起來，其實主要是這樣三點：（一）《禮拜六》是爲適應人們的「休暇」而出；（二）在消費享受方面，讀小說最爲「省儉而安樂」；（三）比起其他小說，《禮拜六》則更「輕便有趣」。第一點是《禮拜六》產生的社會原因，第二點指出了讀者對於小說的內在要求，第三點則是《禮拜六》自身的特性。這也就是茅盾後來在批評「禮拜六」派時所指出的「遊戲的消遣的金錢主義的文學觀念」。[4]然而，一個顯而易見的矛盾卻是：綜觀二百期的《禮拜六》雜誌，它所刊登的創作小說和雜文等等，「大抵是暴露社會的黑暗，軍閥的橫暴，家庭的專制，婚姻的不自由等等，不一定都是些鴛鴦蝴蝶派的才子佳人小說」。[5]在期刊的內容上，確乎與編者所標榜的娛樂消遣性頗多出入。

至於同爲王鈍根撰寫的《編輯室》啓事中，這類矛盾的現象也赫然同時存在。諸如，在一百一十二期的《編輯室》啓事中寫道：「我們很歡迎有意思有趣味的小品文字，和有意思有趣味或是很奇怪的照片（風景人物都好），請愛護禮拜六的列位多多寄來。」明確無誤地表現出對於文學趣味性的推崇。而在一百零三期的《編輯室》中則是宣稱：「本刊小說，頗注重社會問題，家庭問題，以極誠懇之筆出之。有以此類小說見惠者，甚爲歡迎。」表現的卻是對文藝社會功利性的要求。他既強調文藝的消閒、娛樂作用，但又竭力反對文藝成爲誨淫誨盜的工具。當人們把《禮拜六》目爲淫穢小說雜誌時，王鈍根甚至大聲痛斥：「有人以《禮拜六》與市上淫穢小說等量齊觀，我直欲抉其眸子！」[6]反映出不入俗流的強烈願望。

王鈍根這種極其矛盾的編輯思想，以及選稿標準的繁雜變幻，其

---

4 《自然主義與中國現代小說》，1922 年 7 月《小說月報》第 13 卷第 7 號。

5 周瘦鵑：《閒話〈禮拜六〉》。

6 王鈍根在《禮拜六》第 184 期中爲盧夢殊的小說《不是處女的處女》所作之按語。

實映現的正是一位舊式文人在過渡時期的典型心態。

《禮拜六》誕生的時代，正值我國封建統治在西方強烈政治、經濟與軍事的衝擊下迅速瓦解的時期。一個幾千年來自給自足的小農經濟國家正被強行推入到一個半封建半殖民地的社會。而作爲我國近代商品經濟畸形繁榮的最大城市上海，更是得商業風氣之先，在十裏洋場中處處彌漫著商業競爭的氛圍。受這種氛圍的影響，王鈍根創辦的《禮拜六》週刊，也就極其自然地關注於刊物的經濟效益，注重刊物的商業利潤。爲了迎合小市民讀者的趣味，擴大刊物的銷數，他必然重視風流放縱或悲歡離合的「寫情」，以所謂的「豔情」、「哀情」、「慘情」，「怨情」、「懺情」、「苦情」、「癡情」、「醜情」、「俠情」等等作品，吸引讀者；或者追求離奇，推出相當數量的黑幕小說、偵探小說、宮闈秘史、義俠傳奇和神怪小說；或者編排淺薄、庸俗的滑稽小說、詼諧小說、遊戲小說等等。

然而另一方面，王鈍根作爲愛國文學團體南社的一位重要成員，他仍然有著相當強烈的民族主義和民主主義思想。在辛亥革命前後，還從事過民族、民主革命輿論宣傳的實踐活動，因此，這又使得他在迎合小市民讀者的趣味上不可能走得太遠。尤其在全國性的愛國主義浪潮到來之時，他身上的「南社精神」就會復活，遊戲的消遣的金錢主義文學觀念就會被進步的愛國的政治態度所取代。這兩種時隱時現、經常交替的思想觀念，應該說，正是王鈍根一個時期把文學與「酒樓覓醉」、「平康買笑」相提並論，一個時期又聲言「我輯群言禮拜六，要人擘海猛回頭」[7]的根本原因所在。

當然，王鈍根矛盾的編輯意旨也還有著更爲深刻的內在文化淵源。一方面，作爲受過深厚中國傳統文學薰陶的舊式文人，王鈍根在形成他的文學觀念時自然脫不盡「文以載道」的傳統框架，虔誠地信奉文學「興、觀、群、怨」的教化作用。這對於他早年創辦《自治旬報》和形成日後較爲強烈的愛國思想方面，無疑發揮了相當強烈與持久的效用。另一方面當滿清王朝被推翻，中華民國成立以後，在王鈍

---

7 王鈍根：《自題》，《禮拜六》第 100 期。

根看來，恢復漢官威儀的目的既已達到，於是潛伏在他身上的名士派遊戲文學觀便得以抬頭。講求閒適，鼓吹幽默，提倡怡情，加上近代商品經濟發展誘發的利欲追求，便順理成章地成爲王鈍根文學觀念的又一側面。

綜合起來看，王鈍根的文學思想與編輯宗旨儘管貼近了文學商品化的需求，迎合了廣大市民讀者的趣味，但卻造成了文學價值的失落。儘管從主觀上，《禮拜六》並不想以誨淫誨盜的作品毒害讀者，但編輯思想的深刻局限必然會妨礙進步思想的高揚，它不能激起人們對生活的新的信念；儘管《禮拜六》翻譯介紹過不少西方文學名著，但是並未能吸取文藝復興以來西方文學的人文主義傳統，甚至在「五四」新文學運動興起之後，淪爲新的進步事業的絆腳石。

三

王鈍根在《禮拜六》週刊上共發表有六十餘篇筆記、閒評、瑣言、小說和遊戲文。論數量，要遜於周瘦鵑等人。但是，作爲《禮拜六》週刊的主編，他的作品卻又能極大地影響着當時作者的創作風尚和刊物風格的形成，並且，在另一個更爲形象的層面上，顯示出他本人矛盾的編輯意旨與思想觀念。

王鈍根著力最多的是對社會問題的思考。他的視角廣泛，觀察深刻，時有佳作出現。《車夫問題》表現一個車夫拉外國水手沒有得到報酬，而另一個車夫沒有接受教訓，繼續爭搶接客的故事。它不只對人力車夫單純地施以人道主義的同情，也並沒有對人力車夫進行淺薄的譏笑，而是以「哀其不幸，怒其不爭」的急切心情表現出人力車夫既可憐又可恨的雙重特性，指出了中國國民性的弱點。《小雅琴語》通過一個妓女的陳述，談論了嫖客與妓女都難以自持的特點。認爲妓女的產生，既關涉於社會這個大染缸，又礙於中國傳統的婚姻形式，有一定的反封建意義。《可憐！買辦》是對金錢萬能的資本主義制度的控訴。該篇記敍一個銀行職員何某，因債臺高築無法解脫而被迫自殺的故事。對此，作者憤怒地指出：「這是萬惡社會戕之也」！在某種程度上表現出進步的社會意識。不過，王鈍根也有一些思考社會問題的作

品，因追求趣味、提倡遊戲，而失之膚淺與油滑。例如短篇小說《反目病》描述青年趙少恒傾慕賈文華小姐的美貌，經百般追求始結良緣，婚後，朋友都稱賈小姐漂亮絕倫，而趙少恒卻覺其日益醜陋。這本是一個涉及心理、生理與社會習性等因素在內的複雜課題，然而，作者只是讓趙少恒去「精益眼鏡公司」配了一副吸克力眼鏡，便在名牌鏡片的後面重睹了妻子的風采，致使一個嚴肅的課題化爲了一個淺薄粗俗的笑話。

對黑暗勢力的揭露，也是王鈍根作品的一個重要內容。《貧女之頰》述說一個鄉下女子來上海教會學校讀書，只因偶而一次聽課時打起毛線，便被校長百般折磨，反映了舊教育制度的殘暴與專橫。《請客》中的那位大資本家，自己在飯店裏大擺酒席，揮霍無度，然而當青年學生來爲河南災民募捐時卻一毛不拔，甚至他的一位貧困潦倒的老朋友特意趕到飯店來向他借幾元錢的路費時，他不僅不願解囊相助，甚至連朋友也不認了，入木三分地刻劃了一個貪婪而又吝嗇的資本家形象。而在《將軍妾》中，那位道貌岸然年已古稀的將軍，不僅酷嗜鴉片，而且又娶回第七個小妾，以此暴露出所謂上層人物荒淫無恥的醜惡本質。王鈍根的這些作品，大多情節簡單，刻劃也較單薄。然而，是非愛憎觀念卻極其鮮明。

《禮拜六》前百期出版的兩年間，正是日本強迫中國接受「二十一條」、袁世凱稱帝和「二次革命」三件政治大事接連發生的時期。國難當頭，群心沸騰。王鈍根在這種愛國主義浪潮的推動下，也踴躍加入到這一行列之中。1915 年初，正是日、德兩國在青島開戰給中國人民帶來災難的時期，他在爲劍俠短篇紀實《弱國餘生記》(刊《禮拜六》四十六期)加的按語中認爲：「嗟我同胞，不起自衛，行且盡爲亡國奴！」並且，從第五十一期起，開始連續發表他自己根據報刊材料纂述的《國恥錄》，以喚醒民眾。他在《國恥錄》「序言」中宣稱：

　　中國對日交涉失敗，人民憤痛，莫可名言。軍人學子，甚至
自盡。嗚呼哀哉！敦謂中國人民甘心為亡國奴耶？然而，痛者自
痛，嬉者自嬉。彼冥頑無恥之官吏，吾不屑論。亦有僻處鄉隅，
目不見報紙，耳不聞國危，燕雀處堂，苦於無覺。苟有人焉，詔

以世界之大勢，中日之地位，安知其不能奮然興起乎！顧交涉情
形，至為繁瑣，即欲舉以告人，一時從何說起？鈍根不揣，就平
日報紙所見，刪其模糊影響之談，節其觸目警心之事，略加編次。
不務文章，惟求熱心大夫，廣為傳播，使村農野老，婦人孺子，
咸知東亞和平之真相，而亟謀所以自取。

如果將這篇「序言」與王鈍根在創辦《禮拜六》時所作的「出版
贅言」相比較，其間何止相差萬里！《國恥錄》總共刊載八期，廣泛
摘錄了日寇在山東胡作非為的罪行材料，嚴正批判了當局對日寇的妥
協投降政策。在一向以遊戲、消遣為旨趣的《禮拜六》中，閃爍著耀
眼的愛國主義光芒。

在倫理道德方面，王鈍根是一個乍新還舊的過渡人物。他並非固
守於舊禮教亦步亦趨，甘當一位純粹的舊道德的吹鼓手，而是隨著時
代的潮流逐步進行改良。他所創作的倫理小說，自然也就包含了許多
繁雜、多樣的思想內容。

在編輯前百期的《禮拜六》時，王鈍根還尊奉著傳統的道德規範。
他在哀情小說《心許》（七十八期）中，為我們塑造了一個忠孝兩全的
理想人物：少年康保羅從小在家侍候老母，餵茶添飯，足不出戶；母
親去世後，則去羊城刺殺軍閥政客，在不幸受傷後去世。然而，到事
隔五六年後的「後百期」《禮拜六》時，王鈍根這種寧靜的傳統倫理道
德規範便被打碎了。一個要求個性、強調平等的新的道德風尚，這時
正在全國蓬勃興起。對於當時剛剛三十出頭的王鈍根來說，他也並不
甘心以遺老自居。但是，他所接受的傳統思想與陳腐觀念，卻又使他
邁不開大的腳步。這種矛盾、複雜的狀況構成了「後百期」時王鈍根
思想觀念的主要衝突，也是他這時創作中的主要內容。表現最明顯的
是一種懺情小說：《踏青記》、《娶夫如之何》、《黃鐘怨》和《空影》。《娶
夫如之何》中的女主人公勞女士，因強調女權主義而導致夫妻離異。《空
影》中男女雙方本是自由戀愛，感情甚洽，然而一方高升，便都成泡
影。而《踏青記》和《黃鐘怨》兩篇，則都是男女雙方只顧追求浪漫
以致生活無著而釀成大錯。它們表現的都是愛情婚姻中的悲劇故事。
值得注意的是，對於女權主義、自由戀愛和追求浪漫等等這些新的名

目，王鈍根並沒有一概加以反對，甚至對主人公的做法還表現出了某種程度的贊許與支持。然而，恰恰是作品中的這些新名目，摧殘了青年人的愛情婚姻，傷害了他們善良的心靈。乍看去似乎他是在爲青年人總結失敗的教訓，其實卻反映了他對新生事物的誤解，自由戀愛當然也會有挫折，但是這決非是自由戀愛本身的過錯，自然也無需以舊的禮法來加以補充。這正是王鈍根倫理小說乍新還舊的本質所在。

　　王鈍根確是一個矛盾的過渡人物。他的文學創作，乃至他的編輯思想，都統統打上了那個轉折時代一個曾經受過傳統文化深厚影響的知識份子的心靈烙印。人們還會記住他。只要人們能夠正視二十世紀一、二十年代產生過廣泛影響的《禮拜六》，自然也就忘不了他的名字。

（原載《蘇州大學學報》1994 年第 5 期）

求寫高尚情　盡卻淫啼習
——吳綺緣評傳

一

在我國近現代通俗文學作家中，吳綺緣（1898-1950 年）是別具一格的一位：他被目爲鴛鴦蝴蝶派中的言情作者，但是他一洗穢褻豔冶的風尙，「求寫高尚純潔之情，盡卻浪哭淫啼之習」，[1] 他也喜談奇人奇事，披露人間秘事，但是他從不涉於怪誕，而是一一以科學精神證之……在通俗作家中，顯示出不同凡響的審美追求與藝術品位。

吳綺緣出身於江蘇武進一個書香門第家庭。原名吳惜，字綺緣、起原。「吳綺緣」最早見於 1920 年 10 月《解放畫報》第五期上的短篇小說《偶鬼》，又用於上海《星光》等報刊，沿用至終。齋名碧書屋、儷渠室、憶紅樓及泣花室。父綏生，行醫，喜讀說部、稗史。鄭逸梅在《民國通俗文學名家小傳中》這樣介紹吳綺緣成爲通俗作家的經過：

> 他從小就很聰明，偷閱《石頭記》和《花月痕》，懊惱了好多天，不飲不食，如醉如痴，家人認爲他患了怪病，但不知其病從何而來，結果他放聲一哭，病卻不藥而愈。從此成爲小說迷，涉獵了很多著名說部。他本治詞章之學，也就寫起稗史來了。

鄭逸梅先生的這段話非常形象、傳神，活脫脫地勾畫出了一位酷愛說部、專於稗史的通俗作家形象。不過，他還沒有指出吳綺緣極早步入文壇的少年才情。1914 年，徐枕亞在上海主編「鴛鴦蝴蝶派的大本營」《小說叢報》雜誌，吳綺緣即有《憶紅樓記豔》等一批筆記小說在上面發表。藻思英發，別具才調，即便言情，筆墨也大有關雎樂而不淫、衰而不傷之慨。1915 年，從《小說叢報》蛻化出《小說新報》，

---

1 吳綺緣：《冷紅日記・自序》，小說叢報社 1916 年刊行。

由李定夷任編輯主任。吳綺緣又有《憶紅樓漫錄》等一些筆記小說登載。同年，在《禮拜六》第六十八期中，他還發表了愛國短篇小說《莫教兒女誤英雄》，表現家國之恨遠勝兒女情長的題旨，時吳綺緣才十六、七歲。

　　真正使吳綺緣引起文壇廣泛注目、並在通俗文學作家群之中贏得「清高絕俗」[2]聲譽的，是他在18歲時創作的長篇小說《冷紅日記》。作者托言原著者為冷紅女史，該稿得之於敗篋，大半殘缺，他就己意增損，作為說部中的別裁，先刊《小說日報》，後於1916年由小說叢報社刊單行本。時當民國初年，坊間充斥著才子佳人的稗史。吳綺緣在《冷紅日記·自序》中這樣說道：「今日坊間所列者，十、九為言情之作。述哀者既涉乎濫，述喜者又涉乎褻，陳陳相因，了無佳構。其能為情海之慈航、中流之砥柱者，固寥落若晨星也。」因此，作者在創作該篇時「立意別開生面，冀免依傍」，以圖力挽澆風，勵彼薄俗。吳雙熱在「序言」中也這樣認為：「綺緣之作冷紅日記也，其設想每高人一等。其措辭能入木三分，亦溫馨，亦爾雅，其寫閨情也，一吐屬，一舉止，靡不入韻，絕不容心聲流於鄭衛，而為靡靡之音。吾是以珍之。」[3]而鴛鴦蝴蝶派中的哀情鉅子徐枕亞，則以「胸襟放曠，思想高尚，筆頭乾淨」[4]稱之，可見《冷紅日記》在人們心目中的地位。

　　1918年前後，吳綺緣還寫了許多《聊齋志異》式的短篇，連續登載在徐枕亞主編的《小說叢報》上。這是作者青少年時代喜讀《聊齋志異》等志怪小說所留下的一個痕跡。1918年由上海清華書局總稱為《反聊齋》刊單行本。1934年，又由上海大眾書局重版。《聊齋志異》是談狐鬼，他也講狐鬼，寫得恍惚迷離，神秘莫測，可是下半篇卻漸漸開朗，結果真相大白，原來都並非狐鬼作祟，而是人為的。在志怪小說領域，同樣顯示出高尚的品位與新的生機。

　　抗戰以前，吳綺緣長居常州市青果巷。值得一提的是，他除寫作外，每以搜羅小說雜誌為娛，且每期小說雜誌必同樣備三份，一份藏

2　惜霞女史讀〈《冷紅日記》瑣言〉。
3　吳雙熱：《冷紅日記·序言》。
4　徐枕亞：《冷紅日記·序言》。

起來，一份閱覽，還有一份，供親友借看。這樣的保存，可謂是千妥
萬當的了。不料抗戰軍興，他攜了妻孥，避難到上海來，僅帶衣服細
軟，那笨重的藏書只得留在家裏，好好地封存著。可是日寇肆暴，故
居遭到轟炸，所有藏書，付諸一炬。到了上海，吳綺緣仍繼續寫稿，
披露於各雜誌報章間。當時，華盛煙草公司約請吳綺緣寫了許多筆記
和長篇小說，如《小桃紅》、《奇人奇事錄》、《新鏡花緣》等。一方面
由公司給他稿費，一方面用很高的廣告費，在《新聞報》上以顯著的
地位作廣告登載。讀者在閱覽了筆記和小說之余，很自然地也看到了
登載在一起的廣告。吳綺緣何以能有如此的「殊榮」呢？細細想來，
一方面因爲他是鴛鴦蝴蝶派的重要作家，在文壇上有著較高的地位，
另一方面也還因爲他有著與大多數鴛鴦蝴蝶派不同的思想境界與藝術
情懷。正如朱華在《奇人奇事錄·序》中所認爲的，作者「有著極大
的膽量，極新的思想，目的只在於暴露現社會的黑暗，鼓吹群眾團結
力量，發揮各個人的才能，反抗一切惡勢力，爭取最後勝利，與現行
的新主義恰相符合。」[5]這是吳綺緣得到商界青睞的關鍵因素。當他既
秉有了鴛鴦蝴蝶派作家所慣有的秀媚、腴潤與「婀娜」，[6]又擁有了較新
的思想與高尚的藝術情趣時，這樣雅俗共賞、老少咸宜的作家，不正
是商界擴大廣告宣傳所尋找的極好目標嗎？

　　1950 年，吳綺緣在上海因病謝世，結束了他在鴛蝴派中難能可貴
的藝術探求。

二

　　《冷紅日記》凡 6 萬餘言，以文言寫成。惜霞女史在〈讀《冷紅
日記》瑣言〉中曾經這樣介紹它的思想特色：「晚近以來，世風澆薄，
著作界也較前蕪雜。三數後生小子，乳臭未乾，即浪說能文，遺災梨
棗。其所述者，終難脫才子佳人、淫啼浪哭。以致風靡一時，殊爲社
會之蠹。今綺緣君竟能獨出心裁，不拾牙慧，一洗積弊。殊足以挽澆

---

5 上海中國新光印書館 1949 年出版的《奇人奇事錄》。
6 鄭逸梅《稗品》，《鴛鴦蝴蝶派研究資料》（上冊）第 199 頁。

風而勵薄俗。其有功於世道人心，又豈淺鮮耶？」[7]比較貼切地指出了它的意義。

《冷紅日記》記述的是一年之中，正值豆蔻年華的冷紅小姐的 30 餘則日記。冷本官宦人家，自海禁打開，上海日趨繁華，冷紅便與其妹韻文、女僕緣英隨父與弱弟一起由杭州移居上海，過著舒適而富足的公寓生活。再加上先期移居上海的姨表姐妹瑤英、蕙妹、清芬等人，眾姐妹在園中吟詩作畫、習字描紅、鼓瑟彈琴，好一派閨中風情。元宵過後，眾姐妹相約到杭州作故地重遊。蕩西湖、遊孤山、吊岳墳，踏訪六橋三竺，領略無限風光；趕廟會，謝花魂，撲流螢，賞菊品蟹，其樂也融融。自然界景色宜人，人間青春正旺。面對此情此景，冷紅發誓：「願為怡紅公子，長守花叢，永駐香國，占盡人間豔福耳。」因此，當她於除夕夜離杭返滬時，正值其弟打算外出做官，便自然竭力勸阻其弟，與其淪為爭權攘利之徒，不若吟風嘯月，脫塵超俗。至於其他姐妹，儘管瑤英豪邁，月娣銳利，蕙妹工愁善病，畹芳信口詼諧，但都個個蘭心蕙質、冰清玉潔，與市井之屬殊有天壤之別。特別值得一提的還有蘭英，她本是冷紅在杭州時的故友，早早嫁給了一位富足商人。然而，商人重利，時常遠離，距她所期望的夫婦間款款軟語、耳鬢廝磨，何止相隔萬里？因此，當她與冷紅等姐妹再度歡聚時，萬分羨慕，竟捨夫婦之愛於不顧，而歸綺羅隊中了。至於書中男子，只一老父，一伯父，一弱弟，不及他人。如果不是出於提供生活保障與對照勸懲的考慮，作者可能還不會安排這三位「濁臭」男子呢！

這是一部真正「清高絕俗，無一濫竽者」[8]的長篇小說。但是，當我們用真正現代的意識來做為自己的批評準則時，卻也可以發現，這部旨趣高邈、別開生面的作品，還仍然留存着不容忽視的歷史局限。

在中國文學史上，《金瓶梅》無疑是一部曠世之作。它以驚人的勇氣揭露出了在封建倫理道德重重遮掩之下的醜惡現實，集中反映了明代後期由地主、惡霸、商人等統治階級構成的市儈勢力寡廉鮮恥、荒淫無度的兇惡面目，撕去了他們封建的虛偽教義。但是，由於作者蘭

---

7 小說叢報社 1916 年刊行的《冷紅日記》。
8 惜霞女史：〈讀《冷紅日記》瑣言〉

陵笑笑生並沒有擺脫封建文人的傳統趣味，沒有能在一塌糊塗的封建沼澤中展示出健康的現代性的性愛觀，而是津津有味地以西門慶的語氣講述了一個西門慶的故事。西門慶被刻劃成一個縱欲狂的形象，被人們視為那個時代、那個階層愛情褻瀆者的象徵。或許正是出於對這種愛情褻瀆者的厭惡與反感，曹雪芹才會在《紅樓夢》中借賈寶玉的口憤憤不平地指出：「男人是泥做的濁物」！「見了男子便覺濁臭逼人。」賈寶玉對林黛玉愛得那麼強烈，那麼執著，然而，他的愛卻被描寫得一塵不染，從未對林妹妹有過非份之想。然而，他在不愛的丫環襲人那裏卻可以領受「警幻之方」，在金釧兒身上進行性的實踐。在這裏，曹雪芹事實上已經把本應結合在一起的「情」與「欲」完全割裂了開來。似乎純潔的愛情都與「欲」無關，而一沾上「欲」的內涵，愛情似乎就不那麼純潔了。在作者眼裏，性生活讓賈璉那類西門慶式的人物弄得太骯髒了，以致他不願意讓他心愛的人物在愛情中沾了任何「欲」的成分。應該說，曹雪芹的這種愛情觀念也還仍然沒有能達到真正現代意識的高度。當他對《金瓶梅》中的縱欲描寫加以徹底唾棄時，事實上他又走到了另一個極端。儘管這一極端比《金瓶梅》有著明顯的進步，然而它們在愛情觀念上卻同樣是不完整的。

從這裏，我們可以看出《冷紅日記》的歷史承繼性乃是一種傳統的純精神觀念的心理延宕。毫無疑問，作品的確可以贏得不少的讚歎，特別是在清末民初創作界「言豔情，十中八、九涉於淫褻」[9]的當口，《冷紅日記》能「謔也而不虐，樂也而不淫。」[10]就更能體現出作者出污泥而不染的獨立品格與高尚情操。也正是在這裏，作品與當時鴛鴦蝴蝶派中格調低下的言情小說劃清了界線，顯示出不尋常的藝術探求。但是，作者這種探求本身由於多種因素的限制，當然不可能達到我們今天讀者所期望的現代高度。當作者極力追尋人物性格中的高尚純潔一面時，他也就與曹雪芹一樣，把一個有機結合在一起的性格整體給割裂開來了。在《冷紅日記》中描寫蘭英捨棄夫婦之情而歸於小姐妹行列時，人們感覺到的倒可能並不是姐妹間友誼的磁力，而更多的則

9 吳雙熱：《冷紅日記·序言》
10 吳雙熱：《冷紅日記·序言》

是一種矯情。這在作者，確實是始料未及的。

三

我們說，《冷紅日記》不可能達到現代意識的高度，但是，在吳綺緣另外兩個重要的短篇小說集《反聊齋》與《奇人奇事錄》中，作者卻有意識到地弘揚現代科學精神，表現出文明與進步的主題。

《反聊齋》是作者仿照蒲松齡志怪小說的寫法而創作的短篇集，共 12 篇，7 萬餘言。本擬在「初集」之後，繼續創作，但是時過境遷，實際上未能續作。徐枕亞在《反聊齋·弁言》中認為：「吾國舊說部之膾炙人口者，厥惟《石頭記》與《聊齋志異》二書。二書筆墨固非今世之所謂小說家所可企及，然亦各有短處：設想陳腐，過事張惶，構局離奇，涉於怪誕，為吾國舊小說之積習。……而聊齋之談狐說鬼，語等無稽，尤足為世詬病。」認為我國古典小說中僅有《紅樓夢》與《聊齋志異》令人稱道，這固是徐枕亞的偏激之談，但是，我國傳統小說大都「構局離奇，涉於怪誕」，這確是論者的真知灼見。到「五四」前夕，文明日進，迷信漸除，現代科學精神逐漸為一些先進的知識份子所掌握。在這當口，吳綺緣模仿《聊齋志異》的格局，「運以新穎之思想，擷其精華，正其謬誤，融新舊小說而一之。」確實有了一點繼往開來的新鮮氣息，以及謀求與時代並駕齊驅的進步意向。

《棠仙》是一篇典型的仿志怪小說。有晉陵少年李生，某年因夏天酷熱，獨自一個搬到一個廢園中居住。此地清景絕塵，超然世外。有一夜，他正在房中溫課時，忽聞有喁喁笑語聲，自花深處出，異香噴溢，因風飄來。及相見，乃一女一婢，女曰棠仙，婢曰含煙，自稱為海棠仙子。自此，棠仙每夜必來，「月光入幕，輒覓句而聯吟；花影移窗，每擁書而互讀。」李生真以為與仙女相識。在此，《棠仙》的寫法與《聊齋志異》中《連城》、《宦娘》等作品幾乎如出一轍。而且，故事的變幻莫測，境界的神異迷人，想像的豐富奇特，更可能使讀者誤認為該篇就是出自蒲松齡的手筆。但是到後半部，作者對《棠仙》的處理卻與《聊齋志異》大相徑庭。有一日，棠仙與李生見面，精神憔悴，淚流滿面，言以永別。李生疑之：既是仙人，何以言死？後來

李生從婢女含煙那裏得知，所謂棠仙，乃是一孤女，父母雙亡，依一伯父生活。伯父做主，已將她許配他人，棠仙只得含恨於九泉之下了，突出地表現了作者將作品植根於現實世界和愁苦生活之中的創作傾向。同樣，在《林下美人》、《笑姻緣》等作品中，作者也都在彷彿人鬼相雜、幽明相間的生活畫面中，真切地表現了現實生活中廣大青年男女對於自由愛情的憧憬和渴望。《碧海奇緣》還通過秦生漢璧出外經商因遭風暴而飄泊至一荒島的經過，說明所謂仙境皆為人臆造的事實。這是對《聊齋志異》加以創造性發展的結果，也是作者能夠在鴛蝴派作家中卓然獨立的重要原因所在。

　　與《反聊齋》中對花妖狐魅和幽冥等非現實世界加以科學說明不同，短篇集《奇人奇事錄》描寫的是作者所聞所見的軼事與趣聞。有描寫一小孩腋下生有薄膜，能在空中飛翔的《蝙蝠王》；有反映一自詡為天下無敵的大力士，竟為一群牧牛童所敗的《牧牛童》；有揭露中州地區一酷吏挖掘一巨坑，虐待無力交納租糧的老百姓的《活地獄》……等等。其中，表現民眾覺醒，宣揚階級復仇的作品占了最大比重。《珠兒》、《了凡僧》、《柳生夫婦》諸篇，都表露出勞苦大眾對黑暗勢力積極抗爭的呼聲。其中《毛童》一篇，篇幅甚短：

　　　　浙東仙霞嶺之北，有勢豪樓氏，富有田產，日以勾結官史、魚肉鄉民為事。一鄉之田，悉為所有，猶嫌不足。其鄰有田不盈十畝，豪思擴為己產，將以廉價得之。鄰人以祖先所遺，不忍捨棄，嚴詞卻之。豪怒，誣為匪盜，溥之以去，擄掠無算，鄰人終不屈，遂為所殺。復往搜其家。婦悲慟逾垣，觸石以死。遺有一子，年才十二，見狀狂奔以出，遁入山中。豪為斬絕根株計，窮搜不獲，以為必膏於虎狼之吻矣。鄉人知其事者，無勿悲愴。數歲後，有人入山樵采，見有巨猴跳躍若飛，竟體叢生長毫作純白色，見人即避入山林深處。後數見之。又數歲，豪以事道經山中，忽有物疾馳而至，儼然如人，惟遍體覆白毫耳，撲豪始僕，抉其雙眸，後力扼其喉以死。從者以為妖物，實則鄰人之子。以久食草實，故身輕力巨，與猿猱無殊。伺之既久，終得報仇雪恨者耳。

這是一則表現人民勇猛不屈、堅決抗爭的故事。文學是一種創造，

同時也是一種選擇。當全國人民都在爲推翻三座大山而前赴後繼地奮鬥時，《奇人奇事錄》所顯示出來的這種主題意向，不是映現了作者跟隨時代前進的堅實足跡？一種不滿於消遣享受的高尚的藝術品位？

　　這是一位非同尋常的不斷追求進步的通俗作家！

中國近、現代掌故小說大家
——許指嚴評傳

一

　　在民國通俗作家中，如果說張恨水以言情小說見長，李涵秋以社會小說取勝，程小青以偵探小說知名，平江不肖生以武俠小說贏得時譽，而徐枕亞則因《玉梨魂》等小說被人們目爲哀情小說鉅子……那麼，許指嚴則是一位十足的掌故小說大家。

　　許指嚴（？-1923 年），名國英，字志毅，別署硯耕廬主，又字彈花閣王，江蘇武進人。他的小說大都以「許指嚴」爲筆名，取「志毅」之諧音。1919 年，在上海《小說新報》發表長篇小說《京華新夢》時，則又以「指嚴」署名。他生平著述小說約 40 餘種，十九屬於掌故性質。因此，他逝世時，有人這樣認爲：「指嚴死，掌故小說與之俱死」[1]，確是反映了部分實情。

　　許指嚴出身于武進的一個官宦之家，其祖父曾在北京清廷中爲官，習知朝局穩秘。他曾這樣敍述自己愛好掌故小說的由來：

　　　　子幼即嗜聞古今軼事、野老放言。嘗侍先祖父夜宴，輒得野史一二，則津津忘倦。久而散失十之五，存者尚複盈篋。長而饑驅海上，游走京華，此癖未容捐除，遇好友燕談、酒酣耳熱，或舉近代遺聞軼事相告，則忻然色喜，必竟其委而後已，歸而筆之，以為敝帚千金。予生之樂趣在是。[2]

　　得天獨厚的家庭環境，自得其樂的性情旨趣，使得許指嚴「髫幼趨庭，即嗜故事；街談巷議，敝帚自珍，比長而證文考獻，牗有端緒。」

---

1 鄭逸梅：《南社叢談》。
2 許指嚴：《近十年之怪現狀·序》。

³確乎構成了許指嚴成爲一位掌故小說大家的重要條件。不過，在許指嚴踏入社會之初，他並沒有想以小說作爲自己的謀生手段，1906 年前後，他到上海徐家匯的南洋公學任教，講授歷史。與歷史學家汪榮寶合作，出版有《清史講義》等書。李定夷、趙苕狂、管際安等人，都是他這時的學生。不久，繼受商務印書館之聘，編輯中學國文、歷史等教科書，有《中學國文史學講義》等書面世。編輯之餘，他又兼教一班練習生。沈禹鐘初進商務印書館時，也曾沐受他的教澤。1911 年，辛亥光復後，他到南京金陵高等師範任教，又任財政部機要秘書。但終因書生意氣，與同僚們落落寡合，不久便辭歸滬上，開始了他掌故小說的創作生涯。

對於掌故小說，許指嚴是自有一番理論的。他在《十葉野聞·自敍》中曾這樣認爲：「予惟晉唐小說，自《西京雜紀》、《漢武內傳》、《飛燕外傳》以降，作者項背相望。顧皆斷代列人，專舉一事，各爲篇幅，即亦雜載數朝，錯綜參伍。而支離破碎，罕睹首尾。盡未有薈萃十紀，綜甄九流。」正是出於這種考慮，因此他認爲，必須「複掇拾叢殘，纂訂燕語，不忘數曲」，以補過去撰述之不足。作爲許指嚴的老友，天臺山農也認爲他的掌故小說「豔其文，豔其事，豔其山川都會人物仕女，則華國焉，豐家焉。大之潤色鴻業，小之肥澤閭裏。愛理以明，性情以篤。」⁴這種「潤色鴻業」、「肥澤閭裏」的功效，正是許指嚴的創作宗旨與追求目標。所以，當有人認爲他的掌故小說爲「道聽塗說之所爲」、「貽雕蟲之一哂」時，他並未就此輟筆。除了生計問題的現實考慮之外，也表明了他對掌故小說的特殊偏愛。

1915 年，李定夷在上海創辦《小說新報》。「若劉哲廬、黃花奴、穎川秋水、顧明道、吳綺緣及其師許指嚴先生，盡由是著名。」⁵由於許指嚴與李定夷在南洋公學時有師生之誼，因此他自然而然地成爲《小說新報》中的活躍分子。並且在 1919 年李定夷因中華編譯社的糾紛而遠走北京後，許指嚴還接替其編輯工作，由《小說新報》第五年第八

3 許指嚴：《十葉野聞·自敍》。
4 天臺山農：《豔史大觀·序》
5 姚民哀：《說林濡染譚》.《紅玫瑰》第 2 卷第 40 期，1926 年 7 月 28 日出版。

期起，編輯至第六年第一期，後交由包醒獨編輯。這一階段，是許指嚴創作的高漲時期。除了在《小說新報》發表有長篇小說《京華新夢》、《十葉野聞》，筆記《小築茗談》和大量的短篇小說外，他的掌故小說如《南巡秘記》、《古今豔史大觀》等也大都在其間寫成。

1921 年，許指嚴在《春聲日報》上發表長篇小說《三海秘錄》，後以單行本出版，此時，許指嚴因子女成群，家累甚重，且嗜酒，有「鬥酒不醉之量」，因而「經濟支絀，處境常不裕。」他常對知友喟然而歎：「今日為小人當道時代。生平獨不善與小人周旋，以致潦倒半生，所如輒左。終日伏案，猶不足以維持生活。恐心血耗盡，而此生亦已矣。」[6]真是一個舊式文人清貧生活的真實寫照。這時，許指嚴與別署天臺山農的劉介玉很友善。劉擅寫北碑，生意甚好，且又喜掉筆寫說部碑傳，有時寫字忙不過來，就把說部碑傳請許指嚴代筆。許取稿酬，署名則為山農，這也是生活所逼時無可奈何的生財之道。1923 年，許指嚴在上海因病去世，身後蕭條，幾不能成殮。1924 年，上海大東書局又把他未結集的幾篇短篇小說定名為《許指嚴說集》，以單行本印行。

二

掌故小說，是我國傳統小說的一個重要分支。班固在《漢書·藝文志》中認為，小說乃「街談巷語、道聽塗說之所造。」這就是說，民間故事和民間傳說，是寫作小說的一個重要來源。而掌故小說，則是文人根據這些故事和傳記著意加工而成。在許指嚴的掌故小說中，他描寫最多的是清宮的趣事與軼聞。在《南巡秘記》的「序言」中，他曾敘述過其中原委：「予幼即嗜異聞，逮事王父，老人愛孫，輒以一二故事為含飴具，積久而成結習。少長而讀稗乘，有與所聞相發明者，于滿清一代尤眾。……於是疏錄而藏之，凡十餘種。其間南巡一種，皆高宗巡幸江浙時軼事。」少年珍聞確實對作者有著難以磨滅的影響。「老人遺愛，童心可覓，三十年前豆棚夜話，歷歷如在耳矣。南巡遺事，不少鋪陳；紅羊軼聞，尚多粉飾，猶此志耳。」[7]真是一腔深情，

---

6 許指嚴：《三海秘錄·自序》。
7 許指嚴：《十葉野聞·自敘》。

難以忘懷。《南巡秘記》用筆記體裁分寫 10 篇，各有一事，不相連續，近乎短篇小說的作法。其內容都是演述清乾隆南巡時民間傳說。由於通俗作家過去不被重視，此書現已不易覓得。

沿著《南巡秘記》的思路，並在更為廣闊的背景上加以描寫的是另一部清王室掌故小說《十葉野聞》。作者說：「予既為《南巡秘記》前後編之撰述，以囿於乾隆一世，未總也。乃就清代十世掌故，而先撮錄其簡雋佚宕者，自為一編，曰《十葉野聞》，都十餘萬言。」[8]作者自李闖王進京、崇禎皇帝自殺的《奉安故事》寫起，直至預示清王朝最終滅亡的《流星有聲》。在這近三百年的歷史中，作者選錄了清王室中所發生的重大事件與趣事秘聞 43 則，拾階而下，曆落有致。有反映九王多爾袞謀殺清太宗，試圖篡取皇位的《九王軼事》，有記述慈禧與慈安兩宮皇太后明爭暗鬥的《垂簾波影錄》，有反映李蓮英與寇太監在宮中弄權的《崔李兩總管》、《寇太監》等等。其中，表現帝王豔聞軼事的篇章占了多數。譬如反映同治皇帝荒淫無恥、縱欲無度的《豹房故智》、《四春瑣譚》，揭示西太后春心蕩漾，對「大清第一美男子」多爾袞精神之戀的《瑪噶喇廟》等。此外，《董妃秘史》中清世祖對董妃的一往情深，《拾明珠相國秘事》中皇妃對康熙的吃醋誤解，也都寫得饒有趣味。這些小說大都以歷史事實為依託，再加以民間傳說與個人的想像，生動地表現了眾多清王室成員的生活，具有一定的可信性與文學魅力。

長篇小說《三海秘錄》，則可視為《十葉野聞》的姐妹篇。書分甲、乙、丙三編，記載自滿清建國到民國時期，發生在三海（即中海、南海和北海）中的清王室宮闈瑣事。通俗小說家馮衡對此曾這樣評述：「《三海秘錄》記載有清及民國宮闈瑣事，如數家珍，且多人所不及聞，不能道者，實近代掌故之書也。夫月暈而風，礎潤而雨，三海之盛衰，與國勢之隆替互相表裏。若合符節，其蛛絲馬跡均可一索而得，此尤著者誅伐之意。豈得以尋常筆記目之哉？」[9]因此，《三海秘錄》中趣事秩聞的記載，「雖瑣瑣宮闈細故，然與斯時之國政、朝章、時事，莫不

8　許指嚴：《十葉野聞‧自敘》。
9　馮衡：《三海秘錄‧序》

息息相關。」[10]《三海秘錄》甲編表現的是「建始及鼎盛時代」。此時滿清政權剛剛建立，大一統的帝國正處於暫時的相對穩定階段。所以三海中景物，不論是「仙人承露盤」，還是「遠帆閣」、「福祿居」等，都無不籠罩在一片祥和與向上的氣氛之中。即使記載清世宗夜遊而掉入冰中的《中海病床》，也表現了清初統治者的生命活力。及至到乙編中的「咸豐、同治時代」，就已處處顯示出清王朝衰微的徵兆。浮雲亭之鬼影，遠帆閣逐狐，福祿居大竊案，以及松間巨蛇、花妖、猴怪等等的出現，都預示了滿清王朝即將滅亡的下場。至於「丙編」，則是到了袁世凱的所謂「新華時代」。物是人非，「三海」已有新主，然竊國大盜帶給「三海」的只能是破壞與陰謀。在這裏，作者相當真實地表現了不同時期生活在「三海」中的人物情貌，庶可補史傳之闕。然而另一方面，當作者一味試圖將景物與清庭的興廢聯繫起來時，則就陷入了宿命論與神秘主義。

　　1915 年，許指嚴在長篇小說《泣路記》中敍述了崇禎的第三太子定王的坎坷遭遇。這雖是反映明朝末代皇帝後裔的情況，但是定王所生活的時代已是大清天下，也仍屬於許指嚴所十分擅長的清代掌故小說之列。據作者自述，該書的緣起因「偶儉堯峰柘城之案，複考李氏張先生之傳」，再加之「吾鄉哲士，心史成書。」[11]但是，從作者所反映的朱三太子從被國舅周奎攜逃出城，直到花甲之年被清庭查出身份而處死的漫長人生中，除少數幾處有史實可考外，餘皆別無旁證。這可能一方面來自於以「以史成書」的鄉先生，而另一方面也肯定有著作者自己的想像與虛構。更為奇特的是《石達開日記》。那是一次在上海福州路言茂源酒店飲酒時，他為了解決生計問題，與世界書局的經理沈知方商議，偽造一部《石達開日記》，准短期內交稿，先預支稿費二百元。沈知方憑著他的生意經，認為這本書一定有銷路，於是慨然先付稿費。許指嚴獲得該款後，每天晚上動筆，以《石達開傳》中的故事為藍本，自稱「石在大渡河為川軍唐友耕所敗，進至老鴉漩，勢窮被縛。在獄中，述其生平事蹟，及天王起事以來與清軍相持勝敗得

10　《三海秘錄・序》。
11　許指嚴：《泣路記・自序》。

失之由，爲日記四冊。」[12]世界書局卻登著廣告，說是怎樣覓得原稿，信口開河地亂吹一陣，居然一編行世，購者紛紛，曾再版數次。當然，《石達開日記》只是許指嚴掌故小說中的一個極端的例子。當時，《春聲日報》主編周劍雲認爲：許指嚴的小說「或有病其與事實稍有不符者，予則以爲稗官家言本與正史有別。小節出入，奚足爲病？」[13]這可能正是「掌故小說」與紀實文學有所區別的地方。

三

除了清代掌故之外，許指嚴還在一些小說中記述了歷代的奇聞、野史，顯示出更爲廣闊的內涵。

《古今豔史大觀》描寫了自女媧到民國時上海花界的豔聞逸事。書分遠古、秦漢、中古（上）、中古（下）、清代、近代等六編，又以《都門豔史》一冊附入，共洋洋七卷。諸凡西施、卓文君、聶隱娘、濮小姑、賽金花等等，無不收錄。從題材上看來，該書完全可以寫成一部「有詞必豔、無字不香」的暢銷之作。但是，作者在創作時卻是抱定「旨在懲淫」的宗旨，他認爲：「妹喜妲己，以玉杯象箸媚之歡。瑤池驪山，有黃竹青烽傳其妙。老彭八百，而喪生於采女。小白一匡，而腐屍乎諸姬。吳宮傳響屧之廊，隋苑墜迷樓之志。周師已入晉陽，即在玉體橫陳之夜。後主倉皇辭朝，不忘宮娥垂淚之詞。此豔史之足垂戒者也。」[14]歷代荒淫誤國、縱慾墜志的教訓，正是作者歷敘古今豔史的最終目的。因此，他在創作時收集「採取各書至數百種，加以潤色」。而對於「同一豔跡，必次荒淫者於後。閱者比而觀之，則可得斯意矣。」[15]作者這樣扎實的搜羅功夫與良苦用心，恰恰劃出了「掌故小說」與「投機小說」、「金錢小說」的最後界線。在民國通俗小說作家中，也顯示出難能可貴的藝術品格。其中，作者對近代京師、蘇州、上海、揚州、廣州等妓院「豔話」的描寫，在今天看來，也還有一定

12 許指嚴：《石達開日記・自序》。
13 周劍雲：《三海秘錄・序》。
14 許指嚴：《古今豔史大觀・敘例》。
15 許指嚴：《古今豔史大觀・敘例》。

的民俗學與社會學的價值。

特別值得一提的是短篇掌故小說集《近十年之怪現狀》。全書共 4 冊，反映辛亥革命以後十年間朝野上下的各種情況。大東書局在「廣告」上稱該書：「記近十年來政府、軍閥、黨人、政客、商工、學界、男女社會之奇情怪聞，如照妖鏡纖微畢露。」[16]對於生活在同時代的許指嚴來說，要敢於大膽地披露達官貴人的隱私醜聞，在所謂正人君子道貌岸然的偽裝中，揭示出其男盜女娼的本質，確實需要相當的勇氣與膽識。如在《吸鴉片一萬二千餘兩》一文中，作者講述了這樣一個故事：「某軍閥大員從十九歲開始吸煙，現在五十三歲。每日吸二兩三錢，計一萬二千二百四十兩，作價爲十萬元。」這樣一個觸目驚心的數字，該是包含了多少勞動人民的心血，演出了多少貪污、欺詐與搶劫的勾當！最後，作者感歎道：「若總社會煙鬼所耗者合計之，其數可勝道哉？而某軍閥言之不諱，以爲雅事，時發雅言。吁！可怪矣！」在這裏，不僅表現出作爲通俗小說作家許指嚴的可貴良知與正義感，也使他的掌故小說具有了相當強烈的現實意義。

總之，從《南巡秘記》到《近十年之怪現狀》，他一向恪守旨在懲淫與補正史之闕的信條。因此他不僅是個掌故小說大家，而且是個較爲正直、有正義感的掌故小說大家。

（原載《傳奇百家》1993 年第 2 期）

---

16 《近十年之怪現狀》，1924 年上海大東書局出版。

思維縝密的偵探小說家
——陸澹安評傳

　　對於今天的讀者來說，「陸澹安」已是一個相當陌生的名字了。然而，在二十年代初期，陸澹安卻以他的偵探小說《李飛探案集》贏得過廣泛的時譽。鄭逸梅曾這樣認為：「程小青以霍桑探案馳譽，陸澹安卻以李飛探案著名，孫了紅更有東方亞森羅蘋之號。」[1]當陸澹安以一篇篇有關業餘偵探李飛的探案故事在《偵探世界》發表時，人們希望中國偵探小說的出現，希望一個有著純正中國口味的「福爾摩斯」的誕生！他所塑造的偵探李飛與程小青的霍桑等一起，共同顯示了我國偵探小說學步期的探索成就，給我們留下了回顧與思考的空間。

一

　　陸澹安（1894-1980），原名陸衍文，字澹庵、澹安，齋名瓊華館。江蘇吳縣東山鎮人。早歲就讀於滬南民立中學，與周瘦鵑同為班中作文之傑出者。且從吳江孫警僧學桐城派古文，於新學外兼習詩古文辭。以古文筆調寫《百奇人傳》，與林琴南等名家相頡頏，一時名播江南。

　　1911 年，一場旨在推翻滿清王朝的政治風暴席捲全國各地。這時正在上中學的陸澹安，懷著對辛亥革命成功的喜悅，寫下了《辛亥口占》一詩：

　　　白幟漢濱飄，胡奴勢日銷。
　　　中原收故士，大陸現新朝。
　　　四海風雲丕，三軍龍虎驍。
　　　行看犁虎穴，功烈媲班超。

　　這是陸澹安現存最早的一首詩。在詩中，驅除滿清、恢復中華的

---

1 鄭逸梅：《民國舊派文藝期刊叢話‧偵探世界》。

喜悅，風雲四起、萬象更新的時代氛圍，作者躍躍欲試、決心建功立業的少年情懷得到集中表現。1915 年 5 月 9 日，年僅二十一歲的陸澹安出席了在上海愚園舉行的南社第十二次雅集，正式加入進步的文學團體南社。幾乎與此同時，陸澹安考入上海商學院法科，鑽研法學。這一方面固然有當時學法律職業易得的現實考慮，但另一方面也有著他對「民主既興，法律必盛」的社會期望。但是，學法律並不是人人都能找到工作的。尤其是對像陸澹安這樣在上海並無多少社會關係的人來說，就顯得更加困難。當陸澹安從法科畢業時，並沒有能依靠他的法律成績養家糊口，而倒是得益於他過去的國文功底，在 1949 年前的三十幾年中，他歷任同濟大學、上海商學院、上海醫學院國學教授，正始中學校長，務本、敬業、國華、民立等中學國文教師，真可謂桃李滿天下。

　　不過，陸澹安所學的法律並不是一無所用。1920 年的一天，陸澹安與後來成為《新生》雜誌主編的施濟群一起在「大世界」看電影《毒手》。那是由寶蓮主演的轟動一時的偵探電影。濟群、澹安連續去看，看得很起勁。施濟群認為澹安不僅有著相當深厚的文學功底，而且因為學過法律，熟悉法理知識與偵探技術，因此就建議陸澹安把《毒手》改編成小說，由他擔任印資，付印出版。陸澹安花了一個星期的時間果然把《毒手》改編出來，施濟群設法刊行，銷路居然相當不錯。事隔不久，陸澹安又以小說體裁改編了《黑衣盜》、《老虎堂》、《紅手套》等偵探電影。這是陸澹安進行偵探小說創作的最初嘗試，於是他發現，偵探小說是可以使他的文學功底與法理知識結合在一起相得益彰的可行途經。

　　1923 年 6 月，陸澹安與嚴獨鶴、程小青、施濟群一起，在上海編輯《偵探世界》半月刊，由沈知方主持的世界書局出版。至第十三期，趙苕狂加入編輯，陸澹安自行辭退。該刊雖以偵探為號召，但也摻雜著武俠小說與冒險小說。沈知方認為：「本刊捨偵探小說之外，更麗以武俠、冒險之作，以三者本於一源，合之可以相為發明也。惟三者之中，取材以偵探之作為多，故定其名曰《偵探世界》。以賓屬主，夫亦

示其所歸而已。」[2]在《偵探世界》上，陸澹安相繼發表了《棉裏針》、《古塔孤囚》、《隔窗人面》、《夜半鐘聲》和《怪函》等五個偵探小說。1924年世界書局將它們結集爲《李飛探案集》出版。在以後的十餘年中，幾乎每年再版一次，吸引了眾多的讀者。而陸澹安，也在當時被人們目爲一位重要的偵探小說作家。

1924年5月，《偵探世界》出滿二十四期後停刊，陸澹安其後也不再有偵探小說發表。趙苕狂在《別矣諸君》[3]一文中，說明了《偵探世界》不再繼續的原因：一、偵探的作品太少。「同仁中，作別種小說的很多，做偵探小說的，不過寥寥數人，並且偵探小說，比別的一般小說來得費時，來得難做。不要說別人，就是這幾位偵探專門作家，也都視爲畏途，輕易不肯落筆。」二、編輯的時候太短。「半月一期，編輯別種雜誌，或者很覺從容，編到偵探雜誌，那就十分困難了。因爲就把這半月中，全國偵探小說作家所產出來的作品，一齊都收了攏來，有時還恐不敷一期之用，何況事實上不見得能辦到如此呢。」三、讀者的責備太多。「讀者對於偵探小說，意見最是紛紜，有的絕對喜創作的，有的絕對喜譯作的，有的喜情節熱鬧的，有的喜思想空靈的。而且一般喜歡偵探小說的讀者，比別的讀者來得認真。他們對於偵探小說，確是出自心中的喜愛，不肯推扳一點。」這確是《偵探世界》難以爲續的原因。這裏面也有陸澹安中止偵探小說創作的重要因素。

與《偵探世界》的創刊時間相隔僅四個月，陸澹安又與朱大可、嚴獨鶴、鄭子褒、施濟群、孫漱石、嚴芙孫等十人，於1923年10月18日在上海創辦了《金剛鑽報》。直到抗日戰爭爆發前夕，該報才告停止。在《金剛鑽報》上，陸澹安發表了長篇言情小說《落花流水》與小說研究專著《說部卮言》，並未有偵探小說問世。《說部卮言》談論《水滸傳》、《紅樓夢》、《三國演義》，鈎沉揭秘，心細如髮，頗能道人所未道，發人所未有，爲研究界矚目。後來刊行的《水滸研究》一書，便是從《卮言》的基礎上擴展而成。

從三十年代開始，陸澹安的治學興趣日趨廣泛。他首先從新小說

---

2 魏紹昌編《鴛鴦蝴蝶派研究資料》（上卷），第431頁。

3 《偵探世界》第24期。

改編彈詞，並且是用普通話寫彈詞的首創者。所著有《啼笑因緣》正
續集、《滿江紅》、《秋海棠》等唱本十餘種，且編著《彈詞韻》一書，
為編寫開篇唱句的準則。同時，他還創作有京劇劇本。諸如《霍小玉》、
《風塵三俠》、《龍女牧羊》，講究關目穿插，注意詞章整飾，力求寫得
文情並茂。這幾本戲都是為他的梨園諍友京劇名角綠牡丹演出而作
的，曾在大西南各省演出過，得到廣大觀眾的好評。四十歲後，陸澹
安喜歡考據、金石、碑版，旁及戲曲史。著有《諸子本議》、《隸釋隸
續補正》、《小說詞語匯解》、《戲曲詞語匯釋》、《古劇備覽》、《漢碑通
段異體例釋》諸書，顯示出深厚的功力。

　　1949 年後，陸澹安長期在上海文史館工作。除了主要研究中國古
典戲曲之外，還創作有長篇彈詞《九件衣》，散文集《懷舊集》，並又
為他的好友綠牡丹編寫了一部回憶錄《綠牡丹傳》。在《綠牡丹傳》中，
有不少對綠牡丹的為人及其表演藝術的評價，大都中肯，並顯示了他
對戲曲藝術的高度修養。1980 年，陸澹安病逝於上海，享年八十六歲。

二

　　當陸澹安在《偵探世界》發表偵探小說時，他正是一個年近三十
歲的青年。少年時代的博聞強識，桐城派古文所強調的「義法」使他
對文章形式技巧多所重視，再加之他在學法科時所接觸到的一件件變
化莫測的案例，使他在創作偵探小說時顯得非常機警、靈活與富有青
春才思。鄭逸梅在「陸澹安小傳」中認為：《李飛探案集》「思想縝密，
佈局奇詭，使人莫測端倪，大得一般讀者的歡迎。」[4]確實相當準確地
指出了《李飛探案集》的藝術特點。

　　《棉裏針》反映的是一則偵破盜竊案件的故事。這個故事，懸念
迭起，推理奇巧，但又都在情理之中，並不給人以離奇之感。

　　《夜半鐘聲》與《隔窗人面》的情節更顯奇詭。在《夜半鐘聲》
中，大中華函授學校一張幾千元的學費存款單不翼而飛。經過李飛明
察暗訪，悉心思考，終於揭破謎底：原來竟是馮逸庵的所謂大恩人楊

---

4 《鴛鴦蝴蝶派研究資料》（上卷），第 576 頁。

德泉故意所爲，甚至楊康侯爲了給住在馮逸庵隔壁的親戚得到財產保險，竟然已在馮逸庵的房間裏安置了定時炸彈。真是人心叵測，不勝預料。在驚奇，詫異之餘，讀者也不得不佩服作者的奇詭佈局，以及他對舊上海畸型的金錢關係的揭露。較之《夜半鐘聲》的莫測端倪，《隔窗人面》還帶有一種神秘的色彩。許志良的父親有一日正在臥室休息時，忽然因見隔壁窗子上一個人影而神情恍惚，以致在惶恐、緊張與不安中迅速去世。面對這種失去當事人，又無重要線索的案件，即使高明的偵探也確實難以入手。不過，李飛自有他的偵探理論。既然許父是因見到隔窗的人面而突然神情緊張，顫慄而死，那麼，這個別人尚未知曉的「人面」一定的許父所熟悉的人物，而且他在許父的生活中一定曾經發生過重大的影響。循著這樣的思路，李飛終於在與許父同事幾十年的帳房少棠那裏偵知，那個「人面」原來是許父的冤家浦潤生。浦潤生過去是一強盜，許父曾與他同夥，窩藏變賣財物，然而當浦潤生被捕入獄時，許父不僅沒有設法救援，反而獨自侵吞了財物。在二十年後浦潤生出獄時，許父因害怕報復而終於驚嚇而死，這符合生活的常理。不過，只有當作者在重重的迷霧中爲人們層層揭示出這種常理時，人們才會驚服他的機警與靈性。

　　當然，陸澹安偵探小說的機警與靈性，也還相當充分地表現在所著力塑造的偵探英雄李飛身上。在《夜半鐘聲》中，作者有一段對李飛的形象描寫：

　　　　……大門一開，卻進來一位精神活潑的少年。那少年不過二十左右年紀，戴一付羅克式的玳瑁邊的眼鏡，披著一件厚呢的大衣，左手插在衣袋裏，右手卻拿著一項哈德門的呢帽。他踏進門來，在大衣袋裏取出一張名片，上面寫著「李飛」兩個字，旁邊又注著四個小字是「鵬圖吳縣」。

　　這是作者心目中的偵探英雄。他迥然不同於西方作家筆下大偵探的強悍與萬能，而有著中國人所常推崇的文質彬彬的「儒士」風釆。他也區別於中國舊演義中的「天通眼」或「陰陽妙算」的仙人。在《棉裏針》等作品中，作者交代過李飛的身份。他原籍江蘇吳縣，後移居上海，在亞東公學、東方大學學習畢業後，在一公司任職，並兼做業

餘偵探。科學的睿智與以偵探作爲生活唯一樂趣的愛好，使得他屢破疑案，名聲遠揚。在《怪函》中，當李飛初步斷定了一個失竊案的作案者之後，忽又接到一封匿名的怪函時，作者下面一段對李飛的描寫，可以使我們加深對李飛這一形象的認識。

> 李飛讀完這一封似譏似諷的怪函件，心中覺得非常詫異。暗想江氏這一件盜案，昨夜差不多已經查得明白了，那個女傭金嫂，的確是一個很重要的嫌疑犯，種種疑竇甚多，決不會就是冤屈了她。但是這一封怪信，卻又是怎樣寄來的呢？難道說是她的同黨。有意寄這麼一封奇怪的函件來，意欲淆惑我探訪的心思嗎？他後來一想，覺得又不對。這一封信，文理很清通，字跡也很端正，而且此人能知道福爾摩斯和亞森羅蘋的故事，一定是個愛看小說的人。這案倘然是金嫂所做，那末她的同黨裏，未必有這樣一個人才。為此推想，難道金嫂果然是冤枉的嗎？李飛手裏捏著那封信，腦海裏疑雲層層，一時推撥不開。……

這是一個善於思考、鍥而不捨的偵探英雄。他並不是一個萬能的大偵探。然而，唯其不是萬能，唯其不能沒有判斷失誤，從而也使得他在常人中顯得超凡，在失誤中顯出執著，在思考中顯示了智慧。而這一切，又都集中折射出了作者陸澹安的過人才思與駕馭能力。

三

對於偵探小說，陸澹安是自有一番理論的。在《李飛探案集》的「楔子」中，作者通過「我」與所謂新婚的妻子王韞玉的一段對話，相當完整地表達了他的偵探小說理論。

> 王韞玉：「……我雖是個女人，卻不願做那種哀情言情的小說，扭扭捏捏，看了叫人肉麻。我從小最喜歡看的便是偵探小說。因為那偵探小說的情節必定異常曲折，看過之後很能開發閱者的心思。後來我捏著筆學做小說，也頗有這個志願，要做幾篇偵探小說。雖然比不上外國的什麼科南達利，但是比較別種小說，或者還覺得可觀一點，可是偵探小說的材料難找得很。要是向壁虛造呢，又恐怕不合情理，反被人家譏笑，所以直到如今，還不敢

動筆呢！」

「我」說道：「……談到偵探學這一層，我雖不是包探，倒還有一點經驗，因為我自從八、九歲的時候，就喜歡看偵探小說，立志要做一個中國的福爾摩斯，苦心孤詣盡力研究。常言說得好：天下無難事，只怕有心人。就在這五六年之中，別人的秘密黑幕，被我偵明揭破的，實在不少。可惜大半都是情節簡單，沒有什麼趣味，說破了，不值一笑。內中也有幾件案子，情節複雜，很有趣味，我絞了許多腦計，方才把它偵查明白；我也很想把那複雜而有趣味的記錄出來，做一部偵探小說。……如今好了，你既然喜歡做偵探小說，我不妨把以前偵探的成績，一樁一樁說給你聽，你卻把做小說的筆法，記錄出來，倒也算得幾種偵探小說。」

這一段對話，包含有不少的思想內涵。偵探小說是以情節的異常曲折複雜見稱，在對一件撲朔迷離的案情偵破中，通過推理等手段來破除重重疑團，最後使真相大白。因此，偵探小說「很能開發閱者的心思」，較之別種小說，或者還覺得可觀一點。這是其一。其二，儘管社會上秘密黑幕、軼事趣聞比比皆是，但是並不是每一件材料都可以入選做偵探小說。只有那些「情節複雜，很有趣味」的，才有可能敷衍成篇，因此，「偵探小說的材料難找得很。」其三，偵探小說雖要求情節的複雜、曲折，但又不能違背生活的真實，隨意編造。如果向壁虛構，「又恐怕不合情理，反被人家譏笑。」不過，有了很好的材料，也並不等於就能創作出很好的偵探小說。它還必須經過作者的選擇、取捨、想像與補充，以「做小說的筆法紀錄出來」，這樣才能算得是偵探小說。這應該是其四。

范煙橋認為：「寫偵探小說大概需要一種特別的才能，不能隨便可以下筆的，即使有人試寫也不易顯出特色，站不住。」[5]在民國通俗作家中，他覺得只有程小青、俞天憤、陸澹安與孫了紅幾位，比較突出地給讀者留下了較深刻的印象。事實上，偵探小說強調的是邏輯推理，並不著重要求作品的情緒感染力量；它重視的是要能給讀者以「啟智」

---

5 范煙橋：《民國舊派小說史略》。

的作用，往往不作出「移情」的要求。因此，這就要求作者在寫作偵
探小說時需要有一種別樣的思維方式與表達手段。這就是作家在創作
偵探小說時表現出「特別才能」的地方。

《李飛探案集》中的《古塔孤囚》，表現的本是一個謀財害命的故
事：裕大公司職員金利生卷走公司三萬元錢逃到杭州，投奔其老友秦
某；秦某見財心動，夥同流氓馬小三兄弟加害於金利生；而後因分贓
不均，秦某又被馬小三兄弟所害。以故事的複雜性而言，這可以寫成
一篇相當吸引人的情節小說；而如果考慮到社會道德的淪喪與赤裸的
金錢關係對人們心理的扭曲，則又可以成為一篇非常鮮明的社會小
說。當然，如果特別着意於秦某加害於金利生、馬小三兄弟加害於秦
某的過程，則還可以寫一部驚心動魄的武打小說。不過，陸澹安所創
作的是偵探小說，他無意於對金錢社會的譴責，也不關注熱鬧的打鬥
場面，而只是要求弄清「誰是兇手」這一核心問題。報紙上莫名其妙
的啓事，旅館中交頭接耳的議論，金利生自殺的假相，都只是為尋找
真的兇手所布下的疑團與氣氛。自殺遺書上的筆跡，皮箱中的物件，
地上揀到的工號證，不僅為偵破案件留下了蛛絲馬跡，而且也繃緊了
讀者的神經。隨著偵查的深入，古塔前偶然發現的人證，都為緝拿兇
手鋪平了道路。至此讀者釋然於心，並在與李飛一起觀察、探究、集
證、判斷的過程中，經歷了一次千迴百轉的精神遊歷。這是一種十分
舒心的精神享受，一種不同於社會教育與情緒宣洩的「益智」的思維
活動過程。

偵探小說作家「特別才能」的高下，往往決定了「益智」程度的
大小。世界書局在出版的《李飛探案集》「提要」中認為：「陸君澹安，
實為（偵探小說作者中）傑出之人才。其所著之李飛探案，亦久已膾
炙人口。」[6]這裏表明的不只是讀者對陸澹安偵探小說的喜愛，也體現
出《李飛探案集》在承轉起合、謀篇佈局上的高超技藝。當然，《李飛
探案集》在藝術上也有相當的缺陷。儘管李飛這一形象總體上給人以
真實、生動的感覺，但在有些篇章中，作者卻給以了過於理想化的描

---

6 1929 年上海世界書局出版的《李飛探案集》。

寫。另外，在構思情節時，陸澹安的有些探案過分追求偶然性與巧合性，削弱了作品的可信程度。這在《古塔孤囚》與《怪函》中，都有不同程度的表現。

　　在中國偵探小說的發展過程中，陸澹安就這麼匆匆一閃，僅僅給我們留下了一本《李飛探案集》與幾種偵探電影的改作。但是，人們卻不應該忘記他。讓我們記住「陸澹安」這個陌生的名字，記住他對中國偵探小說作出的最初貢獻。

（原載《蘇州》雜誌 1995 年第 6 期）

不應遺忘的優秀通俗長篇小說
——論包天笑的《留芳記》和《上海春秋》

在中國現代文學研究者的眼中，包天笑的長篇小說《留芳記》和《上海春秋》可能是不太熟悉吧？然而，包天笑卻曾這樣自述道：「在1920年時期，我曾有歷史小說《留芳記》之作……我於別的譯著小說，並不十分著意，但於《留芳記》，卻是下了一番工夫。」[1]可見他對《留芳記》的特殊偏愛與重視。至於作者並「不十分著意」的《上海春秋》，美籍華人學者夏濟安卻是這樣讚歎：「最近看了《歇浦潮》，認爲美不勝收，又看了包天笑的《上海春秋》，更是佩服得五體投地……很想寫篇文章，討論那些上海小說。」[2]

對於包天笑「十分著意」的《留芳記》以及令夏濟安先生「佩服得五體投地」的《上海春秋》，我國現代文學研究界並沒有給予足夠的注意，這不能不說是一個遺憾。下面，筆者想就這兩部通俗長篇小說作一較爲詳細的分析與評述。

一

《留芳記》出版於1922年，共二十回，上海中華書局出版。包天笑在《留芳記·緣起》中寫道：「壬癸之交，浪跡京津間，賓朋歡敘，互侈陳其遺聞軼事。每以瑣微之端，足鏡其成敗之故。歸或記諸手冊。顧性又健忘，或記或不記，口耳相喻，或且喪失。抑有憶其大體而遺其一部者，脫落錯訛，旋不成章，殆未有問世意也。已而見近世以史事衍爲小說者，頗違事實，乃思錄爲筆記，以是正之……」這一篇「緣

---

1 包天笑《釧影樓回憶錄續編》，香港大華出版社1973年版。

2 《夏濟安對中國俗文學的看法》，載夏志清《愛情·社會·小說》，純文學出版社1970年版。另《歇浦潮》，爲現代通俗作家朱瘦菊的長篇小說。

起」雖讀起來不甚順口，但其要旨卻是說得極為明白的。其態度之認真亦可從作者不畏勞苦專程到北京、天津搜尋材料，拜訪梅蘭芳等舉動中明顯地感受到。按照作者的設想，整部小說以梅蘭芳為貫穿線索，從梅蘭芳身上引出當時各種各樣的人物，使他成為整部小說的結合點。作者認為這樣可以避免一般歷史小說沉悶、枯燥的弱點，而能使作品顯得輕鬆俊逸，具有文學價值。至於時間跨度，則是從辛亥革命——洪憲帝制——張勳復辟……成為一部中華民國開國野史。

在「絮果蘭因伶官追高火，紅妝青簡稗史話遺聞」的開首「楔子」中，包天笑首先交代了梅蘭芳的身世：梅蘭芳是四川舉子傅芳因報梅蘭芳祖父梅巧玲的高義仗俠之恩，三十年後到梅府投胎，梅巧珍在夢中見傅芳授他一朵蘭花，所以取名梅蘭芳。這也正如《紅樓夢》中的太虛幻境一樣，是只可以當作小說而不能當作歷史來讀的。因而作者自己在「楔子」最後也說道：「這一節故事雖然是小說家故神其說，也不是絲毫沒有影響。自從梅蘭芳出世以來，我們中國的遺聞軼事也出得不少。我想拉拉雜雜地把他敍述一番，讀我這部書的人可以當他是一部民國野史讀，這便是我這部《留芳記》開場的一個楔子了。」既然是寫野史，那麼當然便可以有想像，有誇張，不需要與現實生活一一對應了。

在「楔子」之後，第一回便是「雲和堂雛鳳試清聲，回新店睡獅驚迷夢」，寫的是吳子佩（吳佩孚）在北京西河沿賣卜的經歷。說某晚吳子佩夢見自己做了大元帥，第二天「忽然起一陣狂風把他所有的布篷、招牌、桌子、長凳、拆字盤、起課箱全數兒倦入那邊河裏去了」。於是他只得投考保定速成軍官學校，從此成為軍界要人。吳佩孚在北京窮途末路賣卜為生這是事實，而一個好夢，一陣怪風，則使吳佩孚的這段經歷更具傳奇色彩與神秘意味。作者包天笑也正是在這裏讓梅蘭芳的父親梅雨田因向吳子佩請卦算命，而使人物關係聯繫起來，並從吳子佩的投考保定軍官學校而進入轉向對袁凱亭（袁世凱）的介紹。在二十回的《留芳記》中，我們發現主要是圍繞辛亥革命前後袁世凱的政治活動，從他的韜晦之計到企圖竊國稱帝，形象地勾畫出一個野心家的醜惡嘴臉。

對於《留芳記》的成就，著名作家、翻譯家林紓所作的「弁言」可以作爲參考：

> 前此十餘年，包天笑譯《迦茵小傳》，甫得其下半部，讀而奇之，尋從哈葛得叢書中，覓得全文，補譯成書。寓書天笑，彼此遂定交焉，然實未晤其人。前三年，天笑入都，始盡杯酒之歡，蓋我輩中人也。國變後，余曾著《京華碧血錄》，述戊戌庚子事，自以爲不詳。今年天笑北來，出所著《留芳記》見示，則詳載光緒末葉，群小肇亂取亡之跡，咸有根據。中間以梅氏祖孫爲發凡，蓋有取於太史公之傳大宛，孔雲亭之成《桃花扇》也。大宛傳貫以張騫，騫中道死，補貫以汗血馬，史公之意，不在大宛，在漢政之無紀，罪武帝之開邊也。雲亭即訪其例，敘烈皇殉國，江左偏安，竟誤於馬阮，乃貫以雪苑香君，讀者以爲敍述名士美人，乃不知雲亭蘊幾許傷心之淚，藉此以洩其悲。今天笑之書，正本此旨。去年，康南海至天津，與余相見康樓，再三囑余取辛亥以後事，編爲說部，餘以篤老謝，今得天笑之書，余與南海之諾責卸矣！讀者即以雲亭視天笑可也。

儘管林紓將包天笑比諸太史公和孔雲亭，將《留芳記》比作《桃花扇》，某種程度上具有朋友之間捧場喝彩之嫌，然而，真正從文學的角度來觀照這部長篇小說，其中幾個主要人物形象的塑造還是相當成功的。袁世凱的陰險毒辣，吳佩孚的剛愎自用，隆裕皇太后的昏憒無能，都表現得淋漓盡致，生動豐滿。

從文學創作的規律看來，站在當代人的角度來反映當代的重大事件，往往會因爲缺乏歷史的沉澱而顯得模糊不清或把握失當。這方面的例子在文學史上是屢見不鮮的。而且，包天笑執意走曾樸創作《孽海花》的路子，也顯得過於刻板與吃力不討好。沿著這條路子走下去他當然會發現越來越難寫，越來越難結構，到最後只能是半途而廢、志在空想了。不過，從已完成的二十回《留芳記》來看，由於他材料的準備相當充分，而且結構的缺陷還剛剛表露出來，因此，我們認爲，這部花費了作者很多精力用心創作的長篇小說，仍然是包天笑創作中最爲成熟的部分，也是我國現代通俗文學中最爲優秀的歷史演義小說

之一。

二

　　在《留芳記》以後，包天笑於 1922 年 10 月又開始了另一部長篇小說《上海春秋》的創作。先創作二十回，排日登諸報章，後作續集二十回，於 1924 年 6 月由上海中華書局出版。出版後反響強烈，包天笑再寫四十回，於 1926 年 10 月完成。因此，《上海春秋》有幾個版本，最完整的當然是 1927 年初出版的八十回本。

　　與《留芳記》著重反映發生在政治中心北京的政治事件與人物不同，《上海春秋》主要揭示的則是他已生活了二十年的工業都市上海的種種情形。他在出版《贅言》中這樣說道：

> 都市者，文明之淵而罪惡之淵也，覘一國之文化者，必於都市。而種種窮奇檮杌變幻魍魎之事，亦惟潛伏橫行於都市，上海為吾國第一都市，愚僑寓上海者將及二十年，得略識上海各社會之情狀。隨手掇拾，編輯成一小說，曰《上海春秋》，排日登諸報章。積之既久，卷帙遂富。友人勸印行單行本，乃為之分章編目，重印出書。第一集印既成，為贅數言於此。蓋此書之旨趣，不過描寫近十年來中國都市社會之狀況，而以中國最大市場之上海為其代表而已，別無重大意義也。
>
> 民國十三年六月，天笑記於宣南鐵門欄之妙寂庵。

　　從上述「贅言」中可以發現，包天笑的創作動機是想寫成一部揭露十裏洋場上海千瘡百孔的內幕小說，以讓人們瞭解在這個半封建半殖民上海的千奇百怪、層出不窮的作惡法門。如果說《留芳記》是受了曾樸《孽海花》的影響，那麼，這部《上海春秋》則主要是從吳趼人的《二十年目睹之怪現狀》中得到啟發。包天笑曾這樣說道：「我在月月小說社，認識了吳沃堯，他寫《二十年目睹之怪現狀》，我曾請教過他。（他給我看一本簿子，其中貼滿了報紙上所載的新聞故事，也有筆錄朋友所說的，他說這都是材料，把它貫串起來就成了。）」[3]對這部

3　包天笑《釧影樓回憶錄》，第 358 頁，香港大華出版社 1971 年版。

《上海春秋》，包天笑確也是想走吳研人的路子，以現實生活中發生的重大事件爲基礎，深入探討其起因，並由此表達出創作者譴責、揭發、勸善、懲戒的用心。這帶有晚清以來譴責小說的特點，但也明顯真有鴛鴦蝴蝶派作家所熱衷的黑幕小說的傾向。

黑幕小說是近、現代通俗文學中的一個分支，孫玉聲（又名海上漱石生）的《海上繁華夢》、張春帆的《九尾龜》等，是這方面的代表。它們往往以揭人的隱私、傳佈不著邊際的小道消息而爲市民提供茶餘飯後的談資。發展到最後，則是譴責小說的墮落。包天笑在一篇名爲《黑幕》的小說中，曾借一位書局經理之口，對當時流行的許多所謂黑幕小說進行了諷刺和批評。

那麼，包天笑他本人的這部《上海春秋》是否也在不知不覺之中墮入了他所批評與諷刺的所謂黑幕小說的泥潭之中呢？答案應該是否定的。

從取材來言，《上海春秋》幾乎與當時的黑幕小說並無區別，「龜子鴇兒奢淫成俗，狐群狗黨流蕩忘歸」、「交易所奸商擎黑手，信託股浪子吸黃金」、「開藥房亂賣虎狼藥，設醫院徒多花柳醫」、「藏嬌有屋屏鏡深沉，避債無台囊金羞澀」……僅從這些回目中，讀者便可以知道《上海春秋》仍然描寫的是妓女、鴇母、姨太太、交易商、庸醫……等等一批都市丑類的無恥表演，反映的是他們製造出來的一個個陷阱與騙局。但是，作者包天笑的批評性是顯而易見的。他並不是爲了獵奇而向人們展覽這些龜子鴇兒、流氓惡棍的發跡史，而是爲了批判，爲了引起人們的注意，才將他們一個個「請」了出來。例如，在第十九回「締婚姻良言勸弱弟，感遲暮往事說名倡」中，作者寫了一位姨太太與一位議員老爺到一家鐘錶店買手錶的經歷：「……琴心揀了半天，揀中了一隻，外國人給她用帶子扣在腕上。琴心便向那位議員老爺道：『你瞧好不好？』議員老爺嘴裏銜着半支雪茄煙，歪著頭說：『好極了，好極了。』琴心道：『就是這一隻罷。』便問要多少錢，外國人把表上墜下的一個小紙片瞧了一瞧，說便宜得很，只要一千一百二十塊錢。琴心把表握在手裏低低的問議員老爺道：『你聽見了沒有？』議員老爺本來嚇了一跳，開口不得，但是到底是國民議員，很有鎮靜的

工夫，卻是一些不露聲色，今聽得琴心問他，便道：『貴倒不貴，只是……』議員老爺說著便走到另外一個洋盤前，琴心會意，跑過去問道：『你說貴倒不貴，只是什麼？』議員老爺道：『只是錢不夠。改一天我們再來買罷。』琴心道：『看了半天像煞有介事，阿要難爲情？我是嘸不格只面孔走出門去。』……」在這一段描述中，儘管作者包天笑沒有直接站出來抨擊議員老爺們的種種劣行，但是在貌似冷靜的描寫中，卻相當清楚地表露了對議員的諷刺與批判。另外，作者爲了表達對洋場敗類的憤怒，還往往用人名的諧音來影射與諷刺。如將販賣婦女、無惡不作的騙子定名爲崔明生（催命生）和丁懷人（頂壞人），敲詐勒索的律師被定名爲高竹岡（敲竹槓），包打聽式的流氓被定名爲吳百曉（無不曉），所謂性病專家被定名爲楊梅窗（楊梅瘡），不三不四的洋場闊少被定名爲鄔桂生（烏龜生）……這一方面是包天笑模仿吳趼人《二十年目睹之怪現狀》中的人名提法，但另一方面這些醜惡、骯髒名字的提法本身也表現了作者對他們的無比痛恨與憎惡。因此，我們可以說《上海春秋》不同於一般的以展覽、暴露爲目的的黑幕小說，將它劃入社會小說的範圍似乎更爲合理，也更爲合乎作品的實際。

　　同時，也不應諱言的是，由於作者的思想深度不夠，因而他對社會病根的揭露也往往顯得浮淺。這是影響《上海春秋》達到更高成就的最主要原因。例如在寫到上海灘綁票四起、黑幫橫行時，作者借書中人物之口說出的議論卻是：「這就叫有好有不好，你說住在內地好吧，倘然一遇到了兵災，大家來不及的都往上海跑，遲一些兒，火車斷了，輪船不通了，那就該死了。到了那個時候，誰不把上海租界做了一個樂土。」又如在寫到當時上海灘汽車橫衝直撞，經常發生肇事情況時這樣評論道：「上海灘上有這一萬輛的汽車，就好像是一萬隻斑斕白額猛虎放在市上，天天出來噬人，尤其是窮人家的老年人小孩子常常遭它的害，你想深山大澤之中，有了一隻大蟲就教四周的山村受了恐慌，何況是一萬隻的猛虎呢？我聽說歐美各國汽車還比上海多，可是闖禍倒少，這是什麼緣故？原來歐美各國尊重人道，汽車在鬧市地方不能開快車是不必說了，便是在非鬧市地方，他們也不許開快車……本來汽車原是供人乘坐的，有人然後有車，當然應該車子讓人，

不應該人讓車子。譬如在外國地方，前面有兩個人在那裏走路，後面汽車來了，他自然捏著喇叭教人注意，倘然前面走路的兩位先生雖聞喇叭之聲還不讓他，他那汽車只得緩緩而行，隨在那兩人後面，直到有餘地可以開往前面方可駛去。這便可以顯出他們是車子讓人決不是人讓車子的。」由於包天笑對西洋知識一知半解，因而儘管他想對橫衝直撞的開車闊佬們加以批判與勸懲，然而他對國外駕車知識的瞭解只能是令人搖頭苦笑而已。諸如此類的議論，在《上海春秋》中還有不少。我們在爲包天笑有著一副正直善良的心腸而高興的同時，卻也爲他的見識思想相當平庸而感到惋惜。他想寫的是社會小說，但卻沒有魯迅、茅盾、老舍等一批新文化工作者那樣的深邃與力度。

在藝術上，《上海春秋》也是想有所創新的。試看第一回「紹箕裘良士初發跡，成羅衣貧女始投身」中開頭一段：

> ……匆匆光陰，已到了民國十一年的秋天，那天是十月十五日，正是舊曆的中秋。雖然中華民國也追隨了歐美先進各國，已改爲陽曆，可是那舊曆觀念，還深固地盤踞在社會心理。……到了那時候，自然界果然來湊趣，碧海青天，湧出一輪皓月。那天既然是秋高氣爽、風清月白的日子，大家都有興味，小孩子們都縱縱跳跳的，待到夜裏齋月宮。年紀輕的姑娘們，又約着他的小姐妹，到遊戲場去走月亮。只有一家人家，全家都是愁眉不展，好似前幾天愁雨籠罩的樣子。你道是誰？原來是一家做裁縫的人家……

這一段開頭值得注意。它不同於古代章回小說中往往先介紹書中主人公的傳統寫法，而是先從一個小角落、小人物寫起，具有相當程度的現代小說創作的技巧。而且語言順暢、自然，是標準的現代語體文的寫法。《上海春秋》開始在報章上發表時，並沒有用回目，只是後來出單行本時才用駢體對偶的形式加了回目。儘管尚保留了一絲傳統古典小說的章回形式，但藝術手法與技巧是隨時代一起大大地進步了。

最值得我們重視的是《上海春秋》中所體現出來的社會學和民俗學方面的價值。美國著名學者夏志清教授在他的《中國現代小說史》第一章《文學革命》中，就這樣說道：

　　直到 1949 年大陸變色為止，當代人寫的章回小說仍受廣大讀者所歡迎，這些逃避現實的小說——題材包括從才子佳人式的豔史到無奇不有的武俠小說——是與歷代的白話小說傳統一脈相承的。除了文字用白話外，可說與當時的新小說無相同之處。這些新派的章回小說作者，雖然一直不為正統的新文藝的作者瞧得起（因為他們對社會問題不關心，對西方的傳統也所知甚少），但純以小說技巧來說，所謂「鴛鴦蝴蝶派」作家中，有幾個人實在比有些思想先進的作家高明得多了。我們認為這一派的小說家是值得我們好好去研究的。這一派的小說，雖然不一定有什麼文學價值，但卻可以提供一些寶貴的社會性資料。那就是：民國時期的中國讀者喜歡做的究竟是哪幾種白日夢？

　　我們暫不去討論夏志清先生所說的這派作家有沒有文學的價值，也不去討論他們到底對社會問題是否關心，夏志清先生有一點說得極為明確的，即他們「可以提供一些寶貴的社會性的資料」，也可以使現在的讀者瞭解「民國時期的中國讀者喜歡做的究竟是哪幾種白日夢」。這確是說出了中國近、現代通俗文學的一個重要特點。這也可能正是《上海春秋》(當然也應該包括《留芳記》)，讓美籍學者夏濟安先生「佩服得五體投地」的原因所在吧。

（原載《蘇州大學學報》1999 年第 1 期）

通俗文學大師在臺灣
——包天笑在臺北四年的文學生活

　　被學界公認爲中國近、現代通俗文學主帥的包天笑先生，出生於蘇州，成名於上海，晚年病逝於香港。然而，在 1946 年至 1950 年，包天笑還在臺北生活了整整四年的時間。

　　對於包天笑的這一段經歷，臺灣讀者鮮有人知。茲將自己在研究中所搜尋到的材料公諸於眾，也是臺北文化中的一椿幸事呢。

一、原本以為的一次短程旅行卻再也未能回到上海

　　包天笑到臺北的時間是在抗戰勝利後不久。他共有三個子女：長子包可永是中國現代最早的電氣工程師之一，十四歲時就到德國西門子公司學習，後回國曾任上海市電話局長，抗戰勝利後，奉調到臺灣從事電氣工程事業。他的女兒包可珍也隨之到了臺北任職。至於他的另一個兒子包可閎，當時則在香港謀事，但事業發展遠不如長子包可永。養兒防老，這是中國的古訓。何況，包天笑這時已是七十歲的古稀老人。因此，在長子可永的敦請之下，包天笑離開了足足生活了四十年的上海，轉道香港到了臺北。

　　對於這次遷移，包天笑本以爲是一次短暫的行程。因爲長子包可永作爲當時中國少數幾個留學德國回來而從事實際電氣事業的行政專家，行蹤是多變的，或許過不了多久仍要回到上海。所以，包天笑這次離開上海去臺灣，並沒有作搬家的準備，所有書籍圖冊都留在上海，只是帶了些日常用品。然而這一去臺灣就是整整四年，後來又從臺灣去了香港，再也沒有能回到上海。他久旅不歸，書籍等失於照顧，也就流失殆盡，這到他晚年是常常後悔不已的。

　　在臺北，包天笑先是住在長子可永家。那是一個由籬笆牆圍起來的庭院式的房子，頗適宜於養花種草，老人散步，然而有一次遇到颱

風，籬笆都被吹塌了，花草也是一片狼藉。後來搬到女兒可珍家去居，那是在臺北重慶南路二段六巷，是內地式的新造房子，有地板，不要楊榻米，進門無須脫鞋，共有五六間房屋，並有抽水馬桶、浴室及洗面盆等。這已與他在上海住的房子差不多了。則可惜新造房子沒有種植花草的空間，不免有些惆悵，好在重慶南路不遠就有一個植物園，有些熱帶、亞熱帶的奇花異木，都是包天笑先前未曾見過的。所以每到傍晚，他總是來到這植物園散步，有時也在附設的茶寮中坐上一坐。

二、江南人初到臺灣所發生的新鮮事

　　對於長期生活在江南的包天笑來說，臺北的許多事情都是陌生和新鮮的。對於臺灣人的起居，他曾作詩一首云：「也是書房也臥房，碧紗帳子最風光。雞聲催得春眠起，席地看書跪曉妝。」作者自注道：「臺灣為日人統治以後，改變起居，至於席地而臥。他們無所謂臥房，一間屋子，到了睡眠時，在壁櫥中取出衾枕臥具之類，席地而臥了。起身後，即將臥具塞入壁櫥，便成為讀書寫字之地。大陸上來的太太們，大為不慣，房中僅有一張桌子，要跪在那裏作曉妝，殊為苦之……」比較了臺灣人與大陸人在起居上的不同習慣。

　　對於臺灣的動植物，包天笑更是覺得稀奇，也作詩云：「蜘蛛大似陽澄蟹，老鼠肥同江北豬。壁虎緣牆灶馬走，昆蟲世界此邦殊。」他曾以好奇之心這樣描述道：「臺灣地方，蟲類最多，有許多大陸上從未見過的蟲類，至於大陸上所習見者，此間亦應有盡有。蜘蛛有不少種類，有黑色的，有紅色的，有結網與不結網之別，巨大兇猛。有一次，我見一蜘蛛與一壁虎在壁上爭鬥，壁虎也不弱，緣壁而走，至為迅疾（臺灣的壁虎能嘶嘶作聲），但卻鬥不過蜘蛛，這一場大戰，還是壁虎敗了。臺灣的老鼠，肥大亦過於大陸，且有技術，能緣電線而走，似馬戲班中人。灶馬即蟑螂，古代名詞，臺灣亦到處都是。」對於臺灣壁虎的嘶嘶叫聲和老鼠的「技術」，包天笑是新奇不已的。

　　當然，對於寶島的風光，對於臺灣的名勝古跡，包天笑也覺得很有趣味。「海風過去港風來，南國女兒笑臉開。且浴溫泉且浴水，草山去後北投回。」這首詩寫得輕鬆、有趣。他曾這樣解釋：「草山與北投

那個地方，也算臺北名勝之區，因爲那個地方有溫泉，於是開了好多浴館，把溫泉導入室中，還有許多侍浴女郎。豈但侍浴，而且可以同浴，作鴛鴦戲水之舉。於是上海朋友、香港朋友，都興骸垢想浴之念，都到這個地方來，把個溫泉，作爲溫柔鄉了。」

三、懷念上海生活和收藏的許多好書

在臺灣，包天笑的思鄉之情是相當濃烈的。有一年秋天，他忽然想起故鄉蘇州的蠶豆：「在江南春夏之交，有一種新蠶豆上市，那是最美味的食品。到了老熟了爲用亦廣，什麼發豆芽，五香豆種種，而且可以代替黃豆做醬。到了臺灣來，我們想起此物，誰知臺灣農家不用此品，全菜場亦絕蹤。」爲此，他感懷於胸，又作詩一首：「開軒何處面桑麻？狼籍階前閒草花。回憶江南蠶事好，我從煮豆總思家。」由蠶豆而想起了遠在千里之外的江南老家。

有一天，當年在上海通俗小說界的陳小蝶來到臺灣，老友相見，分外親熱，詢問上海、蘇州等朋友近況，不覺良宵已盡。又有一天，忽然接到當年他在《時報》館時曾經提攜過的滑稽小說作家徐卓呆的明信片，非常激動，竟把明信片中寥寥數語也在日記中記錄了下來：「久不通消息，渴念之至。近況如何？便乞示我一二。弟等生活，一切如常，無善狀可述。欲知後事如何，且聽下回分解。笑翁大鑒。」與包天笑通信的還有在上海的姚鵷雛，曾經寫過長篇通俗小說《龍套人語》的那位。除此，包天笑便是用收音機聽上海電臺空中書場說書，看上海的《大公報》（臺灣版），以瞭解上海等地的情況。

在這時期，包天笑也還創作了一些作品，不過數量不多。1949 年，被包天笑稱爲「神童易順鼎」的兒子易君左到了臺灣，辦了一個《新希望》週刊，上有「臺灣詩情」一欄，邀請他寫稿。包天笑便以兩首描寫臺灣物產的小詩見贈。一爲《拖鞋蘭》：「拋卻鳳鞋白足妍，曳雲躡雨若飛仙。莫驚入室之蘭臭，贈與鄉家楊楊眠。」拖鞋蘭是臺灣的一種花名，此詩便是爲詠花而作。又一爲《相思炭》：「難期槁木作春回，爐火深紅映玉腮。莫道相思如熾炭，相思寸寸竟成灰。」相思樹是臺灣的一種樹名。包天笑自云：「兩樹隔溪種之，枝葉會糾結相接。

台人以相思樹燒成炭，最耐火。」該詩便是寫這種情形。

另外，當時陳小蝶等在臺灣編輯《經濟快報》，曾邀請包天笑寫一長篇小說在上面連載，然而包天笑因久不寫小說，只寫了一篇滑稽短篇小說《上海太太到臺灣》交去。當時正是國民黨退居臺灣時期，有許多上海太太隨之到了臺灣，但卻不熟悉臺灣的風俗，於是鬧出了種種笑話，這篇小說反映的便是這個內容。其他的，包天笑還於 1949 年12 月，在臺灣《旅行雜誌》上發表了一篇名爲《覺林春宴》的回憶文章，記敍的是 1930 年在上海與花叢姐妹在覺林素菜館吃飯的事情。

除創作、養花、散步外，包天笑這時喜歡抽空閱讀書籍。他看的書範圍很廣，有美國女作家史沫特萊著的《大地的女兒》，有《印度短篇小說集》、《波蘭短篇小說集》，有胡風的評論集《寫在混亂中》，還有《佛蘭克林自傳》等等。不過，當時臺灣的圖書館藏書不多，包天笑每每發出感嘆：「這個圖書館貧弱可憐，欲選取國外的名家小說亦無有，即有一二，也被借空。我在上海有許多好書，置之高閣，都不曾過目，對此不免惆悵。」又一次表現出對上海生活的嚮往與懷念。

四、晚年決定撰寫回憶錄將其 一生經歷加以記述

在靜靜的晚年生活中，包天笑想的最多的還是當年在上海熱氣騰騰的文學生活，以及生活了二十幾年的故鄉蘇州，想念他早已去世了的慈母、父親和朋友。於是，他決定有系統地寫一本回憶錄，將那些若隱若現、恍若隔世的早年生活經歷記述下來。這項工作是從 1949 年5 月正式開始的。他這樣敍述了寫作《釧影樓回憶錄》的「緣起」：

> 我寫此稿，在 1949 年 5 月，我那時 74 歲了。我的記憶力日漸衰退，大不及從前，有許多經歷的故事，忘了它的頭緒，有許多結交的朋友，忘了他的名字，恐怕以後，更不如現在了吧？有時我的兒孫輩，問起我幼年的事，有些是茫然莫知所答了，有些也只是片羽殘鱗，雖然僅是個人的事，也好像是古人所說，一部十七史從何說起了呀？
>
> 昨天夜裏，忽得一夢，夢着我已變成了一個八九歲的兒童，

依依在慈母之側。我的母親，還是那樣的年輕，還是那樣的慈愛，可惜那不過一霎那之間，我便醒了。母親不曾和我說什麼話，也沒有什麼表示，我醒後卻不能忘懷。其時已是天將微明的時候，窗外的白雄雞，已在喔喔啼了，我再也不能重續殘夢了，我雙目炯炯，至於天曉……

也許是因為夜裏夢見了母親的緣故吧，包天笑的《釧影樓回憶錄》第一篇便是寫《我的母親》。接著再寫《上學之始》、《上學以後》、《我的父親》諸篇。他打算從家庭間事寫到青年時代，再寫到中年時代，一直連續的寫下去。不過，當時已是大陸基本上被共產黨所佔領的，而臺灣形勢也日趨緊張之際，因而寫了幾萬字之後，便也擱筆了。這部給他帶來極大時譽的《釧影樓回憶錄》，最後完成於香港，並由香港大華出版社出版。

這時，他在香港的次子包可閎要他去香港，因為香港畢竟是英國殖民地，暫時不會有戰火威脅。於是，在 1950 年初（農曆 1949 年底），包天笑便離開臺灣到香港，從而結束了他在臺灣整整四年的生活與創作歷程。

（原載《中央日報》1996 年 9 月 5 日）

羅蘭花開憶瘦鵑

──哀情小說作家周瘦鵑的一生

在民國初年頗具聲勢的鴛鴦蝴蝶派中，周瘦鵑曾是名噪一時的
「五虎將」之一（另四位爲張恨水、徐枕亞、李涵秋和包天笑）。當時
評論界曾有這樣的說法：在鴛鴦蝴蝶派中社會小說以李涵秋爲代表，
偵探小說以程小青爲代表，武俠小說以平江不肖生爲代表，言情小說
以張恨水爲代表，而哀情小說則是以周瘦鵑爲代表。不過，隨著時間
的流逝，人們已經或多或少忘淡了這位鴛鴦蝴蝶派猛將的身影。現將
他的一些事蹟介紹如下，以紀念這位重要的鴛鴦蝴蝶派作家。

周瘦鵑，原名國賢，1895 年夏天出生於江蘇蘇州的一個小職員家
庭。六歲時喪父，家貧如洗，全靠母親女紅針黹度日。中學畢業後，
因無力再繳學費，只得輟學。在談到別號「瘦鵑」時，他自己曾說道：
「別號最帶苦相的要算是我的瘦鵑兩字。杜鵑已是天地間的苦鳥，常
在半夜啼血的，如今加上一個瘦字，分明是一頭啼血啼瘦的杜鵑。這
苦豈不是不折不扣的十足的苦麼？」這十分形象地點出了周瘦鵑苦難
的青少年歲月。

不過，使得周瘦鵑愈益悲傷與哀痛的，還是感情方面的因素。與
周瘦鵑爲同鄉好友的文史專家鄭逸梅，曾經記述過周氏的這樣一段往
事：「有一次偶觀務本女學所演的戲劇，演劇者周吟萍活潑秀美，他很
愛慕……往還既頻，談到嫁娶。吟萍家境很富裕，瘦鵑是個窮書生，
對方的父母堅決反對，好事多磨，成爲泡影。而吟萍是個弱女子，在
封建家庭壓迫之下沒有辦法，只有飲泣。吟萍有一西名 violet（紫羅蘭），
瘦鵑念念不忘其人，也就念念不忘紫羅蘭其花。」

生活與感情方面的磨難，使得周瘦鵑形成了孤獨內向、多愁善感
的性格。因此，他寫得最多、也是最能吸引人的便是哀情小說。他的
代表性哀情小說有《恨不相逢未嫁時》、《遙指紅樓是妾家》、《此恨綿

綿無絕期》、《阿郎安在》、《畫裏真真》等。有的是寫男女一見鍾情，因受家庭阻隔而未成眷屬；有的是寫紅顏薄命，少婦守寡，大都寫得哀感頑豔、花月為愁，催人淚下。其中有一篇《留聲機片》，寫的是才子情劫生與佳人林倩玉的刻骨傷心之情。當時江蘇武進有一位梁女士，遇人不淑，悒悒成病，臨死前幾天讀到《留聲機片》，私下對她的同學道：瘦鵑真是我的知己，居然把我的心事借他的一枝筆全部寫出來了，我死而無憾了。可見周瘦鵑文字處理的感人之處。對於被人們稱為鴛鴦蝴蝶派作家，他與張恨水、包天笑等人的極力推諉不同，卻是坦然承認的。他說：「我是編輯過《禮拜六》的，並經常創作小說和散文，也經常翻譯西方名家的短篇小說，在《禮拜六》上發表的。所以我年輕時和《禮拜六》有血肉不可分開的關係，是個十十足足、不折不扣的《禮拜六》派。」

不過，周瘦鵑除了創作有許多淒惻、悲慘的哀情小說之外，也創作了不少的愛國小說。周瘦鵑創作鼎盛的二三十年代，正是我國民族經受災難的痛苦時期。在 1922 年 1 月所寫的小說《新年好夢》中，他夢見自己竟做起了大總統，率領精兵強將向號稱大國強國的各國算舊帳，把他們以前巧取豪奪的許多土地、鐵路、礦產都收了回來，極其典型地反映出一個弱國子民渴望民族強大的愛國之情。此外，在當時《禮拜六》上發表的《中華民國之魂》、《祖國重也》、《為國犧牲》等篇，也都屬於愛國小說。

在創作之外，周瘦鵑還在編輯、翻譯方面做出過重要的貢獻。1921年 3 月，《禮拜六》復刊，周瘦鵑出任主編。在 1920 年至 1932 年長達十餘年的時間中，他擔任著名的《申報》副刊《自由談》編輯。此外，他任主編的報刊還有《遊戲世界》、《紫羅蘭》、《紫葡萄》、《新家庭》、《樂觀》等。這些都屬於鴛鴦蝴蝶派的重要陣地。在翻譯方面，周瘦鵑是最早將托爾斯泰、大仲馬、狄更斯、莫泊桑等世界名作家的作品介紹到中國來的翻譯家之一。他結集出版的《歐美名家短篇小說叢刻》曾受到當時教育部的嘉獎。

後來，周瘦鵑由上海回到故鄉蘇州，一段時間中曾將主要精力投入到園藝培植方面，使他的「周家花園」成為芳菲滿目的名園，其中

種植得最多的是紫羅蘭，這當然是爲了紀念他的初戀。1954 年起,他在香港《大公報》、《文匯報》,以及大陸的許多報刊上發表散文,結集出版有《行雲集》、《花花草草》、《花前瑣記》等。

「文革」開始後，周瘦鵑受到衝擊，於 1968 年 8 月含冤而逝，終年 73 歲。「四人幫」粉碎後，江蘇文藝出版社出版了他生前結集的散文選《拈花集》。最近，蘇州市文聯等單位爲了紀念周瘦鵑誕生一百周年，又收集出版了他在六十年代創作的六十篇散文體書信《姑蘇書簡》，也算是對這位曾經風雲一時的鴛鴦蝴蝶派作家的深切紀念。

（原載《中央日報》1995 年 8 月 16 日）

才子佳人夢難圓

——《啼笑因緣》中的愛情處理

在中國現代文學史上，通俗文學大師張恨水先生的《啼笑因緣》是一部不同凡響的重要作品。

一九二九年至一九三〇年間，長篇小說《啼笑因緣》在上海《新聞報》副刊《快活林》上連載，一時引起轟動，成為市民們街談巷議的材料。當時，張恨水在北平，還只是一位默默無聞的青年作家，然而，《啼笑因緣》使他一炮走紅。他回憶當時情景：「上至國名流，下至風塵少女，一見著見，便問《啼笑因緣》，這不能使我受寵若驚。」為了爭奪《啼笑因緣》的電影拍攝權，當時上海的兩大電影公司——明星電影公司和大華電影社，各不相讓，以至訴至公堂。話劇、評彈、說書、地方戲曲也都紛紛改編。從而《啼笑因緣》風靡全國，至今大陸還常有再版，而張恨水的作品也無庸置疑地成為中國近現代通俗文學的重鎮。

《啼笑因緣》為何如此迷人？它取勝的法寶是什麼？儘管張恨水在《啼笑因緣》中將傳統章回小說形式與西洋現代小說技巧有機地結合起來，非常適合當時半新不舊讀者的口味，同時，對毫門權貴的揭露與控訴，也能引起廣大普通市民的共鳴，然而，在我個人看來，《啼笑因緣》的成功主要還是在於它對愛情故事獨到而巧妙的處理，以及作者對愛情觀念不同於人云亦云的精闢見解。

首先，看一下《啼笑因緣》對愛情故事情節的獨到安排。

在中國古代，才子佳人小說一直在文學史上佔據重要地位。既有[多愁多病身、傾城傾國貌]那樣的淒豔、哀戚，也有《私定終身後花園，落難公子中狀元》式的歡愉、團圓。人們已習慣於這種模式，也津津樂道于這種詩意的愛情理想。然而，在《啼笑因緣》中情況便不同了。它吹進了一股新風，帶來了一種野性，才子仍然還是才

子，流寓北平的杭州世家公子樊家樹溫柔、多情、才華橫溢，然而佳人卻已不再是嬌滴滴的富家小姐，而是在天橋上舞槍弄棍的民間藝女沈鳳喜。並由沈鳳喜的關係，作品中出現了一批如關壽峰那樣行俠好義的豪俠形象。因此，作品中樊家樹與沈鳳喜的愛情不盡是花前月下卿卿我我，而多了一層驚險緊張的武俠內容，在讀者這邊，《啼笑因緣》已不僅是一部言情小說，在許多章回也可以找到令人刺激的打鬥場面。這種柔情俠骨，不同於傳統武俠小說中的愛情故事，而是在傳統言情小說中增添進了新鮮的內容。人們爲此感到新鮮，爲之陶醉，這是張恨水在愛情故事情節處理上的獨到之外，也是《啼笑因緣》區別於一般才子佳人小說的重要地方。

其次，《啼笑因緣》也在傳統愛情觀念上有了重大突破。

世家闊公子樊家樹不顧世俗偏見大膽愛上了民間藝女沈鳳喜，對於這突如其來的愛情，長相美麗但出身貧寒的沈鳳喜先是不信，後是熱情相抱。而樊家樹決意打破門第觀念的平民思想，也使這才子佳人式的愛情似乎不會淪於始亂終棄的泥潭，然而，更有權威的軍閥劉德柱出現了。他也一眼看中了漂亮的沈鳳喜——儘管他只想霸佔與玩弄，而根本不是愛情。先是利誘，然後是威壓，最後還是利誘，結果，沈鳳喜乖乖地主動投入了劉將軍的魔掌。這世界還有什麼愛情？還有什麼東西可以值得相信的？樊家樹滿腹委屈，怒衝衝地找到已成爲劉將軍姨太太的沈鳳喜，提出與她一起遠走高飛、逃離虎穴。然而，沈鳳喜除了願意與他保持幽會之外，並不願意跟著他奔赴所謂光明的地方……

這真使人發生長長的浩漢。

愛情是什麼？年輕佳公子樊家樹對民女沈鳳喜一往情深，其誠可感，彌足珍貴。但是沈鳳喜得隴望蜀。寧願身受虐待、摧殘，卻不願放棄眼前的榮華富貴。情爲何物？有誰能找到可以放心寄託的情緣？張恨水滿心狐疑，在《啼笑因緣》中留下了才子佳人們的悲劇結尾。

大團圓結局是中國傳統才子佳人小說一貫的處理方式。然而，張恨水在《啼笑因緣》中突破了。有情人終成眷屬，但是，在現實

生活中真是有情人都能圓滿地結合嗎？《啼笑因緣》真實地展現了
人性的脆弱、愛情的虛幻，人們先是一驚，繼而慢慢發現《啼笑因
緣》所展示與描繪的又都有著合乎情理的一面。

　　由此看來，《啼笑因緣》的成功確實並非偶然。

（原載《聯合文學》1999 年第 2 期）

文學失卻轟動效應之後
——兼談「瓊瑤熱」形成的原因

在經歷了十年風風雨雨、坎坷曲折的道路以後，大陸新時期文學顯得疲憊不堪，精神不支了：任憑你引進西方什麼「先進」的創作技巧，編織出怎麼樣荒誕離奇的情節，作出何等大膽的性愛描寫……讀者都是那樣的漠然視之與無動於衷，以致一些很有名氣的作家為了湊足印刷廠可以開盤印刷的數目而在報紙上自作廣告。毫無疑問，文藝出版業與期刊發行業正處於新時期十年以來最不景氣、最為蕭條的時期。

對這一原因的探究與思考，已經引起了人們一定程度的重視。他們從各自不同的觀點、角度與愛好對近年來文學失卻轟動效應這一嚴峻現象表述了自己的見解和看法。歸納起來，一般認為有這樣四個原因：

一曰，作家缺少生活。在大陸新時期文學中最為活躍的主要是這樣兩類作家：一類是長期遭受極左路線迫害的中年作家，諸如王蒙、高曉聲、張賢亮等，另一類則是像葉辛、王安憶、張抗抗、梁曉聲這樣的知青作家。他們在動亂時期遭受的衝擊最多、痛苦最深，因此，一旦他們有可能拿起筆時便抑制不住內心情感的噴發與湧溢，為大陸新時期文壇接二連三地奉獻出了一大批飽含著血與淚、愛與憎的藝術作品。然而十年下來，傷疤已經癒合了，怨言也已經發完了。或者，「怨言」已經換來了地位，換來了房子，換來了名聲，感受也就不一樣了。這是人們認為近年來文學歸於沉寂的一個較為普遍的原因。當然，它也確實反映出了一些文學事實。但是，社會歷史是一個不斷演進、發展與變化的過程。你可以說高曉聲再也沒有創作《李順大造屋》、《陳奐生上城》時那樣的心境與強烈感情了，你也可以認為如果梁曉聲再創作出如《今夜有暴風雪》那樣的作品肯定也不會引起以往那樣廣泛

的反響，但是，當某些作家不能擁有更新的生活或時代對某類題材的
興趣大爲減少時，並不一定意味著文學將歸入沉寂。因爲事實上，當
時代氣圍與讀者心理對某類作品或某類題材興趣減少時，必然會有其
他題材或其他品格的作品倍受寵倖。有些作家可能因缺乏這樣的生活
體驗與藝術把握能力而無力再次成爲文學新階段的弄潮兒，然而這並
不能排斥其他可以具有這樣的生活體驗與藝術素養，或者一些擁有新
的生活與新的藝術表現能力的作家隨著時代的要求應運而生。魯迅、
郭沫若之後，不是有巴、老、曹麼？巴、老、曹之後，不是又有一大
批表現抗戰的新進作家麼？因此，上述看法至少是不夠全面的。

　　二曰，文學需要通俗化。這也是人們用來解釋近年來文學遭受冷
遇的一個常見的觀點。人們有感於武俠小說、言情小說、公案小說、
法制文學的盛行乃至一些庸俗、無聊、黃色作品的氾濫，認爲作家應
該放下架子，儘量照顧我國廣大讀者的文化層次與閱讀習慣，真正讓
文學做到雅俗共賞，這樣，才能使嚴肅文學免受通俗文學的擠壓，佔
領更大、更廣泛的文化陣地。顯然，這種觀點已經正確地注意到了新
時期文學中日趨嚴重的學院氣與貴族化，提出了今後新文學發展中值
得重視的問題。不過，用非通俗化來解釋爲什麼缺乏轟動效應的力作，
其失誤也同樣是顯而易見的：新時期十年文學中那些產生重大影響的
作品，譬如諶容的《人到中年》、張賢亮的《綠化樹》等，它們都是通
俗化的作品嗎？既然很難歸入通俗文學的行列，爲什麼卻又產生了那
樣廣泛的社會反響呢？

　　三曰，文學功能的分散。上述兩點主要是從文學自身找原因，而
這一觀點則把文學沉寂的原因歸之於讀者方面。隨著社會生活的日趨
安定、正常，廣大讀者的心態也逐趨平穩、務實。要求增加工資的可
以去找人事科財務處，要求民主參政的可以去找市長、區長、政協委
員或人大代表，要求懲治壞人的可以去找律師、檢察院。現在，未必
有太多的人希望通過文學作品來幫助他們理解或者解決人們最關心的
物價、浮動工資、職稱評定、購買商品房或者考「託福」出國的問題。
「四人幫」粉碎初期那種純淨的政治熱情被一種更爲緩和、平穩的心
態代替了，文學不可能也沒有必要再如旋風一樣使千百萬人民激動、

感傷或者奮起。值得重視的是，這種觀點注意到了中國近百年來由於屈辱窮困而變得相當易於衝動的社會心理，注意到了新時期十年文學之後一些歷來制約著文學發展的「非文學因素」的逐步消除。然而，它也有兩個無法解釋的困難：第一，儘管文學功能的日趨純淨是客觀存在的事實，但是，文學卻有著其他各種社會機構所無法替代的真正屬於文學的功能；第二，在社會分工非常發達的西方，《等待果陀》在巴黎連演三百多場，經久不衰，《第二十二條軍規》轟動全美，前後印行達八百多萬冊。對此情狀，用文學功能的分散來解釋顯然也是說不通的。

　　四曰，見怪不怪。人們覺得，閉關鎖國、夜郎自大造成了少見多怪、大驚小怪。70年代末與80年代初，「朦朧詩」與所謂「意識流」小說居然能引起不小波瀾，能就「看得懂還是看不懂」而爭論一番。開放的深入與中外文化交流的增多，使當今文壇上企望走爆冷門的捷徑去爭取一鳴驚人的效應是愈來愈困難了。禁區愈少，想靠用闖禁區的辦法而獲得一舉成名天下知的可能性便愈降低，人們對那些過於追求形式上的怪異乃至內容上晦澀的作品的熱情愈益減少。這確實道出了近年來文學沉寂的一部分原因，然而，也僅僅只是「一部分」。作為人的精神活動的文藝作品，其本身是一個極其複雜的系統工程，試圖從某一個側面或一個具體的角度加以解釋時往往只能是一葉障目：新時期轟動一時的作品中不是有著許多並非依靠「怪異」而令人傾倒的作品嗎？

　　上述四種看法都或多或少、或深或淺地接觸到了近年來文學失卻轟動效應的原因，對人們不無啟示、認識與觸發作用。然而，以它們作為解釋文學沉寂的根本原因時卻都不免失之片面，以偏概全。

　　那麼，近年來文學沉寂的根本原因是什麼呢？

　　「文變染乎世情，興廢繫乎時序」。文學藝術的興衰、成敗、榮枯、轉化與發展，都緊緊聯結著它當時所處的社會背景與時代氛圍，亦即那種特定的「世情」與「時序」。這是為中外文學史所反復證明了的藝術規律。當我們在尋找近年來文學沉寂的原因時，當然也只能從此「切入」。

高爾基這樣說過：「青年是一種正在不斷成長，不斷上升的力量，他們的使命，是根據歷史的邏輯來創造新的生活方式和生活條件。」[1]由於青年的敏感、熱情、創造性、少保守、無顧忌等特點，決定了青年往往是社會中最先覺悟、最先感受到時代風氣的階層，是「時代的晴雨表」。因此，社會的「世情」與「時序」在青年們身上常常表現得最爲集中與明顯。

考察新時期青年的精神面貌與思想歷程是饒有趣味的。

在新時期文學的開卷之作《班主任》中，人們可以清楚地感覺到這一代青年在跨入新的歷史階段時的最初起點。且不說頑劣的小流氓宋寶琦身上充滿了令人痛心的污點，就是作爲「好學生」的謝惠敏實際上也是一個盲從輕信、是非不辯的長期極左路線統治下產生的畸形兒。那是一個百廢待興、撥亂反正的時代。人們急切要求掙脫封建蒙昧主義、禁錮主義、專制主義的束縛，如饑似渴地尋找自己的人生價值與道德理想，因此，勤奮好學、追求上進、談論理想成爲當時一代青年的共同心願。榮獲 1978 年優秀短篇小說獎的賈平凹的《滿月兒》便是這種時代風尚的典型代表。儘管在今天看來，以學習競賽爲唯一樂趣的滿兒與月兒姐妹倆的性格是那樣的純淨與單薄，然而，它卻非常真實可信地向人們顯示出了新一代青年最初的思想追求和探索特徵。

不過，理想的追求並不是一個簡單、直接的過程，特別是在打破了神權統治的迷霧之後，作爲生命個體的人們再也不會把理想安置在高高在上的虛無飄渺的天國之中，而願意自己去尋找，去發現。但是，長期遺留下來的社會弊端以及改革途中出現的新的問題，卻又使人們在尋找與發現中往往產生迷誤、失落與猶豫。陳建功的《飄逝的花頭巾》（1981 年）中，女大學生沈萍的理想追求如「花頭巾」般飄逝、消褪了。沈萍有何罪呢？她肯定也曾如滿兒、月兒姐妹倆那樣發奮努力吧？然而在進入高等學府之後，在眾多有勢力、有門路的同學面前，她不屈辱自己的良心與肉體又有什麼資本去跟社會「競爭」呢？在這

---

1 《高爾基論青年》P144。

裏，作者所告訴人們的其實並不是一個年輕女大學生墮落的故事，而是反映出了許多年輕人在面對社會、人生時所必須面臨的一個嚴重社會問題。幾乎同時出現的張抗抗的中篇小說《北極光》（1982年）中，主人公岑岑一心執意於北極寒空中色彩絢麗、變幻無窮的「北極光」，雖然難得，終不鬆懈。作者對青年人的精神面貌與當時時代情緒的把握是相當準確的。根深蒂固的習慣勢力對時代青年的壓抑、阻撓、限制，改革所引起的陣痛、迷亂、遑惑，都不可避免地使許多青年人不約而同地感到了一種空虛、失落與悵惘之感。他們試圖建立起新的思想準則與價值觀念，但一時間卻又不能那樣得心應手。張抗抗寫作的意圖在於：「願青年們能在理想的召喚下，看到希望，加強自信，從而由彷徨、猶豫、朦朧走向光明。」這正是對當時青年人思想探索特徵的清醒認識。

從《班主任》《滿月兒》階段到《飄逝的花頭巾》《北極光》等作品的出現，標誌著新時期青年思想的第一次重要轉折：由廢墟上的追求到追求中的迷惘。在這迷惘途中，鐵凝的中篇小說《沒有紐扣的紅襯衫》（1983年，後被改編成更爲有名的電影《紅衣少女》），急切地呼喚理想的人性，直筆爲真誠譜寫讚歌，表現出社會對青少年問題的嚴重關注與殷切期望。然而事實上，許多年輕人並不可能如小說中的主人公安然那樣生活，那樣思想，更使人覺得可信的倒是1985年同時出現的徐星的《無主題變奏》和劉索拉的《你別無選擇》。

毋庸置疑，《無主題變奏》與《你別無選擇》的出現意味著新時期青年的第二次重大的思想轉化與裂變。騷動不安、頹廢苦悶的情緒取代了《北極光》中對理想、光明的追求，懷疑一切、否定一切的思想狀況擺脫了《飄逝的花頭巾》對傳統倫理道德的羞澀。噪雜、混亂、歇斯底里、神經質，無所顧忌的哭鬧，無所顧忌地委身異性，使人驚異、困惑，然而你又會覺得這一切是如此的真實。人們有理由指責他們行爲的種種不端，然而卻又不能平息他們心中的孤憤與不平。在他們心中，「充滿了瘋狂的想法，一種永遠渴望超越自身的永不滿足的追求」，但是現實人生卻像「沉淪的音符永遠不知道它的底細與音值」。他們早已「孤獨得要命，愁得不想喝酒，不想醉什麼的。」在這裏，

往昔對理想、未來、希望的期待與尋求已經轉化為一種困獸般的焦灼與理想迷誤之後的自暴自棄，傳統的倫理道德被作為情感亢奮時的發洩工具而輕輕擲棄。儘管對這種描寫可以有種種微詞，但是，誰又能否認它不是把握住了許多青年特別是知識青年真實的心理狀況與精神面貌呢？這種對青年內心世界的揭示，難道僅僅是對西方「世紀末」情緒的簡單販賣？

對上述心理狀態真實性的確認，人們還可以從「瓊瑤熱」中得以反證。瓊瑤的成名遠在六十年代的臺灣，海峽兩岸各種民間往來形式的增加也遠非是在「瓊瑤熱」時剛剛開始。換言之，當新文學之初金庸、梁羽生等港臺武俠文學大師的作品風靡全國的時候，為什麼偏偏冷落了純情文學家的瓊瑤？而時隔幾年之後，她又為什麼姍姍來遲並一時豔壓群芳？事實上，得以一度風靡全國的「瓊瑤熱」，在大陸只有在八五、八六年間才能盛行。它適應著時代青年渴望心靈的慰藉、憩息、撫愛而執意地跨過海峽，來到了大陸青年、尤其是更為敏感的青年女性手中。它顯示了青年人在騷動、焦灼、彷徨之時，急切渴望心靈的平靜、撫慰與輕鬆。人們難以阻止成千上萬的青年對瓊瑤小說的極大興趣，同樣，也無法使「瓊瑤熱」的出現在時間上提前或者推後。在深層意義上，它與青年人的苦悶、狂放、狷傲、頹唐結成同構組織。

從《班主任》的出現到《無主題變奏》《你別無選擇》的產生這近十年的時間中，新時期青年經歷了兩次重大的思想轉折與性格裂變。他們也曾渴望獲得心理的平靜、撫慰與輕鬆，然而，當這些不是來自實質性的勝利而僅僅是精神上的宣洩時，它只能憩息一時，幻覺一時，平靜一時。在從迷霧般的詩意中踏上現實這塊土地時，仍舊免不了煩躁、苦悶、焦慮以及複又添加上與日俱增的疲倦之感。

在這疲倦與煩躁之中，有什麼能引起他們的激情？又怎麼能燃燒起他們胸中的烈焰呢？

青年人的思想狀況敏銳地體察著時代的情緒與社會的脈搏，它反映出了我們社會中的種種問題。但是，改革中的問題只有通過改革本身才能得以順利解決。人們一時的迷惘、失落、焦灼，正反映出了改革的複雜、艱難與緊迫。當改革從層層障礙中理出了頭緒，邁出了堅

韌、踏實的步履時，何愁人們不會發出真切的笑語與誠摯的讚歌？

　　不過在現在，在此時此刻，在人們的思想經歷了從追求到迷惘到焦灼的過程之後，在文學經歷了從傷痕文學到反思文學、改革文學再到尋根文學的演進之後，人們以及作為「人學」的文學都確確實實有些累了，疲倦了。文學此時已難以喚起人們悲壯的情懷與昂揚的激情，人們此時更需要的是安靜、喘息與思考。這確是我們這時特定的「世情」與「時序」，也是近年來文學失卻轟動效應的根本原因。

通俗文學：中國小說之正統

一

近年來，儘管有不少學者（如北京大學的嚴家炎、蘇州大學的范伯群等）致力於中國通俗文學的研究，從多角度闡述了通俗文學在文學史研究中的價值與意義，然而，毋庸置疑的事實是，人們對此似乎並沒有出現觀念上的根本轉變，通俗文學仍然處於被冷落和被貶損的地位。

同樣的情形也出現在海峽對岸的臺灣。前一陣，我在臺灣東吳大學做客座教授，當向同行們詢問起在大陸曾經紅極一時的作家瓊瑤時，幾乎眾口一詞的回答是：那是通俗作家，是不值一提的。在博士班選題討論課上，我提出大陸有些研究生已將金庸、張恨水、瓊瑤納入到自己的選題範圍時，他們的表情同樣是那樣的驚訝和惶恐：那怎麼可能呢？那些前輩教授會通過這些博士論文嗎？

這真使人發出長長的浩歎！文學是什麼？通俗文學又是什麼？如何來評價通俗文學與純文學？是不是通俗文學就應該受到排擠與打擊？一連串的問題經常折磨著自己的神經，對於自己已經開始了好幾年的通俗文學研究常常彷徨失措，舉棋不定。

然而，幾年下來，痛苦的思考與反復的探求，使我越來越堅定了研究通俗文學的信心，甚至，我已逐漸形成了一個較為清晰的思路，即通俗文學不僅不應該受到歧視，而且，它還是我國小說的正宗！

二

在揭示通俗文學為我國小說正統之前，我想先探討一下我國古典文學生產、製作和傳播的特點。

我們發現，在長達數千年的文學歷史長河中，我國古典文學在製作與傳播方面，大致經歷了三次較大的變遷。

　　第一次當然是我們現在可以看到的最早的甲骨文和鐘鼎文，以及竹簡木牘帛書。這是一個書寫材料極其笨重、文字符號極其簡單的時代。《詩經》以四言句爲主幹的基本句式，春秋戰國時諸子百家遣詞造句力求簡潔而意蘊深刻的特殊文風，其實都應該與這一時期文學製作與傳播的特徵有關。學富五車，是當時人們對學識淵博者的讚賞，但在現代人看來，卻又是那麼的原始與不便。不過，我們的祖先們別無選擇，他們只能在如此笨重、繁雜的書寫材料上留下我國文學的最初篇章。

　　這種狀況發生巨大改變是在東漢時期。蔡倫造紙術的發明，極大地改進了文學傳播中的書寫材料。在這之後，甲骨、鐘鼎、竹簡、木牘，便慢慢地讓位於在當時世界上處於領先地位的紙張。這是一個了不起的變化，它直接促使了東漢以後魏晉南北朝文學的興盛。「魏晉南北朝的文章較以史傳、政論爲主的兩漢散文，更爲豐富多樣。檄、碑、誄、序、記、書信等各體文章，普遍都注意辭采，追求藝術性的美。特別是書信，出現了不少富有抒情色彩、語言精美的作品。」[1]試想一下：如果不是擁有了價廉、方便的紙張，魏晉南北朝人能如此輕鬆、瀟灑地花費筆墨「注意辭采，追求藝術性的美」嗎？東漢以後五言、七言詩體的發展，志怪和志人小說在魏晉南北朝的初具規模，魏晉士族階層中重視文學、以能文自矜形成普遍風氣，等等，這些文學上的新變化在我們看來，其實這不可能是一種偶然現象，這其中必然有著紙張發明這一文學生產力要素提高的影響，只不過以往的論者沒有從這方面加以考察而已。這是我國文學製作與傳播的第二次大的變遷。

　　第三次重大變遷出現在唐朝和宋朝。唐朝出現的雕版印刷（又稱刻版印刷）和北宋畢升在世界上最早發明的活字印刷術，大大提高了印刷與製作的速度，爲文學的普及和傳播創造了條件。唐詩宋詞的大量湧現與廣泛流傳，元明清三代長篇小說的大量產生，如果離開了這一印刷技術上的背景，恐怕都很難準確地說明問題。只是需要說明的是，從唐開始的雕版印刷和從宋開始的活字印刷，在我國一直延續到

---

1 章培恒、駱玉明主編：《中國文學史》[上]，第 304 頁，復旦大學出版社 1996 年版。

鴉片戰爭之後。在這 1000 年的歷史跨度中，明以前我國一直處於世界
領先地位，而在明以後，隨著西方文藝復興及工業革命的興起，我國
的文學製作與傳播便顯得步履蹣跚、裹足不前，與西方近代的機器印
刷拉下了不小的距離。因而，這一次重大變遷既有它的先進性、開創
性，也有它的頑固性、保守性。

　　在粗略介紹了我國文學製作與傳播方面的三次重大變革之後，我
們認為，儘管我國文學的製作與傳播經歷了三次重大的飛躍，尤其是
紙張的發明、雕版技術和活字印刷的運用，極大地推動了我國古典文
學的發展與繁盛，然而一個毋庸置疑的事實是，這些技術與發明仍然
是屬於農業文明範疇的。這其中的原因在於，這些技術和發明仍然還
停留在手工操作的階段。造紙、雕版和活字印刷的每一道工序都必須
由手工完成，其速度與效率遠遠不能與西方近代以來的機器印刷與工
廠造紙相匹敵。因此，在這種背景下，文體的流通與傳播便極大地受
其制約。也就是說，作為詩歌、散文、戲劇、小說這四大文體，在古
代那種特定的條件下也就有著各自不同的榮枯差異與興盛變遷。這是
我們從古典文學傳播與製作方面得出的一個基本結論。

　　在我國古代，對文學的推崇形成了一道特殊的風景。林語堂先生
曾有過一段精闢的表述：「要弄懂中國的政治，就得瞭解中國的文學。
我們或許應該避免『文學』一詞，而說『文章』。這種對『文章』的尊
崇，已成為整個國度名副其實的癖好。」[2]儘管古代先哲如孔子、曹丕、
柳宗元、王安石、顧炎武等等，從文學的功能與價值方面，多方面闡
述了文學在中國古代備受重視的原因，但接下來的問題是：為什麼古
代中國人賦予了文學如此重要的責任？為什麼偏偏是文學具有了如此
眾多的用途？

　　應該說，這是一個龐大的理論課題，非三言兩語所能說清。在此，
我想引用上海學者袁進先生的一段論述：

　　　　與世界其他國家相比，中國古代有著自己獨特的社會文化環
　　境。印度的古代社會是由婆羅門教來維繫的，所以種姓制度成了

---

2 《中國人》第 7 頁，浙江人民出版社 1988 年版。

社會的基本結構，文學也受到宗教的制約影響。中世紀的歐洲由基督教和王權來共同維繫社會秩序，教會在思想上占了統治地位，文學也就成了教會的婢女，往往要為基督教思想服務。中世紀的西亞是伊斯蘭教的天下，伊斯蘭教成為維繫社會的思想紐帶，類似歐洲的基督教，文學也就染上了伊斯蘭教的色彩。中國古代社會是以親情關係的宗法制倫理道德觀念為核心的禮樂制度來維繫的，它決定了儒家思想必然佔據了思想上的統治地位，成為維繫社會的精神紐帶……這種狀況也就決定了中國的文學觀念。[3]

　　袁進先生指出了宗教在世界一些國家的不同表現形態，以及在文學上的影響，這也符合馬克思關於在「人的依賴性」階段普遍地信奉宗教的論述。我與袁進先生的觀點基本相同。需要補充的是，中國古代並不是沒有宗教，以親情關係的宗法制倫理道德觀念為核心的禮樂制度，其本身就是一種宗教——儒教，儘管它在表現形式上與其他宗教相比，更具有世俗化、人情化的特徵。在宗教形式上與世界各國其他宗教更為相似的佛教和道教，儘管也曾在我國古代某些歷史時期起過重要的作用，但它們始終都沒能超過儒教，因而它們的存在並不構成對本文觀點的威脅。

　　在這種社會——宗教的背景下，儒家文化承擔起了維繫社會穩定、溝通社會網路的紐帶作用。沒有這種紐帶作用，中國大一統的格局便無法實現，整個民族就會缺乏一種必要的凝聚力和向心力。正是在這裏，我認為對紐帶作用起著極為重要作用的文學（或者稱「文章」）便被推上了一個其他學科所無法替代的高度，扮演了一個舉足輕重的角色。半部《論語》治天下，著眼點仍然在於一個「治」字。從這裏理解作為帝王的曹丕為何說文章乃經國之大業、不朽之盛事，便有了充分的理論根據。任何一個統治者，想維持他的疆土與臣民的統一與穩定，都幾乎不可能無視文學，無視文學在治國安邦平天下中所發揮的特殊作用。

---

3 袁進：《中國文學觀念的近代變革》第 21 頁，上海社會科學院出版社 1996 年版。

文以載道，這是一句對中國古代文學觀的最簡單概括，它肯定了中國文學所承擔的教化作用，也表明了文學在中國社會中所處的重要地位。再聯想到我們在前面所論述的古典文學在製作與傳播方面的制約與特點，至此，人們並不難清楚地知道詩歌和散文在當時何以會處於正宗地位，並清楚地知道小說和戲劇在當時又何以會處於被排擠和歧視的境況了。因爲，畢竟落後、低下的文學製作與傳播方式，並不能支撐起如長篇小說、戲劇那樣的鴻篇巨制，長篇章回小說還只能主要是在書場裏以口頭的方式傳播。這一方面使得古代小說難以廣泛地傳播，另一方面還使得它傳播的層次還主要只是停留在民間與基層的層面上。這也正是古代小說被稱作閒書、不被重視的直接原因了。

三

恰恰也正是由於小說在當時無力承擔起治國安邦平天下的重任，因而使得古代小說從一開始便處於民間和通俗的地位。孔子是如此評價小說的：「雖小道，必有可觀者焉，致遠恐泥，是以君子勿爲也。」意思是說，小說的價值只是記載些民間裏巷傳播的事，但是由於它言而不文而且行而不遠，因此，君子便不願意投身於此了。這裏的「致遠恐泥」，是孔子不看重小說的重要原因。《漢志》裏說：「小說家者流，蓋出於稗官，街談巷語，道聽塗說者之所造也。」明確指出了小說反映的內容與題材旨意。在後來的《四庫全書總目》中，將小說一分爲三，曰雜事、異聞、瑣語，是對當時古典小說內容與題材的具體劃分。在這裏，一方面反映出古代小說在當時的不被重視，另一方面也十分顯然地給我們說明了我國古代小說的一貫傳統與內涵界定。

真正成功地震撼了我國古典小說觀念與價值取向的是鴉片戰爭。

鴉片戰爭以後，中國文學在生產、製作和傳播方面出現了前所未有的根本性的變化。這種變化是建立在工業化成果的基礎上的。機器的運用、鐵路的開通、輪船的航行、郵電的發展、電報的傳遞……這些率先在西方出現的近代工業革命的產物，隨著鴉片戰爭的爆發而在我國長驅直入。表現在文化上，機器印刷顯示出比雕版印刷、活字印刷更爲巨大的優越性，工業造紙大大縮短了以往靠手工操作的時間，

新聞事業的發達促進了新聞、通訊、文藝副刊的繁榮，現代交通則使文學有可能迅速成爲商品在全國流通、交換。

阿英在談到晚清以來小說空前繁榮的原因時指出：「第一，當然是由於印刷事業的發達，沒有前此那樣刻書的困難；由於新聞事業的發達，在運用上需要多量產生。第二，是當時知識階級受了西洋文化的影響，從社會意義上，認識了小說的重要性。第三，就是清室屢挫於外敵，政治上又極腐敗，大家知道不足與有爲，遂寫作小說，以事抨擊，並提倡維新與革命。」[4]在這裏，「印刷事業」與「新聞事業」被阿英提高到首要的位置，應該不是一個偶然、隨意的安排。

正是由於工業文明的傳入使得小說得以廣泛流行，傳統的小說觀念在此時便出現了根本性的轉變。梁啓超在那篇影響深遠的《論小說與群治之關係》的名文中，開門見山地指出：「欲新一國之民，不可不新一國之小說。故欲新道德，必新小說；欲新宗教，必新小說；欲新政治，必新小說；欲新風俗，必新小說；欲新文藝，必新小說；乃至欲新人心，欲新人格，必新小說。何以故？小說有不可思議之力支配人道故。」

在這裏，梁啓超對小說的理解，與古代先哲們如孔子、曹丕、白居易等，是一脈相承的；根本的不同則在於，梁啓超敏銳地發現了小說在當時是有了開啓民智、救亡圖強的強大功能，而在以前，先哲們則是認爲詩歌與散文才有同樣的作用。

從鴉片戰爭至今的一百餘年中，沿著梁啓超「小說新民論」的思路，加上魯迅的小說啓蒙主張，茅盾宣導的小說爲人生運動，再加上《講話》中文藝爲政治服務的要求，等等，小說的功能與服務範圍已經發生了翻天覆地的變化，它已經不是閒書，它可以用來爲國家和民族服務，它的正宗地位甚至在某些方面已經超出於詩歌與散文之上。這都是最近一百多年來的事情。

然而，儘管我們可以爲小說取得文學正宗地位感到欣慰，儘管我們可以對小說在這一百多年的時間裏發揮的強大政治作用加以肯定，

---

4 阿英：《晚清小說史》第 2 頁，作家出版社 1953 年版。

但是，隨著工業文明相伴而生的人性解放與個性自由的社會思潮，也使得人們必須再一次審視文學、審視小說。那種在文以載道的框架下形成的文學觀念與小說觀念，是不是應該在新形勢下加以清理，加以揚棄了呢？答案自然應該是肯定的。

而回到我們的小說，在古代社會中，恰恰由於小說在製作與傳播方面的限制，使得它沒有被納入到治國安邦平天下的範疇中，而難能可貴地保留了幾分獨立與自我。這似乎有些諷刺意味，但卻是無法否認的事實。

朱自清先生在《論嚴肅》一文中如此說道：「在中國文學的傳統裏，小說和詞曲（包括戲曲）更是小道中的小道，常被稱爲『閒書』，不是正經書。……鴛鴦蝴蝶派的小說意在供人們茶餘酒後的消遣，倒是中國小說的正宗。中國小說一向以『志怪』、『傳奇』爲主，『怪』和『奇』都不是正經的東西。明朝人編的小說總集有所謂『三言二拍』……《拍案驚奇》重在『奇』，很顯然。『三言』……雖然重在『勸俗』，但是還是先得使人們「驚奇」，才能收到勸俗的效果……《今古傳奇》還是歸到『奇』上，這個『奇』，正是供人們茶餘酒後消遣的。」[5]朱自清的這段話，十分明確地指出鴛鴦蝴蝶派是「中國小說的正宗」。既然我們可以對同樣供人們消遣的《三言二拍》加以歌頌和讚美，那麼，我們爲什麼又要對持同樣主張的鴛鴦蝴蝶派加以批判和否定呢？既然我們必須承認通俗小說是中國小說的正宗，那麼，爲什麼又要歧視與貶低張恨水、瓊瑤、金庸的作品呢？

在此，我們對自己從事的通俗文學研究充滿自信，同時，也充滿自信地認爲：通俗文學必將越來越多地受到人們的重視與喜愛。

（原載《文藝報》2001 年 12 月 4 日）

---

5 朱自清，載《中國作家》創刊號，1947 年 10 月出版。

中　　編

中　　編

安　然　論

　　十年動亂之後的社會，似乎太需要真誠了。鐵凝的中篇小說《沒有紐扣的紅襯衫》(選入《中篇小說選刊》1983 年 5 期)一發表，立即就引起了人們的關注和讚賞，而由小說改編成電影的《紅衣少女》，更是得到了專家們的一致首肯，榮獲第五屆金雞獎最佳故事片獎。對於主人公安然這個形象，[1]有人說，她代表了一種新的性格和心理的萌生，從她身上看到了中華民族一代新人的成長；有人說，安然的個性正是我們這個時代的個性，是與黨中央提出的「兩個文明」的生活節奏和旋律非常協調的個性；有些人更是寬心地說，從安然的身上，我們看到了新一代的希望，看到了祖國的未來。……儘管說法不同，然而，幾乎都是從驚歎這一形象的成功與完美而談的。但是，本文的立論，卻是從這個形象塑造上的不足進行落筆，並進而解釋人們之所以推崇這個形象的原因。

一

　　安然的首次出場，便使人感到驚奇、疑慮和不解。一個穿著紅襯衫的十六歲的少女，手裏撥弄著拐棍似的膨香酥——一種以玉米麵和糖精爲原料膨脹而成的小食品，從繁華大街的遠處朝我們慢慢地走來。不過，她不像這個城市的居民。商店門前的汽車、自行車、路燈電杆、果皮箱、郵局，都使她感到新鮮與好奇；而對於大街上的行人：她管賣冰棍的老太太叫「木刻」，管交通警卻叫「賣冰棍的」，而迎面

1　小說與電影中的安然形象稍有區別，本文在論述時以小說中的形象爲準。

走來的一個白臉青年被叫做「賢慧大嫂」，一個戴太陽鏡的女孩子她叫她「歡歡（熊貓）」，而「珍珠雞」則是指一個穿了一條灰底兒白點子長裙的香噴噴暖烘烘的胖女人。當然，站立在櫥窗裏的那兩位標誌著時代文明的男子模特兒，在她覺得有發現了「新大陸」似的驚奇，那是不必費解的事。

這是主人公安然給我們的第一印象。不過，作者告訴我們，安然並不是那種剛從偏遠的山村來到都市的大驚小怪無知無識的姑娘，也不是剛剛從外星球降臨的天外來客，而是在這個城市居住了好幾年，不僅能隨口說出《智取威虎山》中「防冷塗的蠟」的名句，而且，有過隨父母一起受到「文革」衝擊這樣曲折經歷的十六歲少女──一個高中一年級的學生。作者的文筆是優美的，一路娓娓敘來，從容不迫。如果，作者試圖把這篇小說寫成鄉村女子對於都市生活的新奇與驚訝，或者寫成一部新時期的《阿麗絲遊記》，那麼，倒不失為一部對當代小說題材具有開拓性的作品。然而，可惜的是，作者並沒有按照這樣的路子走下去，而是在散文式的描寫中，作者以真誠和正義感為核心，試圖表現新時代的出現對於人們的心理衝擊和生活觀念的變化，抨擊現實社會生活中的世俗觀念。使我們感到疑惑不解的安然，便是適應作者這樣的需要而產生的。其實，這不過是作者為人物行動確定的基調而已，底下，我們可以看到更精彩的描寫：在課堂上，她坦誠地站出來指出老師在讀音上的錯誤；在家中，她看不起對人不尊重的媽媽。她批評班長祝文娟的世故與虛偽；她嘲笑同學米曉玲的自作多情與假正經。她不滿班主任的投機鑽營、不學無術；她看不慣姐姐庸俗的市儈哲學；她也不滿意父親對姐姐婚事的粗暴干涉。而且，作者在描寫她與周圍人物環境格格不入的同時，還著力歌頌了她的難能可貴的品性：她喜歡與男生一起討論、郊遊；她支持姐姐與已婚男子相愛；她勇敢地穿起惹人議論的沒有紐扣的紅襯衫；她公開說喜歡佐羅的下巴……

總之，她的一言一行，正如她的紅襯衫一樣，與周圍的人物和環境顯出嚴重的矛盾和不協調，同時，又放射出奪目的色彩和耀人的光輝。她是在一片污泥中盛開著的一朵紅蓮。在她身上，我們幾乎可以

發現一切真誠和正義的品性。

　　關於這篇小說的創作動因，作者說：「生活中，最能打動人心的是真誠。文學作品中，最能夠打動人心，也是作者的真誠和他那些真誠的發現。因爲真誠並不需要你去杜撰、臆造。我是懷著這樣的願望，來寫《沒有紐扣的紅襯衫》的」[2]。誠然，十年動亂，長期極左路線的錯誤，造成了思想混亂，是非混淆，個性喪失，在這一片歷史的狼籍面前，作者直筆爲真誠譜寫讚歌，爲個性伸張正義，不能不說是具有時代意義的探索與追求。然而，問題卻在於：當作者把這樣一位厭惡與蔑視僞善，直率與毫無矯飾，坦誠與光明磊落的女主人公安然推到讀者面前時，我們卻感到了浮泛的禮贊和不切實際的頌揚。換言之，當作者專心致志於歌頌安然的誠實和正義感時，卻忽略了產生她這種誠實和正義感性格的社會與歷史的原因，從而，使讀者對安然形象的真實性表示了強烈的動搖——只能把她看成天外來客那樣，發出疑問與困惑了。作爲社會人的安然，她的性格的產生與形成，必然是社會現實與時代環境等諸種因素相互作用的結果。真空中的人是沒有生命力的，也是不存在的。這是馬克思歷史唯物主義的基本觀點。而作者爲安然設置的社會環境與時代背景，卻是與她的性格產生與形成大相徑庭！在小說設置的安然生活的家庭中，母親整天爲曾經真誠與天真而招致的歲月虛度、學業荒廢鳴冤叫屈，牢騷滿腹。一直追求個性，把「真正的藝術家，不戴別人的眼鏡」作爲信條的父親，大半輩子來，窮困潦倒，鬱鬱寡歡。不僅在藝術上沒有得到應有的重視，而且，在家中連起碼的丈夫氣概也喪失殆盡。作者試圖想通過父親這個形象，來說明安然性格產生與形成的原因。但是，我們怎麼能期望那被生活扭曲了的所謂個性會對安然有什麼積極影響呢？他的影響在於後代對他的生活哲學的厭棄，還是向他看齊呢？有力的佐證是；與安然同一個父親的姐姐安靜，不僅在思想上認爲「時代把我們這一代造就得比父輩要世故」，而且在行動上對關係網的處置更是達到了出神入化的地步。退一步說，即使父親對安然性格的產生與形成有一定的影響，但

---

2 見《中篇小說選刊》83 年第 5 期，第 134 頁。

是，這又怎麼能抵擋得住強大的社會勢力的影響呢？在安然生活得最多的社會環境——學校中，不僅百分之九十的同學對自私、虛偽的班長祝文娟投上贊成票（評「三好」時，她得到 40 票！），就是她們的頂頭上司班主任也為了能得到兩張內部電影票而沾沾自喜，甚至於不惜利用同學關係發表自己的詩作。更為糟糕的是，學校主管部門不僅沒有教育與幫助韋婉這樣的班主任，而且還提拔她為副教導主任！在作者設置的這樣的家庭環境和社會環境中，人們有理由要問：安然的真誠從何而來？安然的性格符合她所生活的現實環境嗎？

二

與成人文學和兒童文學相比，反映中學生題材的文學似乎成了兩不管的「遊擊區」。不過，當我們對 1949 年以來為數不多的反映中學生題材的作品加以分析和研究時，我們卻仍可以清楚地看出時代的發展和文學潮流的演變在這裏的印跡。

在中國當代文學的發展史上，五十年代是個歡天喜地的孩子。這時，人們普遍沉浸在革命勝利的巨大歡欣之中，並沒有真正意識到革命勝利後所面臨的建設與發展的艱巨性和複雜性。他們要把經過相當長時間的奮鬥努力才能實現的理想，當作唾手可得的現實。這樣，天真的愉悅心理和美妙的幻想，決定了明媚絢麗的審美理想，而這種審美理想又決定了文學形象在那個時代的特點：單純、明朗，並且趨向於高大和完美。王蒙創作於五十年代初期的反映女中學生題材的長篇小說《青春萬歲》中的鄭波、楊薔雲、袁新枝等等，便是這些文學形象的代表。

當代文學中這第一代中學生形象，蹦蹦跳跳地歡呼著走進陽光中，走進新生活，走進文學形象的長廊之中。

她們是爛漫可愛、真實可信的。她們是那個時代和文學思潮的真實記錄。儘管我們現在可以對她們有所微詞，但是，時間不是可以倒流的。後來，文學形象上的這種塑造，越來越變得嫵媚，隨來越顯得做作。一直到無法再做作的地步，文學才恢復了真實自然的神態——十年動亂終了，文學上的頌歌時代也自然而然地結束了。

　　揭開新時期文學序幕的，是劉心武的反映中學生題材的短篇小說《班主任》。這是一篇從題材的選擇到主題思想的挖掘，從人物關係的新表現到獨特的藝術風格，都給當代小說創作做了開拓的作品。作品中創造的宋寶琦和謝惠敏這兩個形象是過去作品中所沒有的。一個是「好學生」謝惠敏，一個是小流氓宋寶琦，雖然兩人的品質截然不同，但他們卻從不同的途徑走向同一歸宿——長期極左路線統治的畸形產物。

　　從《班主任》正是以這種敢於正視現實，敢於面對尖銳的社會問題，以深沉的思索，力圖回答問題並展示矛盾發展前景的描寫，奠定了它在中國當代文學發展中的里程碑作用。它為我們提供了當代文學中新時期中學生的真實形象。

　　《班主任》的出現到《沒有紐扣的紅襯衫》的發表，經歷了五六年的時間。雖然，經過撥亂反正和社會主義精神文明的建設，青少年得到了比較健康的發展，動亂年代烙下的傷痕正在逐漸平復，然而，正如黨中央在整黨報告中所指出的那樣，長期極左路線統治與十年文革摧殘所造成的種種黨風不純的表現，嚴重地影響了社會風氣的好轉，特別是妨礙了青少年身心的健康發展。這是不容忽視的社會現實。「五十年代人幫人，六十年代人整人，八十年代為個人」的說法，在中學生中同樣有一定的市場。

　　當然，我們並不否認在當今現實社會中根本沒有象安然那樣真誠、純潔、富有正義感的中學生。安然似的人物，即使在「四人幫」橫行時，我們也能發現，只不過是多與少、顯與隱的區別而已。作者的「歌頌真誠，呼喊真誠」的創作理想與動機，也是完全符合社會與時代要求的，對此，我們除了讚揚之外，也別無指責。現在，需要指出的是：作者雖抱著滿腔的熱情和可貴的義勇，為真誠和正義感大唱讚歌，但是，在反映這一代中學生時，卻把紛紜複雜的生活加以簡單化、理想化，把性格複雜的人物加以抽象化、臉譜化。例如，為了突出安然的高貴品質，作者一方面不惜把她的形象加以誇大與拔高，作了過於完美的描寫，另一方面，又不惜把安然形象的對立面——祝文娟，寫得過於世故與虛偽。根本不像一個中學生，而是一個積年老市

僧。而爲了使人們相信真誠與正義感的可貴與難得，作者不僅把社會環境描寫得過於糟糕，如在班主任韋婉身上，除了庸俗自私之外，根本就沒有一點正直與慈愛的影子，而且，對家庭生活也作了過於緊張的描寫。因此，當作者把這樣的人物與社會關係組織進她的小說中時，除了使我們不得不產生前面所說的「安然的真誠從何而來」的疑問，而且，還不得不使我們作進一步的思考：作者的創作理想和動機，雖然適合於時代與社會的需要，然而，是否準確地把握了這一時代與社會的複雜性與多樣性呢？在文學潮流發展的大潮中，作者是否太看重了理想而忽略了對現實的深刻描繪呢？顯然，作者在這裏對時代和文學思潮發展特點的把握是失誤的。

本來，作爲中學生的安然們，由於社會閱歷與認識水準上的特點，在他們認識社會、對待現實時，具有雙重性。一方面缺少成年人那樣的成熟與全面，另一方面又有著反應敏感、無所顧忌的特點。如果作家準確地把握住青少年在認識上的優點，歌頌美好的生活和真誠與正義的品質，這是完全可能，而且應該的。但是，作者在表現時千萬要注意的是，不能把自己對於社會、人生的認識與看法，把自己認爲理想的生活與品質，借助于少年之口和盤說出來，把他們僅僅作爲自己理想的傳聲筒。他們畢竟在社會上已經生活了十幾年，雖然還沒有完全定型，但是，社會已經基本上教給了他們認識社會和人生的自己的觀點與角度。這是作者所不能代替的。

其實，作者在寫完之後，也爲她的理想化的安然感到擔憂：「我是在寫她，懷著崇敬、疼愛和擔憂在寫她」，「擔憂社會沒有給她們應有的尊重和注意。」[3]作者的擔憂是沒有用的。當她把理想中的安然放在現實生活中之後，生活發展的必然規律便使她改變了原來的軌道。「那天在課堂上的事就算是我的缺點大暴露吧」，被作者認爲是安然真誠與正義感最典型表現的事例，最後，小說主人公也開始懺悔了！更何況那件象徵著「點燃人類的熱情，給人類以希望」的紅襯衫，已在一次大火中被燒成碎片了。有人說：「艱難而美好的人生之路已經在安然這

---

3 見《中篇小說選刊》83 年第 5 期，第 134 頁。

一代人的面前展開；我們相信她會駕馭住生命的航船。」走進現實中
的安然，畢竟不同于作者理想中的安然，她已經向祝文娟靠近，長大
後便是班主任韋婉！這是作者所始料不及的。說得更明確點，作者試
圖通過安然形象的塑造給人們以希望、力量和信心，然而，由於作者
的樂觀不是來源於對現實生活的真切認識和準確把握（事實上，這種
樂觀是存在的），因此，最後留給讀者的感覺乃是悲哀而已。這確實是
作者不敢也不願相信的事！這也是人們通常所說的現實主義的勝利
吧。

三

　　傳統的人物論的評論方法，主要著重於作品所提供的形象本身，
包括作家的創作思想和當時的社會歷史條件等，而很少注意接受者對
形象的態度，形象在讀者心目中的反應。這是一種平面的不完全的評
論方法。一千個讀者就有一千個哈姆萊特。文學形象只有在通過接受
者（讀者）的接受、回饋之後，才能形成一個完整的週期，文學評論
也只有在對讀者心目中的不同層次的形象加以解釋和說明之後，才算
真正地完成了它的使命。

　　基於此，接下來的問題便是：既然作品的主人公安然在塑造上存
在著如此嚴重的缺陷，那麼，為什麼小說發表之後會引起那麼多評論
家和讀者的興趣，並在中篇小說評獎中名列前茅？

　　首先，我們從接受美學的角度來加以考察。

　　一部藝術作品擺在接受者面前時，他首先產生審美期待，即美學
上的好奇、渴望，發現功能進行作用。他開始欣賞，進而入迷；他先
是被藝術形象所描繪的形象所吸引，繼而加以理解，然後提高，透過
形象達到意境，並將形象昇華為理想，再于理想中重新看見形象，即
作出反應。理解過程和反應過程一道產生於接受過程。因此，如果一
部作品通過藝術形象所反映的思想內容，體現了時代的特點，適應了
社會的要求，必然能引起廣大接受者的共鳴和響應，被譽為優秀作品；
反之亦然。

　　《沒有紐扣的紅襯衫》通過女中學生安然這個形象用自己的眼光

觀察社會探索人生的故事，熱情呼喊真誠，歌頌真誠，提出青少年應該走什麼樣的生活道路的課題，在當今，這無疑是體現了社會和時代的需要，與黨中央提出的精神文明建設相符合的。這是這部小說之所以引起廣大讀者共鳴的原因所在。長期以來，人們一直呼喚著雷鋒精神，希望社會風氣得到根本好轉。因此，讀者在這樣的審美期待的導引下，在力圖把握這一形象本身的同時，還不知不覺地把自己對社會與人生的認識和理想，對道德與規範的觀點和看法，滲透到這一接受過程中去，從而使接受過程帶上了濃郁的主觀色彩。這時的安然，已經不僅僅等同于作者筆下的安然，而是以作者所提供的安然為出發點，經過一個個接受者加工與發揮了的革命接班人的化身，真誠和正義的楷模，於是，大家對她齊聲歡呼，高唱讚歌。這是讀者的興奮中心，他們最為集中關注的地方，而對於安然這個形象本身是否真實與合理，倒被淡忘，或者視而不見了。這是接受者的審美期待與作品所提供的審美客體發生積極作用的結果。

其次，我們再從審美經驗來看原因的另外一個方面。

這位年近三十歲的女作家說：「面對人人都在生活著的生活，作家應該懷著對讀者的尊重，自然、從容、親切地道出你對生活的所覺、所思，而不要強加給讀者什麼」。[4] 作者的「所感」、「所想」是什麼呢？在反復閱讀了這部小說之後，我們總有這樣的感覺：安然的心理是不是有些像五六十年代少年們的心理？如《青春萬歲》中的鄭波、嗇雲等等？難得的是，電影《紅衣少女》的編導陸小雅說得直白多了：「我是新中國的第一代少先隊員，幸運地在童年和青少年時期受到了良好的教育……我力圖把我體會出來的，我感受到的，通過我自己對生活的認識及情緒積累再現在銀幕上。」[5] 其實，不論是作者，還是編導，在反映八十年代青少年的感受和特點時，都在某種程度上帶上了個人的偏愛與懷戀，在自己的作品中注入了心中特殊的珍貴的感情，在表現自己對現實的認識同時，還帶上了個人的「情緒積累」。這是可以理解的，然而其失誤卻明顯地體現在對時代和文學思潮的錯誤把握上。

---

4 見《中篇小說選刊》83 年第 5 期，第 134 頁。
5 見《文學報》85 年 4 月 28 日。

這在前面一節已經論述過。然而，這種失誤還不僅僅在於作者本人，而且，也影響到了廣大的讀者，特別是從五六十年代過來的中老年讀者。這也是不難理解的吧。誰能否認長期的審美經驗所形成的潛反射態度對接受者的制約作用呢？誰又能否認至今還有許多人在認爲五六十年代的青少年是八十年代青少年學習的榜樣呢？

（原載《小說評論》1986 年第 1 期）

李向南論

　　柯雲路的長篇小說《新星》、《夜與晝》與新作《衰與榮》(載於《當代》87 年第 6 期與 88 年第 1 期)在新時期文壇的出現以及引起的強烈反響，無疑是我國新時期文學中一件值得認真探討與思索的重要事件。對於小說中的主人公李向南，有人讚揚他是代表著中國希望與未來的政治新星，熱情地爲之喝彩；也有人覺得，從深層的心理結構看來，李向南只是一個舊式的清官、青天，新式的救世主、超人，決不能成爲代表中國希望的理想人物。[1]人們各執一端，或者互相調和，沸沸揚揚，莫衷一是。

　　我們覺得，如果冷靜下來仔細審視柯雲路的這一組長篇小說，特別是主人公李向南的性格時，人們就會發現李向南的性格遠非想像的那樣簡單、明瞭，事實上，它可能還包含著一些更爲複雜與嚴重的問題。

一

　　人們對於李向南這一形象的非議，主要在於指出他身上嚴重的封建「青天」思想。李向南在古陵縣所進行的一系列改革實踐以及他自身的改革思想，大都不是從管理體制上著眼，不是澄清水源，而只是從管理者個人著眼。他對不稱職幹部毫不留情的撤換，他爲古陵縣制定的趕超全國先進水準的宏偉藍圖，他在任期內的施政綱領以及對水庫承包、森林保護等等所作出的一系列重大決策，主要都只是建基於他個人的思考與想法，而沒有真正集中群眾的智慧，發揮民主參政的作用。因而許多人覺得，李向南所採取的一系列改革措施仍然是實行

---

1 這兩種觀點主要以徐明旭的《論〈新星〉、〈夜與晝〉的政治、文化價值》(《當代》1987 年第 1 期)與何新的《〈新星〉及〈夜與晝〉的政治社會學分析》(《當代》1986 年第 5 期)爲代表。

「人治」而非「法治」的一個典型，他在文化層次以及潛隱的心理層次上仍然處處映現著傳統文化與封建專制思想的投影與閃光。

這種觀點似乎比較深刻與敏銳地警覺到了長期遊蕩在祖國大地上的封建幽靈，並急切地喚起人們的高度重視，然而，在我們看來，它仍然是相當表面與浮淺的。因爲它既在某種程度上偏離了作品的原意，而且也不符合作者現實主義的創作精神。

在《夜與晝》中，李向南曾對自己的思想作過這樣較爲系統的表述：「在古陵縣，爲著剷除那些愚昧腐敗的勢力，我不得不依靠鐵的政治手腕，但是，我要說，第一，這確實是不得己的。不這樣，我就不能完成諸如查處貪官污吏、平反冤假錯案、改組領導班子這樣一加一等於二的政治算術，不能穩住政權……第二，我想說明，依靠鐵腕進行的政治鬥爭，只是我現實忙碌中最表層的思想和目的性。我想，任何一個人，都還有他更深一層、更深兩層以至更深三層的思想。如果我只是一個鐵腕的李向南，而沒有那些深層思想中的社會理想和追求，我會由衷地憎惡自己。」在更深層次的思想理想和追求中，李向南覺得，還應該包括「民主的政治生活」。「我們經歷過最不民主的政治生活——可以說專制的歷史階段——最知道民主的寶貴。」對於改革中總體與局部的關係，李向南則反復強調：「我們的改革，面臨的是一個總體的壓力」，所以「要全局推開。全局不動，一切局部改革都改不過。」這就比較全面地說明了整個管理體制的改革與具體部門之間緊密相連的依存關係。因此，僅從李向南的改革理想與口號看來，他是並不缺乏自覺的現代政治意識的：既有對民主政治的嚮往，又有在向民主政治邁進的過程中所應有的魄力；既有對全局性的整體認識，又有處理現實問題的應變能力；既有原則性，又有靈活性。

當然，人們對任何人物性格的認識並不是停留於他自身的思想表白，更重要的是從他的行動與實踐中加以把握。正是在李向南的行動中，人們發現了他的青天思想與封建陰影，並從而引起了對李向南思想價值的根本懷疑。這是人們得出李向南這一形象帶有濃重封建青天意識的主要原因。不過我們覺得，問題的複雜性在於：這種指責本身卻是違背作者的現實主義創作精神的。

　　人是各種社會關係的總和。錯綜複雜的社會環境與歷史聯繫總是把人包裹在一個大的社會背景之中，語言、思想、行動等等一切活動方式都緊緊受制於這一背景。在古陵縣，李向南是「南面而王」的縣委書記，然而從全國看來，政治體制的改革並不是他一個小小的縣委書記所能勝任的。他根本缺乏對全局性的政治體制加以系統改造與革新的條件與職權。因此，李向南在古陵縣所採取的一系列改革實踐與行為，都是在全局未變的前提下進行的一些局部改革，他完全不可能獨立於全國這一大的環境之外。人們可以這樣設想一下：在我國政治體制遠非完善的今天，如果李向南上任後大刀闊斧地推進民主政治，動輒召開全縣人民代表大會，選舉與表決縣裏的領導人選與重大決策，那又具有多少的現實可能性呢?又將會產生什麼樣的後果呢?而且另一方面，任何新的政治主張的產生都是以經濟基礎的變動為前提的。在相當窮困與落後的古陵縣，生產力極不發達，在廣大的農民心中事實上還很難萌發出民主政治與個性解放的要求，小生產者的習慣勢力仍然根深蒂固地扼制著他們的思維過程與行動準則。因而，在這樣落後的貧困山區，在全國政治體制尚未完善改革的現實面前，如果人們要求李向南從根本上改變古陵縣的政治體制，讓全縣人民都具有民主參政的能力，自己掌握自己的命運，這又何嘗不是要求作者進行不切實際的浪漫的想像呢?

　　至於「青天」與「救世主」思想，我們覺得在李向南那裏事實上也並不缺乏積極意義。第一，它是特定歷史環境中的必然產物。李向南也曾這樣感覺到：「現在，你要建設一個民主、繁榮的社會，就必須革除那些封建專制的、愚昧的、官僚特權的等等腐敗東西。你要革除它們，除了拿出強有力的鐵腕般的行動來，沒有別的辦法——你沒到過下面，簡直很難想像那些愚昧保守的東西有多頑固……」因此，李向南用鐵腕澄清吏治，雷厲風行搞改革，並不是一時的心血來潮，也不完全是所謂傳統封建文化的暗中支配，而是確確實實反映了當時特定的實情，不這樣根本不可能觸動保守階層與既得利益者的一根一毛。第二，在全局性的政治體制沒有改革之前，他的「清官」意識還仍然是群眾所歡迎的。比起那些投機鑽營、結黨營私、自私自利、苟

且偷安的官僚主義者來說，李向南注重效率、爲民作主、懲治腐敗等等仍然還是可取的。它很大程度上體現了人民群眾的利益，代表了人民群眾的心聲。

所以，人們在對李向南「青天」思想加以非議時，往往忽視了李向南所處的客觀現實。特定的歷史背景與社會環境實際上並不允許李向南有任何其他的選擇，他只能依靠鐵腕在他力所能及的範圍內進行強有力的改革實踐。這並不能完全怪罪作者描寫的失誤與觀念的陳腐、保守，而是古陵縣落後的環境與中國政治體制亟需改革的現實使然。柯雲路的這種描寫是符合現實主義創作要求的。從這一角度看來，人們對李向南「青天」與「救世主」思想的過多指責與非議事實上是脫離實際的，對其真實性的懷疑也是不公正的。

二

然而令人困惑的是：我們對李向南這一形象真實性與積極性的任何贊許，都意味著必須付出相當的代價。因爲，儘管我們可以承認柯雲路對李向南性格的描寫是符合了現實主義的創作精神並且在當時特定的條件下具有一定的進步作用，但是，當人們真正用現代意識來觀照李向南的所作所爲，即他的行動本身時，卻發現他也並不應該得到過多的支持與肯定。

例如，在縣裏召開的一次會議上，李向南當眾宣佈了古陵縣必須立即進行的「五件大事」，其中包括文化教育、打擊經濟犯罪、退休幹部安置、社會保險、建造東溝峪小木橋等等。誠然，這「五件大事」總體上都反映了古陵人民急迫需要解決與落實的問題，也反映了作爲縣委書記的李向南對人民群眾高度的責任心。但是人們卻可以發現，李向南一人宣佈這「五件大事」本身至少有著這樣三個方面的嚴重不足：首先，這「五件大事」的提出，主要是根據李向南自己的調查與感受，並沒有進行更爲廣泛的研究與論證，帶有很大的主觀隨意性。其次，違反了集體領導的組織原則，在沒有進行縣委領導之間相互探討、切磋之前就加以宣佈，明顯地把個人凌駕於黨與組織之上。第三，更爲嚴重的是，作爲影響與關係到全縣人民生活與安定這樣重大的事

件，並沒有真正讓人民群眾自己醞釀，自己發言，自己決定，而是把自己的意志轉化為全縣人民的看法──不論這種意志本身是否正確──都是不應該的。1949 年之後「浮誇風」、「共產風」乃至「文化大革命」這樣的悲劇，不都是由於獨斷專行、排斥民主所造成的嗎？

在這裏，李向南的願望與行動造成了嚴重的分裂。顯而易見地，人們可以覺察到這是封建落後的統治手法在新時期的反映，是理應遭到徹底反對的封建青天與救世主思想。從這個意義上看來，人們對李向南這一形象的指責與非議又完全是合情合理的。

而且，除了決策時的個人獨裁主義與「青天」思想之外，我們還可以指出李向南在鬥爭方式與手段上的嚴重不足。他與顧小莉這樣說道：「你知道嗎，在中國，任何一個有宏圖大略的改革家，他如果不同時是一個熟悉中國國情的老練的政治家，他註定要被打得粉碎的」，要改造社會，就必須先去「應付各種各樣的政治環境，包括化解形形色色的糾葛，去提防各種陰謀詭計，打擊報復；必要時，還不得不用一定的權術經驗來裝備自己。」因而，他精心研究過顧榮之流的技術與手腕，制定了出奇制勝的對策與計謀。諸如想盡辦法收買原辦公室主任小胡，分化顧榮的統一戰線，利用朱泉山與顧榮的矛盾，對朱泉山委以重任，增強反對顧榮的力量；千方百計地穩住自己的政治夥伴康樂……這種種表演，都使得人們難以相信這是一個真正的社會主義改革家與政治家的形象，而差不多成了野心家與陰謀家的化身。說到底，他的這種鬥爭方式與手段變得與顧榮幾乎一樣了。

同樣，在愛情抉擇上李向南也扮演了一個不很光彩的角色。顧小莉是位年輕、漂亮，然而性情卻十分執拗的姑娘。她有魅力，然而脾氣卻又使李向南難以接受。因而，李向南認為她並不符合做自己妻子的標準。但是，小莉的父親是省委書記，他必須「爭取小莉在古陵問題上對自己的理解」，並不敢輕易拒絕她的愛情。而林虹則是李向南中學時期的戀人，兩人有著很好的感情基礎，但是，由於小莉的介入，他卻不得不瞻前顧後。從古陵開始，李向南一直遊移於這兩種選擇之間，直到《夜與晝》中還是拿不定主意。他覺得，「自己選擇配偶的標準其實是個複雜的、多方面的系統，它涉及並包含著年齡、外貌、性

格、思想、感情、氣質、道德、政治、社會地位……等各個方面的考慮。而且，如果仔細剖析自己的這個複雜的、多方面考慮的『標準』，大概將暴露出自己思想、性格深處極其複雜的東西來。」李向南思想、性格深處的那個「極其複雜的東西」，他在愛情抉擇上老是搖擺、猶豫不決的原因，其實正是他的個人功利目標。不敢理直氣壯地向林虹表白愛情，並常常向小莉一方傾斜，恰恰反映出了他在愛情觀念上的倒退與保守。人們很難想像，一個在愛情上都不敢大膽地邁出封建等級觀念的人，又怎麼可能成為無私地獻身於社會進步和人類發展的真正的改革家與政治家呢?當然，到《衰與榮》中，李向南已經被撤銷了縣委書記的職務，而且又患上了幾乎是絕症的胃癌。他在愛情上已經不是主導的一方，而是成為人們同情與憐憫的對象了。

　　總之，李向南在重大決策時的個人獨裁，令人生畏的政治權術，以及在愛情抉擇上的患得患失，都使得他難以勝任新時期真正具有現代意識的改革者的形象。因此，無怪乎從《新星》一出現，許多人就不約而同地指出，李向南是一個觀念陳腐、舊式青天的形象，並不值得讚美。應該說，這也是不無道理的。

　　現在，在本文進行了兩個方面的分析、論證之後可以指出：從作者現實主義的描寫來看，李向南在古陵縣的改革只能採取類似古代清官的做法，而且這種做法本身也具有一定的積極意義，但是如果以現代觀念進行觀照，那麼李向南則又是一個卑微的、不足道的改革者形象，一個封建「青天」。因此，我們覺得在李向南身上實際上形成了一個奇妙的悖論：人們有理由也完全應該要求李向南淡化個人色彩，提倡民主參政，然而特定的歷史背景與社會環境卻並不允許李向南有任何其他的選擇(很難想像顧榮這樣的保守者能夠邁出怎樣的改革步伐以及中國農民到底又具有了怎樣的參政能力)，現實主義的描寫方法使得李向南只要進行革除舊的錮疾，就必須依靠鐵的手腕，但是稍有不慎便又會演變為封建的「青天」觀念與「救世主」意識，人們可以要求李向南「應該這樣」，然而他卻「只能這樣」。這是人們圍繞著李向南這一形象進行爭論的最根本原因，也是最為棘手的問題。

三

　　馬克思曾經這樣指出：「其實，只有毫無歷史知識的人才不知道：政治家在任何時期都不得不服從經濟條件，並且從來不能向經濟條件發號施令。無論是政治的立法或市民的立法，都只是表明和記載經濟關係的要求而已。」[2]在人類社會中，生產力與生產關係這樣的「經濟基礎」最終都決定著包括政治在內的一切上層建築。任何脫離經濟條件與經濟關係而進行的「政治的立法」與「市民的立法」，到頭來都只能是徒勞無益。因此，對一切現行規章、制度與體制的改革、變動，都必須緊緊從經濟基礎的轉化這一角度入手，否則別無它途。這是人類社會發展的一條必然規律。然而，在柯雲路的這一組長篇小說中，作者並不是從經濟著眼揭示出舊的陳腐體制對社會生產力的嚴重束縛，表現改革與變化的急切要求以及在這變革過程中所湧現出來的體現著新的生產力因素的社會新人，而是主要從政治著眼，試圖通過一個清明、廉潔的政治家來革除現實中的種種弊端，使人民過上幸福美滿的生活。在這裏，正反映出作者思想上的欠缺與李向南性格「悖論」產生的原因。

　　在中國長達幾千年的封建社會歷史中，一個王朝推翻另一個王朝，重新建立起自己的統治，然而，新的王朝建立以後卻並不能把歷史大踏步地推向前進，而是不久便又逐漸腐敗，最終又被另一個新的王朝所取代，這樣周而復始，代代相連，史學上稱之為「週期性振盪」。這裏主要的原因其實是中國傳統的所謂革命從來不大包括發展生產力，即怎樣生產更多的物質財富，而主要是在「均貧富」的口號下來重新分配既有的財富，即如何為自己和所代表的那個社會集團爭得一個較大的份額。這種傳統的「政治模式」事實上明顯地制約與影響了作者柯雲路的思維體系。

　　在作者那裏，李向南與顧榮之間的鬥爭事實上並不是代表兩種生產力的對抗，或者說，作者並沒有自覺地把他們兩人之間的分歧處理成兩種生產力之間的較量。作者反映的主要還只是一些表層的政治衝突，諸如怎樣處理缺乏辦事效率、大吃大喝的幹部，怎樣對待群眾的

---

2 《馬克思恩格斯全集》第 4 卷，第 121 頁。

信訪工作，怎樣解決學校的教室問題等等。當然，這些問題的解決都
或多或少地影響到社會生產力的發展，但是，作者的缺陷在於，並沒
有由此生髮開去追尋經濟的原因，而僅僅只是滿足於這些政治衝突本
身的描寫。因此，社會歷史發展本應遵循的「經濟──政治──文化」
形態，在小說中被明顯地簡化成「政治──文化」的模式。在這個模
式中，一方面，由於缺乏代表新的生產力發展因素的支撐，一系列改
革的措施與實踐並沒有真正有意識地與這種新的生產力因素相結合，
並從這裏尋求新的「政治的立法」與「市民的立法」賴以提出與鞏固
的「經濟基礎」，因此，李向南的改革行為勢必成了單槍匹馬的孤軍奮
鬥，他不僅難以打破以顧榮為代表的舊的保守階層，而且他的鬥爭方
式手段也不得不採取與顧榮之流相同的手法，最後也迫使他的所有改
革實踐成為無根之木。另一方面，這種帶有中國傳統性的「政治──文
化」模式也造成了李向南的改革理想與政治抱負的缺陷，因為缺少經
濟基礎的考慮，不能從新的生產力因素中得到推行他的理想與抱負的
自信，因而，他就不可避免地試圖以自己的鐵腕來推動歷史進程的發
展，實施自己的政治理想。在這裏，他的一切努力，一切強硬舉動便
自然而然地與中國封建的「青天」意識與「救世主」觀念劃上了等號，
形成了他難解難分的性格「悖論」。這種性格矛盾並不是李向南人格的
分裂，而是在作者所設置的「政治──文化」模式中勢所必至的結果。
如果按照李向南的性格發展下去，人們完全可以預料，一旦他打倒了
顧榮這樣的既得利益階層，同樣也會成為第二個顧榮，因為他們都是
在忽視經濟基礎的相同條件下在政治上打著圈圈而已。

　　當然，對任何人物的評價，不僅要看他做什麼，而且更主要的是
考察他怎樣做。正如人們所知道的那樣，小說中的古陵縣是一個貧窮、
閉塞、交通文化都相當落後的山區農村，歷史原因與現實環境都使得
這裏的現代經濟極不發達，商品交換仍然處於低級階段。因此，在這裏，
還很難明顯地看到現代商品經濟的痕跡，新的生產方式與交換形式只
是剛剛處於萌芽狀態。在這樣落後的窮困山區進行改革，大力發展生
產力，事實上很難從它現有的經濟基礎中得到強有力的支持。相反，
一些愚昧、陳腐的小生產者意識與封建觀念反而會常常阻撓與反對先

進的理論與思想的誕生。這確實是中國廣大落後農村進行改革時所常常遇到的最大阻力。所以，柯雲路在這一組長篇小說中通過「政治——文化」模式反映李向南的改革實踐，事實上也具有充分的現實可能性。李向南確實很難在古陵縣找到一批代表新的生產力發展要求的階層組成統一戰線，以反對妨礙新的生產力發展的舊的生產關係，建立新的社會秩序。他上臺後擺在面前急切需要處理的主要不是與生產力發展直接有關的矛盾，更多的卻是每一個封建王權社會都會出現的「上層建築」內部幹部的官僚作風與腐敗墮落。因而，李向南的改革從政治入手，採取傳統的「政治——文化」模式，仍然符合了古陵縣的客觀現實與生產力發展水準。作者的這種處理還是真實可信的。

　　但是問題卻是這樣：我們今天的改革並不是要求產生封建時代那樣的「清官」與「救世主」，而是希望造就出一批能夠推動生產力發展的社會主義的新型改革家。作為李向南這樣一個有著豐富的社會經歷，親身經歷過「文化大革命」這樣的政治動盪，後來又進入高等學校接受過系統的現代科學文化知識教育的當代青年，人們完全有理由要求他成為一個真正具有現代意識的改革家。儘管由於古陵縣本身的生產力發展水準與相當濃重的小生產者意識迫使他在古陵的改革不得不採取類似古代青天的做法，但是，作為一個現代意義上的改革家，他在運用這種傳統的手法時是應該有所保留的，也就是說，他在運用鐵腕對社會弊端痛加革除時，他應該認識到這只是暫時不得已而為之的「中間環節」，今後的方向應該是民主參政，讓人民群眾自己當家作主。因此，如果作者能夠充分揭示出李向南在運用鐵腕時心理上的猶豫、懷疑、痛苦與矛盾，也就充分反映出了李向南思想的現代特徵。因為，「青天」做法本身是不正常的，是落後環境對現代改革的不利影響，是邁向民主政治途中的一個過渡，而如果一旦把這不正常視為正常並心安理得地加以運用時，就意味著改革者本身的思想退步與落後。這確實是作者在塑造李向南形象時的根本缺陷。

　　正是在這裏，我們覺得作品反映出了作者把握上的失誤，也同時影響了李向南這一形象所應達到的思想高度。

（原載《小說評論》1989 年第 3 期）

對新時期小說創作中「農民性」問題的思考

　　中共在新時期的農村經濟政策給中國農村帶來了空前的活力，也在紛紜複雜的農民心理上引起了巨大的反響、震動、惶亂與分化。改革的深入與發展，一方面引導著作家及時地反映農村中出現的新情況、新問題，另一方面，也使得一部分作家冷靜地思考起農民性格中深廣的內涵與沉重的積澱，致力於農民心理的把握與民族精神的探求。在這當口，真正地站在現代意識的高度，仔細地分析與評判農民性格中的不同因素，探求農民理想的人性和條件，檢視新時期文學創作中對農民性格的把握，已經成了一項非常必要與十分有意義的工作。

―

　　長期以來，人們對於「農民性」的看法，亦即對於農民心理結構與性格內涵的思考，似乎已經有了一個固定的認識模式：在農民身上，包含著勤勞、善良、正直、義氣與愚昧、落後、保守、自私這樣兩個方面，並且，一方面值得讚美、頌揚、肯定、繼承，另一方面則必須批判、揭露、教育、改造。例如李順大與陳奐生，正象有些評論家所指出的那樣：「人物的弱點、缺陷和優點揉在一起：善良與軟弱，淳樸與無知，憨直與愚昧，誠實與輕信，追求生活和容易滿足，講求實際和狹隘自私等等」，從而「顯露出象蜘蛛網一樣交錯著的感情的觸角」。1

　　問題在於：這兩種矛盾著的不同性格特徵是以何種因素爲仲介而有機地結合在這些人物形象身上的？而且，對人物性格的主導傾向又

───────────

1　唐曉渡：《高曉聲筆下兩個農民形象的典型性》，見《新文學論叢》八一年第二期。

該如何確定與裁判？過去，人們對此也試圖作出解釋，並自以為獲得了滿意的結果，然而，如果仔細推敲一下的話，問題也許不會那樣美好與簡單。

馬克思在分析法國農村社會的特點時，曾經指出：「小農人數眾多，他們的生活條件相同，但是彼此間並沒有發生多種多樣的關係。他們的生產方式不是使他們互相交往，而是使他們互相隔離。這種隔離狀況由於法國的交通不便和農民的貧困更為加強了。他們進行生產的地盤，即小塊土地，不容許在耕作時進行任何分工，應用任何科學，因而也就沒有任何多種多樣的發展，沒有任何不同的才能，沒有任何豐富的社會關係。」[2] 馬克思對法國農村社會的分析也同樣適合於中國社會的實情。由於農民這種生活特點與生產方式，限制了他們如進行大工業生產的工人那樣具有進步性與先進性，從而落後、保守、狹隘、愚昧、不懂得科學與文明、要求平均主義等等，都是顯而易見的。同時，馬克思恩格斯在《神聖家族》中還指出，在這種封閉的近於原始的環境中還具有了這樣的可能：「依然保持著人類的高尚心靈、人性的落拓不羈和人性的優美」，[3] 諸如勤勞、善良、義氣、正直、節約等等，都是這另一個方面的具體表現，是這種生活特點與生產方式在農民性格特徵上又一不同色彩的投影。

在此，我們找到了聯結「農民性」中兩種不同因素的仲介。然而，問題似乎還在於：「在小生產中，由於要保養大量簡陋的、陳舊的、只適用於小規模經營的農具而造成勞動的浪費，又由於極端的貧困而迫使農民拚命幹活，以便用這些陳舊的粗笨的農具耕種自己的一小塊土地，來勉強維護生活。」[4] 而且，「小農不管怎樣勤儉，也抵不上大生產的好處，因為大生產的產品品質要高一倍」，這種落後的生產方式「註定小農要勞碌一輩子，白白消耗勞動力」。[5]

現在，我們有可能也有必要從兩方面區別這個概念。「勤儉」，作

---

2 《馬克思恩格斯選集》第一卷，第 693 頁。
3 《馬克思恩格斯全集》第二卷，第 215 頁。
4 《列寧全集》第十六卷，第 439 頁。
5 《列寧全集》第十三卷，第 172 頁。

為一般意義上的抽象概念來說，是應該得到肯定、讚美與頌揚的。它體現的一種求實的創業精神與質樸的生活作風，也是我們在貧窮落後的國度裏建設社會主義現代化時所應予高度重視的。而從具體的特定社會環境來看待「勤儉」時，我們認為則必須作出實事求是的分析。也就是說，在小農經濟的生產方式中，或者這種生產方式雖然被打破，然而還殘留著根深蒂固的小農經濟的思想意識時，我們對於勤儉就不能一味地不加區分地加以讚揚與歌頌。首先必須認清這樣兩點：一、勤儉在這時仍是農民賴以生存與溫飽的充要條件；二、這種勤儉本身並不能給他們帶來幸福的生活，改變他們苦難的命運。在這時，他們的勤儉還是處於被迫的無意識的狀態，並沒有能進到自覺的有意識的境界。

　　高曉聲筆下的李順大，是勤勞、善良、節儉、誠實，並且具有頑強的忍耐心與生命力的，也正是在這一點上，人們給予了他們過多的同情與真摯的讚歎，並擴而大之，把他們譽為中華民族的「脊樑」。但是，也正如作家高曉聲所指出的那樣：「他們是一些善於動手不善動口的人，勇於勞動不善思索的人。他們老實得受了損失不知道查究，單純得受到欺騙會無所察覺。他們甘於付出高額的代價換取極低的生活條件，能夠忍受超人的苦難去爭得少有的歡樂。」[6]說得更透徹一點：他們的「勇於勞動」、「老實」、「單純」、「忍受」之類，無非也與他們的落後、愚昧、保守、麻木一樣，儘管表現形式不同，但他們都集中在這樣一點：無知。1949 年後幾十年來曲折複雜的歷史，幾億農民被林彪、四人幫愚弄、欺騙、擺佈而到最後仍然是一窮二白的教訓，難道還不應該引起我們更進一步的思考嗎？如果僅僅止乎讚美他們的勤勞、善良和老實這些閃光的思想元素，而不能把他們這些低級的元素引向更高的有意識的層次，那又何異于要看李順大們的好戲呢？

二

　　如果我們把勤勞、善良、正直、義氣等優秀的思想元素理解為「農

---

6 高曉聲：《創作談》，花城出版社 1981 年版。

民性」中的正量因素，把愚昧、落後、保守、自私的部分理解為負量因素，那麼，在新時期農村題材的小說創作中，在「促使人們靈魂完善起來」[7]的總主題下，一直存在著兩個相反相成的分主題：一個是沿著肯定的方向，熱情地歌頌與讚美「農民性」中的正量因素，在歷史悠久的農民身上尋找他們的高尚品質以及作為「中國人的」脊樑的寶貴特徵，另一個則是沿著否定的方向，以憂憤深廣的批判精神，努力挖掘出他們身上的負量因素，以引起療救的注意。假如說，在第一個分主題中，誕生了《黃河東流去》（李準）、《犯人李銅鐘的故事》（張一弓）、《在沒有航標的河流上》（葉蔚林）、《內當家》（王潤滋）、《蒲柳人家》（劉紹棠）等等優秀的作品，那麼，《李順大造屋》、《陳奐生上城》（高曉聲）、《西望茅草地》（韓少功）、《爬滿青藤的木屋》（古華）、《小鮑莊》（王安憶）等作品的出現，也有力地顯示了新時期農村題材小說創作在第二個分主題上取得的巨大收穫。事實已經證明，強迫要求作家只能向一個方向發展，而不能在另外一個方面，不僅在理論上顯出荒謬，而且在實踐上也會導致文學創作單一化與簡單化的嚴重後果。

　　不過，對「農民性」的揭示與描寫，似乎還不僅僅在於允許或者支持作家進行多角度、全方位的觀察與把握，問題還在於作家在觀察與把握過程中的上下之差與深淺之別。也就是說，「農民性」不是一隻空心的氣球，而是一個有著無比深廣複雜內涵的「實體」。如果僅僅止乎在「農民性」的表層，發現所謂正量因素與負量因素，並把某一因素加以強調與突出，並不能完整地反映「農民性」的特質與內涵。如前所述，在「農民性」這一實體中，它的核心歸結為無知，即普遍地缺少一種現代意識與現代文明的教育與洗禮，而它的正量因素與負量因素都是由這核心為基點散發出的貌似不同的特質，而且，越是接近「農民性」的表層，這些特質就愈是顯出差異與區別，並愈是容易為人們所感知。因此，只有真正突破「農民性」在表層意識上的表現，把握住它的形而上的深層結構，才有可能準確地揭示「農民性」的真

---

7 《史達林全集》第十三卷，第105頁。

實內涵。從這個意義上說，懷著個人的特殊偏好，在「農民性」的複雜內涵中，揀選自己最中意的部分，不可能真正地解決問題。

在農村受過二十多年苦的高曉聲，他對農民，由衷地敬仰與感激，「我能夠正常地度過那麼艱難困苦的二十多年歲月，主要是從他們身上得到的力量。正是他們在困難中表現出來的堅韌性和積極性成了我的精神支柱」。[8]不過，在這樣的前提下，他也清醒地意識到，在李順大、陳奐生們的身上還有著沉甸甸的因襲重擔，「他們的弱點確實是很可怕的，他們的弱點不改變，中國還是會出皇帝。」[9]從對「農民性」把握這一角度來說，高曉聲的認識似乎要準確與全面一些。然而，也正如評論家潔泯所指出的那樣，高曉聲寫李順大陳奐生時，對「民族傳統中那些正量的因素，發現得就比較稀少」，[10]而，這，對於當代文學中對於民族文化素質的尋求，又是十分緊要的。

應該說，突破「農民性」的表層意識進入到對形而上的深層結構的理性思考，往往有一個逐步深入的過程。寫過《月蘭》、《風吹嗩吶聲》的青年作家韓少功這樣回顧他的創作過程：「我在一九七八年和一九七九年的那些幼稚之作，大多是激憤的不平之鳴，基本主題是『為民請命』。我想滿懷激情地喊出人民的苦難與意志。一九八〇年的創作相對來說冷靜了一些，似乎更多了些痛定淚幹之後的思索。《回聲》和《西望茅草地》，前者寫一次政治動亂——『文化大革命』；後者寫一次經濟動亂——『大躍進』。前者的主人公是一個『在野』的農民『造反派』，後者的主人公是一個『在朝』的農民『當權派』。我力圖寫出農民這個中華民族主體身上的種種弱點，揭示封建意識是如何在貧窮、愚昧的土壤上得以生長的並毒害人民的，揭示封建專制主義和無政府主義是如何對立又如何統一的，追溯它的社會根源。從某種意義上說，這是不再把個人『神聖化』和『理想化』之後，也不再把民族『神聖化』和『理想化』。」[11]從滿懷激情為民請命到力圖寫出農民身

8　高曉聲：《創作談》，花城出版社 1981 年版，第 13 頁。
9　高曉聲：《創作談》，花城出版社 1981 年版，第 18 頁。
10　高曉聲：《創作談》，花城出版社 1981 年版，第 14 頁。
11　潔泯：《〈小鮑莊〉散論》，載《當代作家評論》八六年第一期。

上的種種弱點，直到最近在《爸爸爸》中對民族之「根」的執著尋求，反映出作者對「農民性」的認識越來越真切的過程。老作家李準在寫《黃河東流去》（上卷）時，試圖「重新估量一下我們這個民族賴以生存和延續的生命力量」，表現「他們身上閃發出來的黃金一樣的品質和純樸的感情」。[12]而當他創作「下卷」的時候，則時常提醒自己注意到「在描寫他們這些優秀的道德品質的同時」，「也描寫了他們因襲的負擔，描寫了那些落後和愚昧的封建意識。這些精神枷鎖，就像幾十條繩索，沉重地套在他們身上。」[13]在闊大的歷史背景上深入地展現「農民性」中黃金般的品質與因襲的歷史重負，使新時期文學創作中對「農民性」的把握達到了一個新的高度。李準這種對「農民性」的看法，已經在很大程度上接近了辯證認識論的高度。文學創作正從表層意識或抽樣組合的描寫中掙脫出來，在對「農民性」多角度全方位的掘進中越來越準確地反映出形而上的深層結構與思想意蘊。我們完全有理由期望，在這裏取得更爲傑出的成功與更富於才力的表現。

　　一九八五年出現的「尋根文學」的熱潮，顯示出文學已經從過於強烈的政治和社會題旨轉向對人性的深層摹寫。「尋根」的作家們有意識地尋找民族素質中的固有素質與原始品性，以引起對中國現狀的思考與改革。對幾千年來所形成的民族文化心理結構的有意尋求，必將日益接近「農民性」的深層結構，在這裏，也無疑有著廣闊的前景與豐碩的未來，作家們似乎必須進行更深一步的探索與尋覓。在王安憶那篇有名的《小鮑莊》中，我們看到的是一個板結得紋絲不動的凝固體。在這個「仁義之鄉」的凝固體中，沒有邪惡，沒有奸詐，沒有貪婪，有的只是毫無生氣地勞碌，毫無生氣地繁衍。作者對此的批判傾向是十分明顯的。也許在那種閉塞、貧困、荒蕪的窮鄉僻壤中，人們真的會變成這樣的麻木呆板與遲鈍麼？就連在外見過世面立過戰功的鮑彥榮，一回到故鄉也變得如此懵懵懂懂？生活中也許真的有這樣的村莊，不過，生活的表層意識倒是最容易爲人們所感知的。當讀者面對著作品中出現的鮑彥山、鮑彥榮、鮑秉義、鮑五爺這些性格模糊、

---

12 韓少功：《學步回顧—〈月蘭〉代跋》。
13 李準：《黃河東流去（上卷）·序言》。

個性極不清晰的人物時──你還可以聯想到史鐵生《我的遙遠的清平灣》中的破老漢，李杭育葛川江系列作品中的福奎、耀鑫，鄭義《老井》中的孫老二等等，你就會覺得這些描寫因缺乏修葺而顯得蕪雜，因忽視提煉而少了生機。本意是想尋出民族文化之「根」，而實際上在許多作家那裏還只是展覽出了某些「枝葉」而已，對在自然環境與人爲因素影響下所形成的思想觀念、感情心理、風俗習慣，還缺乏更深層次的理解與更深層次的表現。並且，有些作家對山林野趣、古道俠腸的刻意追求，也使人有一種歎賞與懷舊之感，恐怕就更會流於表現與虛幻。

三

「人的靈魂紮根於歷史的、現實的社會生活之中，它受歷史和社會生活的制約，但又無時無刻不想突破這種制約前進。不反映出靈魂所受的制約，也就反映不出靈魂突破制約的意義，也就無從知道真、善、美」。[14] 反映靈魂所受制約與靈魂突破制約的意義，是一個問題的兩個方面。如果對「農民性」的挖掘與表現，還僅僅止於對靈魂所受制約的描摹，而沒有能反映靈魂突破制約的意義，那麼，對「農民性」的認識，從本質上說，也還只是處於表層意識的範疇。而且，黨在新時期的農村經濟政策給中國農村帶來了巨大的變化，貧困的農民逐漸富裕起來了，被壓抑著的農民開始站立起來了，「農民性」正處於一種醞釀、漸進與騷動的變化之中。

應該說，許多作家已經自覺地肩負起了這一歷史的重任。我們從《鄉場上》（何士光）、《人生》（路遙）、《臘月·正月》（賈平凹）、《流星在尋找失去的軌跡》（張一弓）、《老井》（鄭義）等作品中，一再看到農民們覺醒、奮起、轉化的描寫。這種對「意識到的歷史內容」的細心觀察與形象反映，使它們發表後就受到了人們的普遍關注與熱情鼓勵。然而，你如果仔細分析這類作品的話，就會發現在許多作家那裏並沒有能站在現代意識與現代觀念的高度，在尋找與促使人物轉化的

---

14 《黃河東流去（下集）·後記》。

途徑上，也沒有能超越于傳統的道德評判的框架。

張一弓的中篇小說《流星在尋找失去的軌跡》（《莽原》八五年第三期），敘寫一位飽經滄桑的農民宋福旺在擁有了充分的物質財富之後，爲尋找失落的價值與尊嚴所經歷的艱難而痛苦的心理歷程。作品中精細的描寫與這一題材本身所具有的現實意義，使這篇小說一發表便受到了普遍好評。小說的主人公宋福旺原來是一個心地善良、助人爲樂、富於同情心的新中國第一代少年，然而，狂熱的大躍進，連續的自然災害，使他的肉體在倍受煎熬的同時，也使他的性格扭曲、變歪。他學會了用不乾不淨的方式求得生存的權利，以他人或集體的缺斤少兩來填滿自己的腰包，以阿 Q 式的自輕自賤來爲自己的行爲解嘲。十一屆三中全會以後，宋福旺成了捷足先登的農民企業家，收入萬元還要乘以三。物質財富的積累與生活條件的改善，喚醒了他性格中美好、善良的一面，於是，他手忙腳亂、急頭怪腦地打扮起自己。他先是貼出「緊急啓事」加以尋找，接著，又試圖以金錢來贖回自己的過失。在這一切都無濟於事，並且受到人們的冷嘲熱諷時，他覺得要恢復真正的人性，得到人們的尊重與愛戴，必須要有「一種可以被人理解、使人感到近乎、家常的真誠」。於是，他拿出四千五百元蓋起了三間幼兒教室，給每位適齡兒童贈送了一套的確良「園服」，並讓未過門的兒媳婦親執教鞭……在宋福旺的這種誠心誠意面前，人們對他的前嫌冰釋了，而他也終於「把自己贖回來了」。

問題是：「真誠」，並不能使宋福旺贖回自己，人的價值與尊嚴並不能依靠真誠而獲得。作爲一個倫理道德範疇，真誠起著促進與加強人與人之間友好相處的作用，是精神文明的一個方面，但是，把它作爲一種尋求人的價值與尊嚴的手段，而且是唯一的手段，不能不說是作者的一個天真的想法。在我們這樣一個消滅了壓迫與剝削制度的國家裏，人的價值、尊嚴、權利與地位，是應該得到根本的解決和強有力的保障的。但是，長期以來的封建殘餘勢力還未得到徹底肅清，資本主義的流毒更是無孔不入地侵入我們的肌體，特別是在過去長期極左路線統治時期，人民群眾喪失了主人公的地位，價值被扼殺，尊嚴被踐踏，權利被剝奪，宋福旺只不過是其中的一個而已。因此，在以

上種種錯誤思想還遠未得到徹底清除之前，如果不能使自己的人民意識到自己主人公的地位，並能真正行使主人公的權利，那麼，人民不僅不能得到真正的價值與尊嚴，而且連得到的也會喪失。宋福旺人性的失落不就是明證嗎？沒有主人公的意識與行使主人公的權利，便不可能有真正的人性，這是作者所沒有想到的，也是作者想以倫理道德的真誠來達到宋福旺本性復歸的目的所不能夠的。

　　我之所以如此詳細地分析這篇作品，原因主要在於這篇作品中出現的問題確是新時期小說創作中一個較為普遍的現象。魯迅在五四時期就曾批判過標榜中國「道德第一」的國粹家們。事實上，在中國這樣一個有著幾千年封建傳統的「禮儀之邦」，長期形成的心理定勢，使得人們在審美觀察與價值評價時，常常不知不覺地把「道德評判」作為分析與思考的主要出發點。不是考慮事物的合理性，而是顧及所謂的傳統的美德；不是進行理性的思考，而是賴於感情的好惡。路遙在《人生》中通過高加林形象給我們展示的，一方面是高加林對生活的不斷追求，另一方面是德順老漢對生活哲學的訓導。他這樣「教育」高加林：「這山，這水，這土地一代代養活了我們，沒有這土地，世界上就什麼也不會有！只要咱們愛勞動，一切都還會好起來」。我們可以理解這位老農對土地的深厚感情，但是，土地所養活的不僅僅是「我們」，而是所有生活在世界上的人們。按照這樣的邏輯推理，世界上每一個人都應該回到土地上去，為什麼就偏偏要指定高加林呢？事實上，任何人，不管其家庭出身、社會地位與奮鬥起點如何，只要他的追求有助於社會進步，符合人性的要求，都有其存在與發展的合理性。然而，作者在面對著現代生活要求與古樸生產方式的衝突時，不是理直氣壯地伸張正義，而是宣傳了一番知足常樂的說教。對傳統美德的難捨難分，對古樸生活方式的流連忘返，都妨礙了作者站在現代意識與現代觀念的高度，對人物評價同樣也沒有超越於道德評價的框架之外。

　　我們對以上兩部作品進行近於苛刻的批評，意在尋求一種真正能使「農民性」轉變的槓桿。馬克思指出：「生產勞動同智育和體育相結合，它不僅是提高社會生活的一種方法，而且是造就全面發展的人的

唯一方法。」[15]農村經濟狀況的好轉，使「農民性」的轉化與更新具有了必備的條件。及時地發現與表現這種「轉化」，是新時期作家的一個極為重要的任務。在農村經濟空前發展的同時，注意先進思想的教育與科學文化水準的提高，才真正有可能使我國農民走上一條新的人生之路。「兩個文明」的同時建設，不僅是我們黨在建設社會主義現代化時的兩大任務，而且，我們作家在尋求「農民性」轉化的槓桿時，對加強精神文明的建設應該引起高度的重視！

（原載《小說評論》1987 年第 5 期）

---

15 《馬克思恩格斯全集》第二十三卷，第 530 頁。

高曉聲後期創作漫評

在《李順大造屋》、《陳奐生上城》等小說捲起一股不小的「高曉聲熱」之後，人們曾經是那樣地對高曉聲寄予厚望，期待著反映農村題材的「大家」出現。然而，高曉聲其後不厭其煩地帶給文壇的卻是一些頗為瑣碎、繁雜的人生故事與寓言性很強的諷諭作品，再也看不到陳奐生、李順大那樣活生生的鮮明形象了。失望之餘，人們不約而同地歎息著：老高才盡了！

不過，人們的失望與歎息並沒有在高曉聲那裏引起同感共振。僅在 1984 年之後的短短幾年中，高曉聲又發表了二十餘篇中、短篇小說。作者對自己的創作成果是很滿意的。他認為這時期的大部分作品不論在思想意蘊還是在藝術探尋上都有所發現、有所提高，並不比前期作品遜色。滿意之余，老高也常常歎息：讀者與評論家們真是太不公平了！[1]

一方面歎息著作者對人們期望的辜負，另一方面卻是感到不被理解的冷清的歎息。兩者之間難道真的有著如此嚴重的隔膜？真的不可能找到可以彼此溝通的橋樑？自然，答案的得出只能在具體、客觀的分析之後。

━

在 1984 年召開的一次作品討論會上，高曉聲曾經意味深長地提出「三個挑戰」：「第一，是接受我們自己的作品的挑戰，要超過過去的作品。第二，我們生活在當代還要接受當代文學的挑戰……第三，我們要接受古典文學的挑戰。」[2]「四人幫」粉碎之初，高曉聲被壓抑達

---

1 1987 年夏天，筆者曾與導師范伯群教授一起專程到常州高曉聲家中拜訪。言談中，高曉聲常流露出不被理解的歎息。
2 《生活‧思想‧創作—在江蘇省部分青年作家作品討論會上的發言》，見《高曉聲1984 年小說集‧後記》。

二十多年之久的創作熱情終於得到了淋漓盡致的抒發，爲新時期的文壇奉獻出了一批很是珍貴的反映農村題材的佳作。那麼，在「井噴時期」過後，作家應該如何繼續永保自己的創作青春與獲取新的創作源泉呢？這是所有成名之後的作家都必須常常思考的問題。高曉聲明確提出「三個挑戰」本身，正是反映了他在這一問題上沉著、冷靜的態度與可貴的進取精神。

　　作爲藝術道路的超越與突破，往往是伴隨著作家思想探索的深入與藝術趣味的轉化而發生的。一旦作家對於社會、歷史有了新的感悟，或者審美理想出現重大轉變時，他的創作道路便會自然而然地呈現出明顯的不同與飛躍。因此，當一個作家自覺地要求對於自己過去的藝術作品進行勇敢挑戰的時候，他就必須在對於歷史的感悟與審美理想的轉化方面有著足夠的思想準備和知識積累，否則「挑戰」到頭來還只能是原地踏步。那麼，高曉聲在大膽地提出「挑戰」之時是不是已經意識到上述問題的重要性呢？抑或說，他已經具備了足以提出「挑戰」的思想準備與知識積累了嗎？

　　如果仔細分析的話，高曉聲「三個挑戰」的提出是有著現實根據的。在寫《李順大造屋》、《「漏斗戶」主》、《陳奐生上城》時，高曉聲是滿蘊著豐厚的生活積累與必欲一吐爲快的人生體驗，因此，他這時的作品大多帶有一種噴湧之感與傾瀉之感。他像「劉宇寫書」一樣，覺得「偉大的作品從來就是蘸著血淚寫成的……讓鮮血從筆端流出來吧，別讓它白白地凝固！」「他越來越興奮，越來越忘情。他把對現實生活一切愛憎都熔鑄於筆端。他把整個世界裝在自己的胸膛裏……」[3]這時，他的作品明顯地帶有爲政治熱情所驅使的特點。但是，噴發湧溢只是長期孕育、積累的一次總爆發、總發洩，時間一長，當作家感情漸趨平穩時，便要進入到一個冷靜挖掘、探索的階段。高曉聲這樣講道：「寫作不是越寫越容易，而是感覺到越寫越困難。」[4]「我有時也想不到合適的東西寫，這時就把熟悉的人一個一個想過來，往往就找到了。」[5]從難以抑制的噴湧階段到這時一個一個地「找」的寫作狀況，

3　《高曉聲 1981 年小說集‧劉宇寫書》。

4　《漫談小說創作》，見《高曉聲 1983 年小說集‧附錄》

5　《〈青春〉常熟小說改稿講習班上的講話》。

事實上迫切要求作家必須重新進行新的藝術探求與思想跋涉。

　　這一迫切要求首先在作者的思想探索方面顯露出來。黨在新時期的農村政策給我國農村帶來了巨大活力，真是「情況複雜紛繁，目不暇接，亟待深入認識」[6]，「特別是實行責任制以後，他們每一個人幾乎都兼有將軍與外交家的職能，經常同他們打交道的人物，馨京劇臉譜而不能窮其十一。他們在這樣的環境中逐漸把自己也改造得複雜了。否則他們無法適應，無法自強，無法前進，因此他們只有使自己複雜化。」[7]高曉聲步出「井噴時期」之時，正好遇上了這種新的局面。對此，高曉聲是異常欣喜的：「文學作品需要的就是人物的這種複雜性，越複雜越有寫的，越能突破原來的框框，越能夠提高作品的水準」。[8]他認為多少年來寫農民的作家，都沒有碰到這樣好的客觀條件，他們所看到的農民，都沒有今天這樣的性格豐富、複雜。所以，高曉聲確實是以滿懷著信心與再顯身手的心情來迎接農村中出現的新局面的。

　　不過，意識到農民性格的複雜化並不等於對複雜化本身有了足夠的思想認識。在看到農民性格的複雜化之後，高曉聲是如何加以進一步思考的呢？對於這更深一層的問題，高曉聲的感覺是：「我們時代節奏越來越快，人們已不耐看那些囉囉嗦嗦的長篇大論，作品怎麼能很快地抓住人，吸引人，我覺得這就是我們的難處。」[9]如果光是一處複雜化，允許慢慢地描繪，倒也罷了，可是生活的節奏偏又那麼快，慢了就反映不出來。這真是一個棘手的問題。然而事情的巧合卻在於：作為經受了多年政治磨難而複出的高曉聲，他對社會、歷史的理解在「噴湧」與「傾瀉」之後變得遠為深沉與冷靜了。這時，他覺得他的思想認識有了一個躍進，一個飛躍，「這個飛躍是從每個人如何去總結文化大革命的教訓中來的。」[10]他可能不會對表面轟轟烈烈的熱鬧發生興趣，而卻會對某些極不起眼的小事傾注全副的身心。正是從這裏，高曉聲重新回顧了自己的文學道路與自己所接受的文學傳統。他說

6　《開拓眼界》，載《小說林》1983 年第 7 期。
7　《開拓眼界》，載《小說林》1983 年第 7 期。
8　《漫談小說創作》，見《高曉聲 1983 年小說集・附錄》
9　《漫談小說創作》，見《高曉聲 1983 年小說集・附錄》
10　《開拓眼界》，載《小說林》1983 年第 7 期。

道：「我們的作品，確實反映了我們思想上哲學準備不夠。中國的傳統藝術是重感情的，這既是優點，也是局限。重感情而忽略了思辨性，往往不能準確地看待生活，反映生活，作品給人思考的餘地較狹。」從《李順大造屋》、《陳奐生上城》時急欲一吐為快的文學熱情，到這時對文學的哲學思辨性的推崇，十分明顯地反映出了作者創作思想的重大轉變。在這裏，不是已經表露出作者思想探求的新的特徵了嗎？

隨著高曉聲對社會、歷史理解方式的明顯轉軌，他的藝術探求與審美趣味也相應地發生著變化。他重新思考起這樣一個古老的文學命題：「文學的作用究竟是什麼？究竟是立竿見影呢？還是要潛移默化？」他把小說創作比作是樵夫到森林中去撿樹枝：一種小說是把樹枝堆成一個堆，然後澆上火油，一根火柴就把它燒起來，當時曉得很亮很亮，滿天通紅，四周都照亮了，除了一些灰燼之外，什麼也沒有剩下；另一種小說則是他在堆樹枝的時候堆得很有技巧，堆好之後他也點火，但點了之後，卻燒得很慢很慢，你始終看到有一個火苗在那裏跳動，跳動，在燒著，但久久燒不完，它使你一會兒看到這裏，一會兒看到那裏；還有一種小說，作者把樹枝堆好了，但他沒有點火，他讓讀者自己去點火，有的人是把它點著的，看到了一點東西，有的人點不著，他要過好久才能夠懂，因為讀者點的火不是點在樹枝上，而是點在 自己的生活經驗上，所以它永遠也燒不完。對於這三種小說，高曉聲比較贊同後兩種，尤其偏愛第三種。在他看來，文學的功用是要影響、改變人的靈魂、情操和信心，對於這些需要經過長時間的過程才能孕育、形成與轉變的影響，「怎麼可以要求立竿見影呢？」[11]因此，在立竿見影與潛移默化間，高曉聲覺得「應該是後者而不是前者」。[12]在這裏，也已經顯然不同於前期淋漓酣暢的情感抒發與主要著重於對極左思潮的憤怒譴責了。

從上述的分析看來，高曉聲在思想探求的轉變與審美趣味的變異兩個方面，都確確實實具備了對於自身創作道路進行超越與突破的可能。高曉聲「三個挑戰」的提出恰逢其時。

11　《生活、目的和技巧》，載《星火》1980 年第 9 期。

12　《開拓眼界》，載《小說林》1983 年第 7 期。

那麼，作爲「挑戰」的具體內容與實質又是些什麼呢？

二

任何事物的超越與發展都是依據其本身運動變化的規律而出現的，它並不能憑空產生。在藝術道路的創新與突破方面，依賴的也仍然是作者已有的學識、經驗等方面的知識積累或新的昇華，它脫離不開作爲他個人的那個文化心理結構與知識構成。

高曉聲曾經這樣談到他的知識構成：「我平生接觸文學書籍較多的時期，一共三次，第一次是少年時在家；第二次是五〇年到五六年在江蘇文聯工作時；第三次就是『四人幫』粉碎以後。比較起來，第二次讀得最好，有目的性，記憶力也好；第三次最差，讀了記不住……但是，我反覆考慮，我爲什麼喜愛文學，爲什麼會嚮往寫作以至於能夠走上寫作的道路，在很大程度上，取決於家裏原有的那幾十部書。」自幼所受的潛移默化的感染薰陶在決定人生道路時的毫不勉強的魅力，許多中外文學大師都曾有著共同的體會。在高曉聲幼時所接觸的「那幾十部書」中，他受影響最深的是《聊齋志異》。[13]這部豐富多彩的短篇小說集不僅使年幼的高曉聲通過它學會了文言文，而且，即使在進入中年之後的高曉聲那裏至今還能背誦出其中的許多篇章。這種爛熟於心的知識積累，怎能不時時作用於作者的神經，影響作者的思路呢？

在高曉聲複出文壇之初，他在奮筆疾書的空隙，仍然寫了像《錢包》、《魚釣》、《飛磨》、《繩子》與《山中》這些頗富哲理性與諷喻性的作品，顯示出對《聊齋》這類傳統筆記小說的特殊偏愛。不過，當時滿腔的政治熱情與心潮難平的激越情懷，抑制了他對這類小說的興趣與愛好，並沒有一任其發展。但是，在爆發時期過後，當高曉聲竭力主張文學的哲理思辨性與潛移默化的藝術功能時，這類他極其熟悉並喜愛的小說品種便極其自然地成爲他自覺追求的對象，成爲他借以進行「挑戰」的心愛武器了。

---

13 《想起兒時家中書》，見《生活的交流》第 173-174 頁，中國文聯出版公司 1987 年版。

　　新近出現的《巨靈大人》，可以代表高曉聲這時在創作這類小說時的總體思想基調與觀察視角。作為萬物之靈的人類，本來理應能夠推動歷史乾坤一步一步地邁向更高的境地，然而五千年來，整個人類社會卻只是徒勞無益地轉著圓圈。「巨靈」向人們顯示：在那圓圈中間，原來是一個陰陽相克的太極圖形，「今天跟著陰去碾死順陽奔跑的動物，明天又跟著陽去碾死順陰奔跑的生靈」，人類歷史從來不曾前進過一步，面對著這具「在歷史的身上恣意施虐，製造腥風血雨的機器」，最後，「巨靈大人」咬咬牙，順勢用力一推：這具旋轉了五千年的輪子便轟隆隆一聲巨響，消失得影蹤全無了。這種對於社會歷史的總體象徵與無情否定，人們可以很自然地聯想到「五四」時期魯迅先生在《狂人日記》中對四千年「吃人」歷史所作的形象概括。在這裏反映了高曉聲對我國長期封建歷史，尤其是「文革」中極左思潮的時時警策與深入思考。

　　在另一篇小說《陳繼根癖》中，青年農民陳繼根在困難的歲月裏迫於生計，不得不以逐漸拆除祖輩留下的老式房屋中的木材加以變賣，以度過窘困的日子。他先是拆簷桁，然後拆地板，直到最後將老房屋拆得蕩然無存。在這日復一日的拆房過程中，陳繼根不曾料到地養成了拆房癮癖，「好像有木匠在家替他做什麼，就覺得舒服，否則就難過」，成了當地名副其實的拆房專家。在這令人發噱的喜劇性描寫中，作者是表露了對如何處置遺產的看法？抑或是對農民現實感的由衷贊許？作者在這裏為人們留下了值得玩味與思考的眾多餘地。不過，如果我們聯想起極左思潮對廣大人民心靈的折磨與摧殘，那麼，作者對「陳繼根癖」的描寫不更是對極左統治所造成的惡果所作出的憤怒指責嗎？

　　對於那場發生在祖國大地上的翻手為雲、覆手為雨、千奇百怪的極左災難，高曉聲實在是太熟悉了。他在反映極左災難五光十色的諸多表演時，也必然會進一步作出歷史的沉思，對一些習以為常的社會世相與民眾心理傾注其極大的興趣。《杭家溝》中，那塊陰森潮濕、墳地遍佈的「杭家溝」，充滿了令人恐懼、禁忌、膽寒的陰影，但是，對於接受過一些現代科學知識洗禮的陳興興來說，那不過是些迷信的鬼

話罷了。然而，當抽水機失靈時，任憑你陳興興怎麼拔弄都無濟於事，倒是陳順生的一把黃泉紙就燒好了，所有事情的巧合都在這裏。作者是宣揚鬼神的存在呢？還是揭示偏執的妄誕的想像導致了迷信與禁忌存在的心理基礎？在高曉聲意味深長的結尾中，人們也顯然可以窺見到祖國上空封建迷信曾經得以猖獗一時的社會心理依據。

與《杭家溝》有些相似的是，中篇小說《覓》也同樣反映出了一個荒誕的心理過程。儘管它不是指出封建迷信得以盛行的社會土壤，而是向人們表達了一種難以言告的對世事與人生的複雜感受。祖父范全根殫精竭慮，爲兩個兒子創置了富足的家產並準備了不致一下子慘敗的後路，然而兩個兒子卻都無一例外地坐吃山空。大兒子敗得痛痛快快，是在享受，小兒子卻敗得窩窩囊囊，是在遭難，但是臨死時，大兒子卻出人意外地說出了幾句使人讚賞的「高水準的話」，而小兒子則潦倒一生，無人理睬。兩個孫子浩林與浩泉，沒想到不受寵倖的浩林卻做上了令人眼紅的供銷社職員，而從小就被奉爲至寶的浩泉則事事落空，最後在深挖臆想中的祖父的財寶時竟致神經失常。機關算盡，到頭來卻都無法逃脫那種似乎是命定的結局，使人發生會心的悲憫的一笑。在這裏，高曉聲形象地展示了一種「可憐無補費精神」的經驗哲理，人們盡可以帶著自己的生活經歷進行自由聯想與再創造。當然，這種「聰明反被聰明誤」的諷諭性結局，可能是最容易使人情不自禁地聯想起動亂時期那些記憶猶新的某些嚴肅問題了。

應該說，高曉聲這時的小說並不僅僅是圍繞著對極左路線時期形形色色事物的諷諭以及由此而觸發的對社會歷史的深層思考的，他也常常傳達出自己對人生的感受和領悟。例如在《銓根老漢》中，那位瘋癱在床上的老漢，經過多少醫生的醫治都無濟於事，但在醫術並不高明的赤腳醫生強拖著在地上走了幾步之後，他卻神奇般地能下床走動了。是巧合嗎？是不合邏輯的曲意編造嗎？可能全不是。在銓根老漢奇蹟般痊癒的背後，作者顯然寄予了對於生老病死、人生變故的諸多慨歎。它可以重新喚起我們再次思考起人生中對於疾病、對於失敗、對於自身的態度，想起自信、信心、勸解、鼓勵乃至「精神勝利法」在這中間的作用。

　　總的看來，如果我們拿高曉聲前期的同類作品相比，那麼，這時的諷諭性作品不僅在數量的比重上明顯地增多了，而且，這時的《巨靈大人》、《陳繼根癖》、《覓》等作品也顯然成熟、舒展、老道了。儘管前期的《繩子》、《山中》等作品也都寄予了豐富的哲理，但卻給人一種過於直露、逼促之感，而這時，高曉聲讓一切都藏在背後，不動聲色地慢慢勾畫著人物與事件的圖像，在具體、生動的形象之中蘊含著耐人咀嚼、回味的人生體驗與強烈愛憎。因此，僅就其中的人物性格而言，如陳繼根，范浩泉、銓根老漢等等，其本身就是一個個具體、可感的人物形象。這就大大掩蓋了前期諷諭性作品中時或出現的寓意大於形象的缺陷。它不僅滿蘊著哲理，而且還帶有濃郁的詩情。

　　在此，高曉聲是不是進步與發展了呢？

三

　　一個有成就的作家，當他在對社會與歷史進行深層反思與哲學思辨的同時，總不可能無視他所處的現世生活，而且必然地要對此加以足夠的關注與思考。同樣，在高曉聲對其喜愛的諷諭性作品傾注主要精力的時候，事實上，他也並沒有完全忘懷對農村現實生活的反映，追蹤農村發展的最新動態。在近幾年的作品中，他仍然為我們留下了一批耐人尋味的表現農村現實生活的精心之作。

　　不過，與高曉聲前期反映農村現實題材的作品相比，他這時的同類作品也顯得大大地不同了。在創作《李順大造屋》、《「漏斗戶」主》時，他是噙著眼淚完成它們的。作者這樣表述：「我既流了痛苦的眼淚，也流了歡慰的眼淚。最後一段，寫陳奐生看到自己果然分到了很多糧食……當他拭著淚水難為情地朝大家微笑時，他看到許多人的眼睛都濕潤了；於是他不再克制，縱情任眼淚象瀑布般直瀉而出。這裏的眼淚，既是陳奐生和大家的，也是我的。」[14]高曉聲確實是飽蘸著與農民同甘共苦的激情，寫出了他的《李順大造屋》、《陳奐生上城》這類成名之作的。然而在現在，一種耐心悄悄地出現了，高曉聲自始至終保

―――――――――――――――

14　《且說陳奐生》，《創作談》第 13 頁，花城出版社 1981 年版。

持著高度的冷靜。對於農村中現時發生的重大變故與事件，他不再熱切地參預其中，而是退到人物背後，在似乎淡然處之、心平氣和的描寫中滲透著強烈的感受。

前不久發表的《送田》，敍述的是一個橫行鄉里、魚肉百姓、隨心所欲地把自己的責任田送走又要回的村幹部周錫林的故事。在周錫林身上，顯然可以聯想到作者在前期《大好人江坤大》中對農場場長劉國忠的批判描寫。不過，在《大好人江坤大》中，作者常常是抑制不住地對這種國家的蛀蟲加以強烈的諷刺與抨擊。而這時，一切都似乎消融在漫不經心的描寫之中：華麗的堂屋，高貴的客人，精緻的餐具，豐盛的酒菜，在親熱、客套、寒暄之中，周錫林嫻熟地施展著他的伎倆，而小民百姓則乖乖地落入了他的圈套。沒有直接的威逼，沒有當面的恐嚇，甚至沒有受迫害者常有的怨恨與不滿，有的只是一股暖融融的「人情味兒」，而結果是他的意圖全部得逞，而你卻要對他感恩戴德。

高曉聲的這種處理，應該說是相當成功的。他不願意反映生活中大悲大慟的充滿戲劇性的場面，而是在人們司空見慣的日常生活中，把生活原樣原封不動地端到你的面前，讓你自己作出評判，做出選擇，而他自己則始終滲透著一種不易激動的平穩的心境，彷彿已成為一個客觀的不動情的旁觀者。然而事實上，他的感受和表達能力是錘煉得更深沉、更含蓄也更有份量了。這是有著極其豐富的人生體驗與對現實生活理解得極其涵容、寬宥的作者眼中的農村生活，當然，也更接近於生活的本原狀貌。

這種對生活本原狀貌的敘寫與展示，正是這時高曉聲在表現農村現實題材時的重要特徵。它構成了與前期同類作品的明顯差異。在中篇《荒池岸邊柳枝青》中，作者反映的是農民張炳林承包魚池這一事實。但是，作者顯然對農村中承包制這一事件本身缺乏興趣，而是對這一事件所引起的繁雜的人物關係與心理變化傾注了無比的熱心：養魚專業戶與鄰里鄉親的矛盾、和一班小孩子的矛盾、和揩油的金六苟的矛盾、和某些幹部的矛盾，乃至和子女的矛盾。在這些錯綜複雜、處處設防的矛盾糾葛中，作者力圖讓人們相信：改革並不能僅僅停留於表面的喧囂，而必然地要進入到人們的深層心理，並引起廣泛的變

動。這種對農村現實生活中發生著重大的事件的反映，無論是其觸及的深度還是表現的廣度方面，都要比一味地讚美或廉價的樂觀真實可信，因爲從根本上說來，任何重大的社會變革總是通過極其微小的日常生活體現出來的。

隨著對現實生活冷靜、深沉的理解，高曉聲在藝術手法方面也相應地出現了重大轉變。這其實是一個問題的兩個方面：一旦作者摒棄了對現實生活中熱鬧場面與重大事件本身的描寫，而著力於把生活的本原狀貌與日常生活細節搬進作品時，他的藝術表現手法也必然勢必所至地發生轉化。因爲，在作者對農村的歷史和現狀、人情世故、人與人的關係和形形色色的農民心理狀態這些極其現實的細節和總體風貌加以把握時，顯然會限制想像力的馳騁，放棄對緊張、曲折的文學情節的構思。因而，高曉聲這時反映農村現實題材的小說所趨向的，正是「一種日常生活的散文化還原和返回」。[15]

這種散文化的敍述方式，在另一個中篇《極其麻煩的故事》中也同樣明顯地表現出來。老實巴交的農民江開良忽然陡發奇想要創辦「農民旅遊公司」，這本是農村經濟改革中出現的新生事物，然而，嚴重的官僚主義作風卻使這位熱心的農民企業家在使出九牛二虎之力蓋上了四百多個圖章之後，仍然一籌莫展。對於這件確實「麻煩」的事情，作者並沒有把它處理得非常緊張、曲折，而是不慌不忙，慢慢寫來，如敍家常。通篇沒有一句卷外之論，激憤之詞。作者的心境是平靜的，甚至有些漠然。在他看來，人們都「不是天外來客，你碰到的這類事也不是一次兩次，你何止有感觸，有議論，而且在長年累月地品嘗它的黴味兒。」正因爲是「長年累月」地發生，所以正無需乎振臂一呼的高喊。在作者沉著、散淡的描寫之中，其實正反映了生活的原樣，揭示出生活的本質，並進而寄予了作者非常沉痛的感情。他要人們在這極其平常的「大家都可能遇到」的事件中，感受到可怕的悲哀，萌發出改革的要求！

從某種意義上看來，現實本身的散文化、瑣碎的性質，正反映出

---

15 吳亮：《文學的選擇》第 187 頁，浙江文藝出版社 1985 年版。

現實生活的真實側面。生活正是無秩序的、以小事起又以小事終的，所以，當高曉聲以散文化的筆法來處理現實中的事件與人物時，也同樣能夠展現出人們所處環境的真實性和忙碌不休的實質，而且還更能給人以逼真之感。《送田》、《荒池岸邊柳枝青》與《極其麻煩的故事》這些小說正是傳達了這樣的效果。因而，我們覺得，如果說高曉聲在前期作品中主要集中反映了極左思潮對我國農村的破壞與對農民心理的摧殘，有著極其強烈的愛憎，那麼，他近期反映農村現實生活題材的作品則更多地把熾熱的愛憎磨去了棱角，不再咄咄逼人，不再具有激進的進攻姿態，而是在不動聲色、旁逸斜出的描寫之中，滲透出他的愛憎感情與是非觀念。好比一杯香茗，儘管沒有冰淇淋那樣的酣暢淋漓，然而卻更耐咀嚼、更有回味。

如此說來，高曉聲反映農村現實題材的近期作品，不是也成熟與老道了麼？

四

在檢視了一番高曉聲的近作之後，我們發現，他的近作確確實實有著明顯的轉化與發展，確實進行了一番極其認真、嚴肅的「迎戰」，就他自己的文學創作道路而言，也確實比前期成熟與進步了許多。然而，對於他的近作，人們卻又爲什麼普遍地歎息呢？

原因可能出在作者與讀者兩個方面。

從作者方面來講，高曉聲在處理社會生活時，一定程度上誤解了對時代感的認識。隨著農村經濟改革的深入，農村的生活節奏明顯地加快了。在這加快了的生活節奏面前，高曉聲覺得，那些羅囉嗦嗦的長篇大論人們顯然是缺乏耐心與時間的，因而，作品必須力爭寫得短小、簡明。同時，高曉聲又認識到，農村生活並不僅僅是個節奏加快的問題，而且也變得前所未有的複雜了。爲了在短小的篇幅中能夠反映出農村生活的複雜面貌，所以，高曉聲在最後轉爲對文學的哲理思辨性的推崇，希望在這裏能夠獲得對農村生活節奏加快與生活複雜化的最爲妥當的處理方式。《銓根老漢》、《陳繼根癖》這些諷諭性小說便是在這樣的創作思想指導下產生出來的。然而，情況常常可能卻是這

樣：生活越是錯綜複雜、目不暇接，人們越是不可能有時間與耐心去咀嚼、回味那些哲學思辨性很強的藝術作品，他可能更需要的是簡明、直接的表達和酣暢淋漓的抒寫。

高曉聲近作引起讀者歎息的另一個重要原因是對情感作用的忽視。在談到《陳奐生上城》的創作體會時，高曉聲曾經這樣認為：「作家寫小說，恰巧不是想用理性去教育讀者，而是想用感情去影響讀者、感動讀者，起到潛移默化的作用。」「人心總是肉做的，所以世界上必須有文學。」[16]但是，如前所述，他在近作中卻習慣性地把愛憎隱藏在背後，以散文化的筆法不動聲色、漫不經心地勾畫著農村現實生活中新的事件與人物。這種處理手法不僅影響到作者對現實生活的典型化處理，更重要的是影響到作品的藝術魅力與感染力，你不與作品中的人物一起燃燒，當然也就影響到讀者與你的共鳴。這正是作者過於強調客觀、理性時的必然結局。

不過，儘管高曉聲的近作在對時代節奏與情感作用的認識方面誤解了當代讀者的需求，然而，不論是諷諭性作品，還是反映農村生活的現實題材創作，他都作出了自己的最大努力與藝術上的盡力尋求。他缺少的並不是才情，而是把才情貫穿到了他喜受的藝術風格與美學理想的追求之中。因此，高曉聲的近期小說一方面的確是發展與成熟了，然而另一方面卻可能拉大了與當代讀者的距離。不過，假如有一天，當讀者遇到特定的境遇時，可能會忽然想起高曉聲貌似平淡的作品是大有深意的，於是便回首反芻，品嘗出濃濃的藝術滋味。高曉聲極其稱道的《聊齋志異》不是在今天人們還常常拿出來慢慢品嘗、仔細體味嗎？我們能要求《聊齋志異》與《紅樓夢》一樣，一經出現便爆發出令人震驚的效果嗎？因此，作為讀者在對待不同風格、不同題材的藝術作品時，應該有一種健全的心理、寬容的態度與藝術的大度。這才是欣賞藝術作品時真正豁達的胸襟。

照此說來，不知道高曉聲與讀者的「歎息」能不能彼此消除了呢？

（原載《當代作家評論》1988 年第 3 期）

---

16 《且說陳奐生》，《創作談》第 15-16 頁。

大眾化：高曉聲的藝術旨歸

一

　　在新時期文學中，似乎很少有作家像高曉聲那樣去認識描寫農民大眾的深遠意義。1988 年，他在美國斯丹佛大學的一次演講中這樣說道：「他們（指農民）占了全中國人口的百分之八十，占了全世界人口的百分之十六。他們一個個誠然是渺小的人物，但集起來卻是全世界第一號龐然大物。……它對世界每一個人（即百分之八十四）都會發生影響，它和全世界每一個人都是有關係的」。「我熟悉他們，我能夠寫的就是他們，我是沒有選擇的餘地的。」[1]顯然，這裏表現出他對描寫農民大眾的自覺，其中自然也還有幾分他自己對於能夠反映全世界百分之十六的自豪。

　　自 1928 年起，當高曉聲出生在江蘇武進那塊農村的土地上之後，他便在那兒前後呆了整整四十五年。這個將近半個世紀的歷程，不僅一方面形成與限定了他的生活經歷和創作素材，而且另一方面，也培養與孕育了他的審美情趣與文化偏嗜，從而使他無可更改地以「農民作家」的姿態出現於新時期文壇。

　　與現代文學中反映農民生活的作家相比，高曉聲既沒有那種走南闖北、四海為家的曲折經歷，也沒有身經中西文化的對照，痛感農民劣根性的境遇，更沒有長期身處嘈雜都市，緬懷故鄉風物的心境。他比他們都要簡單。他只是一個地地道道的農家子弟，一個戴著「黑五類」帽子，曾經完全絕棄了作家夢想的地地道道的現實農民。因此，當社會的轉變突然使那握慣了鋤頭的手有可能握起筆時，他自然不可能像艾蕪的《南行記》那樣，以特異的傳奇生活作為自己的創作題材，

---

1 見高曉聲 1988 年在美國作《為密西根大學的二年級學生講他們看過的幾篇小說》講　演稿的影本。

也不可能像魯迅先生那樣，以極大的思想容量冷靜地剖析當時的農村
生活和農民命運。當然，他更不可能像沈從文那樣，懷著對都市文明
的反駁，寫出心嚮往之的那塊童年期的湘西土地。他能寫的只是農民，
那個他算是真正熟悉了的陳家村的農民。村中的農田、河濱、草屋；
生活在其中的農民、村幹部、小學教員、二流子。至多還有那幾裏地
外村民們進行集市貿易的柳塘鎮，以及難得去一趟賣賣油繩的 S 城。
它們幾乎構成了高曉聲整個的小說世界。在這裏，高曉聲幾乎無需瞭
解他們，就能夠知道他們在特定情況下的思想感情，甚至可以把他們
「從呼吸聲中一個個辨別出來」。[2]「我寫他們，是寫我心」。這句在《李
順大造屋》、《陳奐生上城》等作品的創作談中反復提起的名言，確是
凝聚了他毫不含糊的真情實感，承載了他那沉甸甸的感情重負。

　　通常，簡單還往往會表現為固執。在客觀環境的轉變重新激起高
曉聲的創作衝動、要求他對創作素材進行挑選時，他自然一方面忘不
了那些可敬亦可歎的農民兄弟，同時另一方面，他還在理論上對反映
農民生活的作品作出自己獨特的理解，以尋求理論對他的創作實踐的
支持。他認為：直到魯迅為止的中國文學史，其實只是一部主要為英
雄樹碑立傳的歷史。農民可能作為案件中的證人出面，回答官府的幾
句提問，也可能成為種種場合純粹的看客，比如「眾人喝一聲彩」之
類，不但看不見他們的音容笑貌，往往連名字也沒有。究其原因，一
是封建社會的文化壟斷，農民根本掌握不了文化。——即使出了幾個
讀書人，眼睛也早已盯著官場，不可能真正成為農民的代言人。二是
過去農民的生活也的確過於簡單，如果不深入瞭解，確實很難從中區
別出個性來。這是一個頗富感召力的啟迪。五十年代在文壇的初試鋒
芒，四十五年與農民的同甘共苦，使高曉聲恍然之間意識到自己無可
替代的職責。生活經歷的簡單轉化為熟悉創作對象的優勢，與農民息
息相通的命運培養了他成功的自信。因此，他完全可以從陳家村起步，
從他極其熟識的父老鄉親們身上反映出幾千年來的文學史都忽視了的
農民形象，反映當今八億農民的生活和命運，創造出一種真正屬於人

---

2 見高曉聲 1988 年在美國作《為密西根大學的二年級學生講他們看過的幾篇小說》講
　演稿的影本。

民群眾的大眾文學！

　　自然，高曉聲這一創作動機的萌發，在更深層次上也還受到了他的文化修養、藝術愛好與審美情趣的制約與影響，即受制於他自己的那個文化心理結構的影響。

　　高曉聲曾經這樣談到他的知識構成：「我平生接觸文學書籍較多的時期，一共三次。第一次是少年時在家；第二次是五〇年到五六年江蘇文聯工作時；第三次就是『四人幫』粉碎之後。比較起來，第二次讀得最好，有目的性，記憶力也好；第三次最差，讀了記不住……但是，我反覆考慮，我為什麼喜愛文學，為什麼會嚮往寫作以至於能夠走上寫作的道路，在很大程度上，取決於家裏原有那幾十本書」。[3]自幼所受傳統文學潛移默化的感染薰陶，在決定人生道路時毫不勉強的魅力，許多中外文學大師都曾有過共同的體驗。儘管在五十年代初期，高曉聲曾接觸到一些蘇聯文學作品，甚至在「四人幫」之後也曾好奇地注意過「現代派」作品的變幻，但無庸置疑，高曉聲也與他同時代的作家一樣，不約而同地患上了「文化偏食症」。在固定的心理圖式之中，把自己局限在世界文學發展的範圍之外。不過，這只是問題的一個方面。

　　更為重要的一個方面在於，被表現者的不同層次往往決定了創作者的表現手段。正如別林斯基所說：「詩人的獨創性應該是連自己也不知道怎樣來的：如果他必須致力於什麼的話，該去致力的不是獨創性，而是表現的真實。」[4]生活在高曉聲視野中的農民，自然已經完全不同於處於刀耕火種的洪荒時代的落後農民，生產工具的進步與生產關係的改變，都使他們具有了封建時代的農民無可比擬的特質。但是，中國現代農村生產工具的發達程度，畢竟也還使他們不能成為像美國那樣占全國人口不足百分之一的「工業化」的農民。他們還只是傳統意義上的農村裏的農民。他們的欣賞習慣、文化水準與審美習性也仍然保持著中國傳統文學特有的審美內涵與心理延伸。這就是別從斯基所

<hr>

3　《想起兒時家中書》。見散文集《生活的交流》第 173 頁，中國文聯出版公司 1987 年版。

4　《別林斯基論文學》第 148 頁，新文藝出版社 1958 年版。

說的「歷史真實」。因此，當高曉聲決心以他的筆來反映農民大眾的命運時，他並沒有意識到自己力不從心的問題。甚至有一陣子，在文藝界談論現實主義是否落後時，他竟然一反眾議，認為「現實主義還沒有用夠」。[5] 很顯然，這並不能歸之于高曉聲的故作驚人之論，因為他實實在在地從「文化偏食」之中，吸收到了他最為實在與最為有效的充足營養。

至此，高曉聲成為大眾文學作家的條件已經具備：他將別無選擇地以農民大眾作為自己的創作主體，同時，他又將在傳統文學與民間文學的交融之中，使出他的渾身解數。

二

儘管高曉聲與他同時代的作家幾乎都患有「文化偏食」的毛病，但他個人卻擁有了別人似乎不大具備的二個優勢。首先他有一個作為中學語文教師的父親。家中有為數不少的文學、歷史書籍，父親對古典小說的偏好，對於詩韻的研究，不僅使幼小的高曉聲「早識文墨」，而且還使他飽受傳統文學的薰陶，在古典文學與古代漢語方面打下了良好的基礎。再者，高曉聲還有一個龐大的高氏家族。儘管這個家族在高曉聲出世時早已消盡了它的顯赫威風，然而它的不幸子孫卻遍佈附近的村村寨寨，形成了民間文學研究者常常稱道的「早熟地帶」。在這裏，高曉聲不僅知道了直接源於高氏家族的《飛磨》等故事，而且得以通過它的根根觸角，非常便利地獲悉到蘇南農村源遠流長的歷史故事與民間傳說，極為重要地充實了他的藝術寶庫。

陳奐生在高級房間裏那段令人啼笑皆非的表演（《陳奐生上城》），確是作者高曉聲的神來之筆。生活奇遇為陳奐生安排了吳書記對他的「高級關心」，他在裏裏外外三層新的高級床上感激涕零卻又自慚形穢，但是當他知道住一夜要五元錢，而又受到大姑娘服務員的冷淡後，他為自己的被耍弄被嘲弄而激怒了。他對皮沙發和新枕巾表現出報復的敵意，及至回家，卻又大吹牛皮，說得神乎其神。這段常常為人們

---

5 高曉聲：《創作思想隨談》。

津津樂道的精彩描寫，極其鮮明地突現出了陳奐生的精神世界與性格特徵，蘊藏著極為豐富的心理內涵。不過，在這似乎是「妙手偶得」之中，其實卻積蓄了作者所熟悉的傳統文學的深沉潛能。在《儒林外史》中，有一段馬二先生游西湖的描寫：

　　……起來又走了裏把多路，望著湖沿上接連著幾個酒店，……馬二先生沒有錢買了吃，只得走進一個面店，十六個錢吃了一碗面，肚裏不飽，又走到間壁一個茶室吃了一碗茶，買了兩個錢「處片」嚼嚼，倒覺有些滋味。……往前走，又過了六橋。……那些富貴人家女客，成群結隊，裏裏外外，來往不絕。……馬二先生身子又長，戴一頂高方巾，一副烏黑的臉，映著個肚子，穿著一雙厚底破靴，橫著身子亂跑，只管在人窩子裏撞。女人也不看他，他也不看女人。前前後後跑了一夜，又出來坐在那茶亭內，吃了一碗茶。櫃上擺著許多碟子：橘餅，芝麻糖，粽子，燒餅，處片，黑棗，煮栗子，馬二先生每樣買了幾個錢，不論好歹，吃了一飽。……

馬二先生本是一個選家，時值陽春，出外游遊名園，吸點新鮮空氣，應有一番情趣，然而，他卻只知貪吃，誠如魯迅先生所說：「至行性行，乃亦君子，例如西湖之游，雖全無會心：頗殺風影，而茫茫然大嚼而歸，迂儒之本色固在」。[6] 比照之陳奐生來，那種內心的空虛、思想的迂腐，似乎如出一轍。難怪高曉聲在偶閱《儒林外史》時，「十分奇怪」地驚異於兩者的相似程度！[7] 這不是一種偶然的巧合，而是他接受的傳統文學影響的自然流露。

更為普遍與更為廣泛地作用於高曉聲小說創作的，是傳統文學中對作品基調的要求。在我國古典小說中，常常以一首小詩開頭，或者先講一個小故事而引出一個大故事，都是為了把情緒穩定下來，或者叫做定調子。高曉聲也同樣認為：「在執筆寫作之初，作家自己要有穩定的情緒。……只有情緒穩定後，才會覺得每一個字、每一句話都是

<hr>

6 《魯迅全集》第八卷第 222 頁，人民文學出版社 1981 年版。
7 見高曉聲 1988 年在美國作《為密西根大學的二年級學生講他們看過的幾篇小說》講演稿的影本。

充滿情緒的、必不可少的東西。這種情緒貫穿在寫這篇小說的始終，便能夠流暢地順利寫完。」[8]這是他對傳統小說藝術的有意繼承。

例如《李順大造屋》的開頭寫道：「老一輩種田人說，吃三年薄粥買一頭黃牛。說來似乎簡單，做到就很不簡單了……」語調遲緩，凝重，不僅引出了李順大艱苦奮鬥的創業精神，而且在這中間，不知要經過多少磨難，灑下多少汗水呢！《「漏斗戶」主》的開端是：「欠債總是要還的。現在又該考慮還債了。有得還，倒也罷了，沒有呢？」這個開頭定下了「投煞青魚」陳奐生艱難困苦、無可奈何的命運。人物的走投無路，作者的愛莫能助，都從這低沉的語調中自然地流淌出來。《陳奐生上城》的開端是：「『漏斗戶』主陳奐生，今日悠悠上城來。」這「悠悠」兩字，真是絕妙無比！農村形勢的轉機帶給主人公歡快的情緒，他不必再蹙著眉頭討米過日子，而可以悠然自得地上城賣油繩了；但是他身上因襲的精神重負尚未清除，此番悠悠上城，從偏僻鄉村到大千世界，能不鬧出許多笑話與喜劇來嗎？《陳奐生轉業》的開端是：「哈哈，這世界真是萬花筒，好看煞人。」老實巴交的農民陳奐生，竟然被大隊幹部、廠長們看中，去走地區管工業的吳楚書記的後門，真可謂別出心裁，難以置信。即如作者本人，也覺得有些驚詫莫明，「好看煞人」了。……總之，高曉聲就象一位高明的作曲家，善於在樂曲的第一小節就定準作品的調子，然後委婉舒徐地鋪敍人物的種種遭遇，引人入勝地精心佈置情節的跌宕起伏，很自然得體地傾注作家的喜怒哀樂。這不僅使他的小說自然、明快、流暢，而且也更具有大眾文學的意味。

在民間文學的繼承方面，它對高曉聲小說創作的影響似乎更為直接。這不僅「因為經常接觸」，透發出潛移默化的影響，而且還因為他堅信「民間文學對於文學創作的巨大意義」。[9]他自稱：「我的小說凡是能夠同它聯結起來的，我就一定去尋找並抓住它的聯結點。」[10]表現出他對民間文學傳統的自覺追求。

8　見 1988 年 5 月 17 日在哈佛大學的演講《小談創作體驗》的影本。

9　同上。

10　《我的小說與民間文學的關係》，見《蘇州大學學報》1989 年第 1 期。

最為明顯地表現出民間文學影響的，是高曉聲的小說常常取材於民間的傳說與故事。《收田財》脫胎於蘇南農村的古老風俗，在貌似神秘莫測的原始崇拜中，作者發現出它的科學根據。《飛磨》的故事始於清初，直接來源於高氏家族的歷史，誇耀祖先的財富。《錢包》的故事出於抗日戰爭，作者在故事多層的含義中創造出一個無路可走、被逼瘋了的農民形象。《魚鉤》的故事發生「文化大革命」中間，作者曾經親歷了它的全部過程。《買賣》是作者從一個朋友處聽來的趣事。中篇《荒池岸邊柳枝青》、《覓》和長篇《青天在上》，也都大量運用了民間的故事和軼事。作者在把它們改寫成小說時，故事的輪廓幾乎沒有什麼變動，不過是增加了環境的介紹，加進了一些有特徵的細節和心理描寫。而人物的性格卻隨之更加鮮明，故事的內涵也迅速豐富起來。表現到作品的特徵方面，在帶有大眾文學色彩的同時，還具有了蔥郁的民族風格。

此外，高曉聲小說的語言結構和敍述方法，也都帶有民間文學的蹤跡。例如他習慣使用短句，習慣在敍述中使用第三人稱的方法，習慣使用調侃的筆法等等，都表現出民間文學影響的證據。

三

從二十世紀三十年代初革命文學工作者提倡文學大眾化開始，人們就遇到了一個十分棘手的問題：某些大眾化的作品在為廣大群眾所喜聞樂見的同時，卻常常犧牲了現代意識，成為陳舊思想觀念的載體和傳播媒介。它不僅意味著對「五四」啓蒙精神的否定和對西方文化影響的對抗，而且意味著作為現代文化載體的知識份子的創造精神的抑制，意味著文化歷史的停滯和倒退。因此，「大眾化的就難以化大眾，化大眾的就難以大眾化」。[11]就成為人們經常談論的一個兩難悖論。

然而，在高曉聲那裏，這些卻都不成問題。人們一方面可以毫不費力地判定高曉聲稱得上一位大眾文學作家，但是另一方面，卻似乎從來還沒有人指出他的作品滲雜有封建的糟粕，倒是人們普遍認為，

---

11 李新宇：《大眾化和化大眾的衝突》，《文學評論》1989 年第 2 期。

他是繼魯迅先生之後深刻揭示農民劣根性的又一位重要作家。問題的關鍵到底在哪裏呢？

我們似乎還應該回過頭來考察一下高曉聲的生活經歷。他從小就在農村長大，捕魚捉蟹、刈草放牛、養兔子、鬥蟋蟀，無所不幹。直到在大學讀書時，每年寒暑假還都回到農村裏勞動。據此，高曉聲也可算是熟悉農村了。然而，其實不然。他指出：「中國的作家，他們的青少年時代，有許多也像我一樣是在農村裏度過的，可是他們的作品卻往往表現出他們對農民知之甚少，可見認識農民也不容易，光靠小時候的經驗還不行。」[12]他的體會是：「如果沒有五七年以後這二十多年和農民在一起共同生活，我還不可能採取正確的態度去理解他們。」[13]這是高曉聲從他的生活經歷中得出的經驗之談。

人們常常不能理解這樣的現象：當中國人民在建設事業中痛感傳統文化的束縛，要求強烈地抨擊儒家文化時，而在海外的炎黃子孫卻在一次又一次地宣導「儒學復興運動」。這其實是因爲基於不同的觀察視角。海外的炎黃子孫因爲沒有直接從事國內的各項建設，自然也無從切身感受到儒家文化中落後因素的弊害，而只是對儒家文化中親情的一面抱著欣賞和審美的態度。同樣道理，作爲一個曾經五七年在那場政治風暴被趕到農村、置之死地而後生的作家，在高曉聲眼中，農民並不是其他作家腕底筆下單純歌頌、讚美或改造的對象。農民，首先是他大難不死，賴以生存下來的一個「精神支柱」。「我能夠正常地度過那麼艱難困苦的二十多年，主要是他們身上得到的力量。正是他們在困難中表現出來的堅韌性和積極性成爲我的精神支柱。」[14]這只是一個方面。同時他還清楚地認識到農民身上的弱點。儘管他已成了一個地地道道的現實農民，惡劣的環境也已徹底粉碎了他當作家的奢望，然而，他畢竟還是一個曾經接受過大學教育的知識份子，一個在五十年代文壇上曾經小有名氣的「青年作家」，他的認識水準自然要比一個純粹的農民高出一籌。二十多年中，他已不是靜心地坐在書齋裏

---

12 見 1988 年在美國斯丹佛大學的講演《關於寫農民的小說》的影本。
13 高曉聲：《創作談》第 27 頁，花城出版社 1981 年版。
14 高曉聲：《創作談》第 27 頁，花城出版社 1981 年版。

對童年時農村生活進行詩意的回憶，而是確確實實地與農民在一起趕農忙、上早工，挖沼氣池，為生活四處奔波，在發現農民的「堅韌性」與「積極性」的同時，也切實感受到他們的固執、無知、狹隘與盲從。他也與從城市來的上山下鄉的知識青年有截然不同的感受。他曾經是這裏的一個土生土長的農家子弟，對這裏的風土人情、民俗習慣有著足夠的瞭解。他不可能對這塊土地上的人們產生格格不入之感，自然更不可能為之「好奇」，或者簡單地稱之為「愚昧」。這是一種極為有利的距離感。他既不是高高在上，也不是在思想意識上與農民渾然無間；他既為農民們的積極精神所感動，也能察覺到他們身上沉甸甸的因襲重負。這是高曉聲能對農民進行辯證認識的根本原因。

　　回到文學的「大眾化」與「化大眾」的問題上來。我們覺得，獨特的生活經歷不僅玉成了高曉聲成為一名大眾文學作家的重要條件，而且還在「化大眾」的問題方面準備了足夠的思想養料。他不可能一味地讚美那些受過苦難的農民兄弟，唱出一首首充滿詩情畫意的田園牧歌，也不可能只是展覽那些曾經給了他精神力量的農民朋友的無知與缺陷。表現到文學創作中，他佩服《大好人江坤大》中江坤大的樂善好施，但是，面對江坤大馱著劉國光這位副場長在泥濘的村路上蹣跚躑躅的場面，卻又唏噓不已，感慨萬端。在中篇小說《荒池岸邊柳枝青》中，他讚賞農民張炳林承包魚池的勇氣和那種敢為天下先的作風，然而，作品中的張炳林在繁雜的人際關係與矛盾糾葛中所表現出來的退讓與保守，也隱隱流露出作者對他還不能成為新型農民的失望之感。對筆下的李順大、陳奐生等人，高曉聲是更為「愛其善良，憫其坎坷」的。他一再聲稱：「我敬佩農民的長處，也痛感他們的弱點」，「他們的弱點確實是很可怕的，他們的弱點不改變，中國還是會出皇帝的」。[15]在「陳奐生系列小說」中，他不僅表現了陳奐生許多的好品質，同時也把陳奐生的許多弱點暴露在光天化日之下。《陳奐生包產》中勾勒了一幅八十年代第一春江南農村春意盎然的圖景，但是陳奐生卻心事重重：既不願意「缺德」再去當採購員，又在包產責任制面前

15　《創作談》第61頁。

不敢舉步。多年來跟著隊長的指揮棒轉慣了，他的翅膀已經麻木，何況還怕練習飛翔時會遇見老鷹和貓呢？陳奐生只差說一句：「我已習慣捆住手腳跳舞，求求你，千萬不要為我鬆綁！」這又令人多麼的悲哀？在這裏，高曉聲小說的成功，在人們心理上徹底衝破了那個要改造讀者就必須贏得讀者，要贏得讀者就必須迎合讀者，迎合讀者就不能改造讀者的怪圈。它表明，高曉聲不僅能成為一名出色的大眾文學作家，而且也能擔負起提高大眾思想覺悟的重任。

　　還是在 1980 年，高曉聲就曾經這樣表述過他對農民的認識：「只有讓八億農民有了足夠的覺悟，足夠的現代辦事能力，使他們不僅有當主人翁的思想，而且確實有當主人翁的本領，我們的國家才能欣欣向榮，才能夠迅猛前進」。[16]這是他對農民的期望，也是他對自己描寫農民大眾時作出的自覺要求。

　　正憑著這份清醒，他在給占「全世界百分之十六」的中國農民提供精神食糧的道路上，難能可貴地提起了「大眾化」和「化大眾」兩副重擔，邁出了堅實的腳步。

（原載《小說評論》1991 年第 6 期）

---

16 見 1988 年在美國斯丹佛大學的講演《關於寫農民的小說》的影本。

高曉聲與趙樹理的比較研究

　　高曉聲和趙樹理是兩個不同時期的作家，他們作品的思想內涵和美學風貌也是迥異各別、殊多差異。然而，他們在農村題材創作上隆起的兩座明顯高峰，卻同樣引人注目。我們感興趣的是，對這兩座「高峰」的測量、觀察與比較，以便更清楚地理解「五四」新文學以來農村題材小說創作的演進與發展，進一步體會這兩座「高峰」的上下與高低。

一

　　毫無疑問，作為觀念形態的文藝作品都是作家對現實生活審美觀察與審美創造的結晶，作家全部的創作活動，包括對生活的審美感受和對生活處理的美學原則，都應該統率於他的審美主體意識之下。因此，開啟作家與作品最為有利的鑰匙乃是對作家審美主體意識的認識與研究。而審美主體意識又通過各自不同的審美方式集中地體現出來，諸如作家認識生活與感受生活的不同角度與心態。

　　比較這兩位作家的審美方式是饒有趣味的。

　　趙樹理認為：「我們應該把生活當作大海，成天在生活的海洋中泡，把海面、海底、岸邊每個角落都摸得清清楚楚：什麼地方深，什麼地方淺，什麼地方有魚，什麼地方險要……只有這樣，在寫作的時候才能左右逢源，才能想寫什麼就寫什麼，非常自由。」[1]趙樹理深入生活的經驗是「久」，「按我的體會，到一個地方，應該住一個久的時間：久則親，久則全，久則通，久則約。」[2]他認為只有在這「久」的過程中，作家才能調整好自己的審美視線，找到瞄準的目標。這種平面的同一化的審美方式來自他本人的創作體驗與創作水準。直到晚

---

1 中國當代文學研究資料《趙樹理專集》第 11-118 頁。
2 中國當代文學研究資料《趙樹理專集》第 149-152 頁。

年，他仍堅持打起背包要求離開文藝單位，到晉東南農村深入生活。

與之不同的是，高曉聲完全不是作為一個作家去體驗農民的生活，而是自己早已成為生活著的農民了。不過，高曉聲清醒地認識到：「這也許是我的長處，但我也警惕地看到自己的缺陷，一個作家總應該比陳奐生們站得高一點，看得遠一點，想得准一點。」[3]因此，他認為「作家應該有個生活基地，從中熟悉周圍各種人物的性格、歷史，摸清他們的思想脈絡，較之東跑西顛容易找到自己可寫的人物。同時要盡可能擴大生活面，不要按工業、農業、科研領域去劃分什麼工業題材、農業題材，製造人為的隔裂。實際上，工農之間、城鄉之間的聯繫越來越密切，把各種生活面放在一起，可以發現很多原先想不到的題材。」[4]試圖從較高的思想高度來把握農村生活與農民命運，從廣闊的生活面中選取題材，這是高曉聲進行審美觀察與創造的特點，與趙樹理有著明顯的不同。

值得玩味的是：這兩種不同層次與角度的審美方式所映現的時代與社會的變遷，文學觀念的變革與發展，同樣是非常深刻與強烈的。除舊佈新、歡天喜地的抗日民主根據地與五十年代初期光明燦爛的美好前景使作家們成了赤誠的孩子。他們儘管也看到現實中存在著問題，然而，那都是屬於腐朽與沒落的東西。他們願意帶著微笑深入到農民之中，與農民一起享受勝利的喜悅，搬掉前進路上的絆腳石。他們似乎不需要對農村問題作出更深一步的思考與探索，只要「多學習黨中央的方針政策」，「多讀其他各地區農村情況的報導」，便可知道全國的大好形勢。儘管「到生活中找材料」是不容違抗的事實，然而，許多作家對此倒是樂此不疲、毫無怨言的。使之發生重大轉變的是，1978 年真理問題的討論，思想解放的洪流，打開了作家的思路。作家不僅要敢於正視社會生活，而且要懂得只有正視社會生活，才能有所發現，有所創造。高曉聲的感觸是：「作家理應善於從歷史的、社會的生活中發現人們不易發現的意義，並把它顯示出來，使人們猛然認識到生活原來竟是如此，從而得到教益。這就是說，作家本來應該是思

---

3 高曉聲：《創作談》，花城出版社 1981 年版，第 14 頁。
4 高曉聲：《創作談》，花城出版社 1981 年版，第 87 頁。

想家。」[5]這確是只有在「四人幫」粉碎後的作家們口中說出。

對於作家與生活之間的關係處置，固然高高在上，俯視民眾、鳥瞰人生，容易使作家變得冷嘲熱諷，漠不關心，但是，過於貼近的「無間感」也會使人有「當局者迷，旁觀者清」的失誤。茅盾曾經指出：「如果在『生活根據地』只注意鑽得深，而不注意國家形勢的全面發展，不瞭解『生活根據地』以外的紛紜複雜的社會生活，那麼，他在這一角生活中得來者未必能保證一定具有巨大的現實意義，從而他根據當前事態的觀察與分析，而寫成的作品，也未必具有普遍性。」[6]儘管茅盾這段話本身不免帶有不可避免的時代印跡，並沒有能明確地指出思想探索的特點在對待生活現象時的作用，而只是強調了必須對國家形勢的全面瞭解與把握。不過，它至少可以從客觀上提請作家們在深入生活時必須注意保持一定的創作上的意識距離與站在較高的思想層次。

一個共同的認識是：趙樹理與高曉聲都注意到了作家的思想感情必須與人民群眾緊密相連、息息相關，然而具體的理解又不盡相同。趙樹理認為「時間久了，我們的思想感情才能跟群眾溶解在一起，寫文章時就知道怎樣措辭怎麼說。」[7]而高曉聲則認為，通過二十多年「勞動改造」的生活，使他與農民一起患難與共、休戚相關，對造屋的李順大、「漏斗戶」陳奐生，不要去瞭解，就知道自己想的同他們想的不會兩樣。所以，「與其說我為他倆說話，倒不如說我在表現自己」，「我寫他們，是寫我的心」。[8]一個「有意」為之，一個「無意」而得，實非出於偶然，倒是在某種程度上反映了兩個不同時期的作家對待生活的不同方式與途徑。

不言而喻，作家的是非觀念、愛憎態度與理想願望必須而且應該與人民群眾相一致。趙樹理作品的主題往往是在現實工作中遇到了非解決不可而又不是輕易能夠解決得了的問題。高曉聲則是流著眼淚寫

5 高曉聲：《創作談》，花城出版社 1981 年版，第 6 頁。
6 茅盾：《漫談小說創作》，見《小說創作經驗談》，江蘇人民出版社 1981 年版，第 3 頁。
7 中國當代文學研究資料《趙樹理專集》第 146 頁。
8 高曉聲：《創作談》，花城出版社 1981 年版， P4。

完了他的成名作《李順大造屋》與《「漏斗戶」主》。正是他們與農民群眾相通的一致的思想感情贏得了人民的喜愛與讚賞，被人們親切地稱爲「農民作家」。不過，從更高意義的要求來說，僅僅是思想感情的一致與對題材必要的概括、提煉與集中，這仍然是不夠的。使作品達到更高一層次的典型性與深刻性，歷史感與現實感，還必須本就應該是思想家的作家進一步提高理論修養、思想水準和敏銳的洞察力與判斷力。與群眾一樣高的認識層次與意識水準，有時會妨礙作家找到更好的審美支點與觀察視角。從這方面來說，立志做「文攤」作家的趙樹理似乎要比新近出現的高曉聲略遜一籌。在創作《李順大造屋》時，高曉聲這樣認爲：「在寫作過程中，我意識到了這篇小說在客觀上帶有重新認識歷史的意義。所以我不得不特別慎重地忠實於歷史，不得不學用史家的嚴謹筆法」，反映出「新舊社會的本質區別，顯示了正確路線和錯誤路線執行的不同結果；同是錯誤路線，也分清是自家人拆爛汙還是敵人搗蛋,產生的影響也自不同。」[9]

把生活當作大海，願意「成天在海洋中泡」的趙樹理，猶如一位熱情的水手，在急速前進的航船上，他隨時準備深入海底排除水下障礙，讓航船劈風斬浪、乘勝前進。而航道的曲折與多變，使高曉聲變得冷靜與深沉多了。一方面，他對水下障礙不能視而不見，另一方面，他又常常想爬上桅杆瞭望一陣，考察一番，以求「重新認識歷史的意義」，弄清前進的航向。這兩種不同的審美支點與觀察視角，決定了他們兩人不同的審美主體意識。而各自不同的審美主體意識又驅使他們在自己特定的生活環境與時代背景中去實踐，去表現，並由此引起了一系列連鎖反應，諸如在對生活的審美感受與對生活處理的美學原則中所映現出來的區別與差異。

二

說到趙樹理作品中的美學格調，亦即他對生活的審美感受，似乎又可粗略考察一下他同時期作家作品的美學特徵與風貌。

寫過《在田野上，前進》和《農村散記》的老作家秦兆陽，曾以

---

9 高曉聲：《創作談》，花城出版社 1981 年版，第 40 頁。

不無辯護的口氣說過：「也許《農村散記》確實是如當時有的評論者所說的，反映矛盾衝突不夠，牧歌情調較多。但我喜歡，或者說我願意學習探索生活中美好的、詩意的、使人油然而喜的東西，願意使讀這些作品的人們去熱愛生活。我覺得，引人熱愛生活，使人們在平凡的生活中看到美和喜悅，這本身就可以是作品的主題。」[10]其實，當年把「美與喜悅」作為主題的豈止是秦兆陽一人，而是整整一代作家！以《荷花淀》、《白洋淀紀事》而蜚聲文壇的孫犁更是明確宣稱：「看到真善美的極致，我寫了一些作品。看到邪惡的極致，我不願意寫。」[11]文壇上這種皆大歡喜的喜劇氣氛是與當時新興的人民政權息息相關的。神聖雄壯的人民戰爭，轟轟烈烈的社會變革，激動了多少作家的心！生活本身的新鮮感就足以取代藝術的新鮮感，簡單的讚歎就足以表達單純的喜悅。他們願意唱著讚歌共同跨進幸福美好的明天。

趙樹理比同時期的作家要來得深刻、高明一些。他曾把自己的作品叫做「問題小說」，「因為我寫小說，都是我在鄉下工作時，在工作中所遇到的問題，遇到那個問題不解決就會妨礙我們工作的進展，應該把它提出來。」[12]趙樹理人格中特有的真摯、質樸與求實，使他的作品具有了一定的深度與歷史現實感。讀《小二黑結婚》、《李有才板話》，乃至後來出現的《套不住的手》，《實幹家潘永福》，便能發現他總是反映踏踏實實的人物，扎扎實實的事情，並不給人一種過於浮囂與誇張的感覺。他以他的真誠贏得了人們長期的喜愛。

對新事物的敏銳感覺，總是建立在對新事物熱愛的基礎上的。正如周揚先生所指出的，趙樹理總是在「謳歌新社會的勝利，謳歌農民的勝利，謳歌農民中開朗、進步的因素對愚昧、落後、迷信等因素的勝利。」[13]確實，趙樹理盡了最大氣力歌頌新人物的成長，歌頌新的思想與新的道德品質。樂觀自信、生氣勃勃、敢於堅持真理、敢於反抗邪惡的「小字輩」們，諸如小二黑、小芹、艾艾、燕燕、金桂、王玉

10 《〈秦兆陽小說選〉自序》，四川人民出版社 1982 年版。
11 孫犁：《文學和生活的路》，見《孫犁專集》第 163 頁。
12 《趙樹理專集 》第 141-142 頁。
13 周揚：《論趙樹理的創作》。

生、范靈芝、楊小四等等，佔據了他作品的很大比重，成了他歌頌與讚美的人物。踏踏實實、密切聯繫群眾的領導幹部老楊，優秀的共產黨員王金生，先進的老年農民陳秉正，對這些人物，作者同樣傾注了滿腔熱情和衷心讚歎。而對一些落後人物的描寫則更襯托得這些先進人物神采奕奕。總之，先進者由少數到多數，落後者由保守到轉變，幽默風趣的語言，歡快明朗的色調，不容置疑地構成了趙樹理作品樂觀明朗的美學格調。儘管他的樂觀明朗似乎比別人顯得踏實可信，然而，他的美學格調卻並沒有能超越於當時時代風格之外。這是極其自然的現象。

高曉聲作品的出現，標誌著農村題材創作中唱單色調頌歌的結束。恩格斯指出：「偉大的階級，正如偉大的民族一樣，無論從哪方面學習都不如從自己犯錯誤的後果中學習來得快。」[14]對「自己所犯錯誤的後果」加以總結與反思，一時間成為新時期文壇廣大作家熱門的課題。古華在他的長篇小說《芙蓉鎮》的扉頁上表示要「寫一曲嚴峻的鄉村牧歌」；周克芹從動盪的歷史中指出了許茂性格的扭曲與變形；張一弓則寫出了淒涼悲壯、見義勇為的李銅鐘形象。這種痛定思痛的情緒，使這時期農村題材創作呈現出冷峻深沉的格調。我們從這裏明顯感覺到的，是作家審美主體意識的強化與審美層次的提高。而試圖「重新認識歷史的意義」的高曉聲則成了這一時期最高成就的代表性作家。

與趙樹理相比，高曉聲的經歷似乎更富於傳奇性。生活的困難，疾病的嚴重，政治的壓力，精神的負擔，隨時隨地都會把這位接受「勞動改造」的作家壓垮、擠碎。然而，他並沒有死，也沒有想到自殺，而且基本上還是積極樂觀的。原因固然是多方面的，但是「最直接、最主要的原因，就是農民在困難面前表現出來的堅韌性和積極性感動了我。」[15]長期與農民一起飽經憂患的生活，使高曉聲真切地瞭解到農民的長處，培植了他與農民的深厚情誼。這位出身於農民家庭，初中畢業之前就學會了各種農活，並且在他五十多年的經歷中就有約四十五年的時間生活在農村的作家，後來曾不無感慨地說：「如果沒有五七

---

14 《馬克思恩格斯選集》，第四卷，第285頁。
15 高曉聲：《創作談》，花城出版社1981年版，第27頁。

年以後這二十多年和農民在一起的共同生活，我還不可能採取正確的態度去理解他們」，「我不能不認爲他們是我生命的泉源。」[16]或許正是從這個意義上，高曉聲曾不止一次地對作家到農村走馬觀花式的「深入生活」表示了異議。與此同時，高曉聲也看到了農民身上存在的弱點，那些因襲的精神重負與妨礙他們前進的思想上的厚重積澱。「他們的弱點確實是很可怕的，他們的弱點不改變，中國還是會出皇帝的。」[17]正是基於對農民清醒而又真實的認識，使高曉聲一旦有可能拿起筆來，從歷史感與現實感出發對農民的生活與命運進行思考時，便使他的作品著上了深沉冷峻的色調。患難與共的生活經歷，喚起了他強烈的歷史使命感。他要努力奮鬥，「促使人們的靈魂完美起來」。[18]高曉聲作品美學格調的產生與形成，同樣也非出於偶然。

　　不過，在高曉聲這裏，對作品格調的把握似乎比趙樹理困難多了。「如果掌握不住自己的情緒，調子就定不下來，你就會不知所措，就覺得無話可說」。[19]他面對的是一個個複雜而豐富的性格，需要歌頌與解剖的，讚美與揭露的等等內容，都融匯組合在一起，而不是趙樹理眼中單純而明朗的人物。因此，「定調子」在高曉聲這裏有著明顯的重要性，「情緒不定，決不勉強寫」。[20]自然，一旦調子定準之後，長期鬱積的感情便會傾瀉而出。在《李順大造屋》中，開頭寫：「老一輩種田人總說，吃三年薄粥買一條黃牛。說來似乎簡單，做到就很不簡單了……」語調遲緩、凝重，不僅引出了李順大艱苦奮鬥的創業精神，而且在這中間不知要經過多少磨難，灑下多少淚水呢!《「漏斗戶」主》的第一句話：「欠債總是要還的，有得還倒也罷了，沒有呢?」這個開頭定下了「投煞青魚」陳奐生艱難困苦、無可奈何的命運。人物的走投無路，作者的愛莫能助，這些神態和心理都從這低沉的語調中自然地流淌了出來。《陳奐生上城》的開篇兩句：「漏斗戶主陳奐生，今日悠

16　高曉聲：《創作談》，花城出版社 1981 年版，第 27-28 頁。
17　高曉聲：《創作談》，花城出版社 1981 年版，第 60-61 頁。
18　高曉聲：《創作談》，花城出版社 1981 年版，第 18 頁。
19　高曉聲《生活、目的和技巧》，見《創作談》第 78-79 頁。
20　高曉聲《生活、目的和技巧》，見《創作談》第 78-79 頁。

悠上城來。」「悠悠」兩字真是絕妙無比！農村形勢的轉機帶給了主人公歡快的情緒，他不必再蹙著眉頭討米過日子，而可以悠然自得地上城賣油繩了。但是，他身上因襲的精神重負尚未清除，此番悠悠上城，從偏僻鄉村到大千世界，能不鬧出許多笑話與喜劇嗎?總的來說，冷峻深沉的基調在高曉聲作品中是有共同性的。精心設計與巧妙運用的「調子」，只是他審美感受的集中凝聚與濃縮，並不意味著他要強行突破自己的審美主體意識。

　　從作家與生活的關係來說，藝術作品美學格調的形成來源於特定的時代與環境，而從作家與作品的關係來說，則是來源於各自不同的審美主體意識。我們不能強求老實、質樸的趙樹理離開他特定的所處的時代與環境進行新的追求。任何人都不可能不受到時代與環境的影響與制約。趙樹理作品中樂觀明朗的美學格調給我們的啓示便在於：時代與環境造成了趙樹理們平面的同一化的審美方式，影響了從更高層次上對生活的觀察與思考，而在頌揚聲中常不免有「情人眼裏出西施」這類純真而又可愛的失誤。歷史的經驗與教訓，使高曉聲們強化了審美主體意識。面對壓抑他們的生活印象，總想力圖把它放得稍稍高出於自己的經驗之上去考察。以我們今天的眼光看來，從高曉聲冷峻深沉的格調中透露出的明朗與樂觀，反而比趙樹理的要踏實可信。從趙樹理與高曉聲作品美學格調的變異中，我們可以具體地感悟到兩個不同時期文學創作的美學風格。

三

　　高曉聲與趙樹理審美主體意識的差異與區別，還更爲具體地表現在他們對生活處理的不同美學原則上。

　　五十年代初，茅盾就曾抱怨一些反映新生活的文學「作品中的故事比人物寫得好」。[21]對此，趙樹理也曾不加掩飾地承認自己有「重事輕人」的缺點，「因爲在這方面的努力不夠，所以常常寫出一大串人，但結果只有幾個人寫得周到一點，把其餘的人在故事中用一下就放過

---

21 茅盾：《文藝創作問題》。

去，給人一個零碎的印象。」[22]生活本身的新鮮感與愉悅感，激動了作家年青的或變得年青了的心。沸騰的生活事件，熱鬧的活動場面，轟轟烈烈的巨大變動，吸引著作家幾乎全部的注意力和好奇心，致使這時期許多作品成了無數未經加工的素材的堆砌。這種文學風尚也程度不同地影響到趙樹理。「小字輩」們固然理應佔據作品的最大篇幅，然而，對他們性格的表現與反映則似乎顯得過於單一與直率，而對大量落後人物的綽號命名，從一開始就把人物安置在一個框框之中，這就不利於對人物複雜性格的全面挖掘與把握。我們讀趙樹理的作品，最令人矚目的倒是他一向擅長的那條生動明快的故事線。在這方面，高曉聲與趙樹理有著明顯的不同。他不注重人物外部特徵的描寫，也不注重熱鬧的事件，而是著力於對人物心理的刻劃與剖析。讚美與歌頌農民身上閃光的思想元素，揭示與嘲諷他們身上因襲的精神重負，挖掘人物豐富的內心世界，事件與情節在他那裏常常只是作為實現人物性格特徵的背景而存在。寫漏斗戶主陳奐生為了換回幾斤鹽，而不得不到市場上去賣掉五斤米的事便是個典型的例子。作者似乎對陳奐生違心賣米這事件本身不感興趣，而是著力把他的筆觸伸到主人公怕被人看不起、「碰到熟人」，誠惶誠恐的內心深處，寫出了在極左路線統治下一個善良、正直的靈魂暗暗滴血並為自己的行動自我開脫這一冷峻的心理狀態。顯然，在事件與人物的處置上，高曉聲與趙樹理有著很大的差異。

　　誠然，他們似乎有其共同的特點：高曉聲和趙樹理都具有幽默、詼諧情調而在作品中呈現出一定的喜劇色彩。不過，由於他們審美主體意識的不同，而使這一貌似共同的特點顯示出明顯的差別：趙樹理幽默得輕鬆，高曉聲則幽默得冷峻。二諸葛抬腳動手都要論一論陰陽八卦，看一看黃道黑道，春天裏人家乘雨搶種，他卻掐指算出「不宜栽種」，以致誤了農時，受到懲罰。三仙姑每月初一、十五都頂著紅布搖搖擺擺扮天神，然而就是這位魂不附體的「神仙」在「哼哼唧唧」下神時，卻一邊偷偷命令女兒「快去撈飯」，結果暴露了假神仙、真搗

---

22 中國當代文學研究資料《趙樹理專集》第 108 頁。

鬼的馬腳。趙樹理把無價值的東西撕破給人看，讓人們在笑聲中輕鬆地向過去告別。他的幽默更多地表現爲諷刺。高曉聲的幽默與此有著質的區別。他筆下的陳奐生花了對他來說並非小數的五元錢之後，左思右想，總算想到了有點值得「自豪的東西」：全大隊「有誰坐過吳書記的汽車?有誰住過五塊錢一夜的高級房間?」「看誰還能說他沒見過世面?看誰還能瞧不起他?」這同樣使我們捧腹大笑，然而笑畢之後，我們感到的卻是苦澀、沉重。在應該做主人的時代裏，卻還不是一塊做主人的料子。高曉聲的寓莊、寓澀於諧的幽默特徵更多地體現爲悲劇內容，包孕著更爲嚴肅與深刻的社會內容。

由於審美支點和觀察視角的不同，使塑造人物形象的手法也有了各自的特點。常常想爬上桅桿觀察與瞭望的高曉聲，對人物性格縱深感和現實感的認識與把握比趙樹理更爲準確與真實。因而，在他的作品中，我們不僅可以發現意識到的歷史內容與故事情節的生動性較爲完美的結合，而且在對人物性格的來龍去脈、轉化發展及其描繪和刻劃上有著清醒的瞭解與概括的表現。他善於用白描的手法去勾勒人物形象。線條的粗獷簡略，色彩的斑駁錯雜，語言的簡潔明快，成了高曉聲塑造人物形象的一個重要特點。而與平面的同一化的審美層次相適應的趙樹理對人物性格的塑造則常常採用工筆劃的手法，在情節與事件的發展中一步步地完成對形象的刻劃。不論是描寫「小字輩」們的年青形象，還是表現老楊等老一輩的閃光性格，作者都願意讓他們在熱鬧、複雜的氛圍與事件中加以展開與顯現。不過，當趙樹理寫他的落後人物時，卻以簡單的勾勒代替了濃墨渲染，出乎意料地與高曉聲相近。

總之，從趙樹理與高曉聲生活處理的不同美學原則，我們可以明顯地感悟到由於作者不同的審美主體意識所帶來的不同藝術手段與效果。我們從他們身上可以清楚地看到作家審美主體意識從弱化到強化的轉化與發展，看到農村題材創作隨著時代進步的印跡，看到後來者的貢獻與所作出的努力。

（原載《蘇州大學學報》1986 年第 3 期）

試論阿城的《棋王》

　　在新時期文壇上，青年作家阿城是較早宣導「文化小說」的一位。他的處女作中篇小說《棋王》（發表於《上海文學》1984 年第 7 期，獲 1983-1984 年全國優秀中篇小說獎），通過對「棋呆子」王一生形象的刻劃，集中體現了一種「文化尋根」和「文化回歸」的意識，展示出獨特的思想內容和藝術風采。它的發表，曾引起社會的強烈共鳴與廣泛探討。

　　在《棋王》中，作者主要展現了「棋呆子」王一生的人生見解和精神特質。作為城市平民的後代，王一生從小就體會到社會的艱辛：父親基本喪失正常的勞動能力，母親給一家印刷廠疊書頁子，家中每月生活費平均每人不足十元。他在饑餓中長大，一切生存的欲望都被簡單地化為對於「吃」的追求與思考。他無法改變自己的生活命運，也沒有對於未來生活的任何奢望。唯一能夠使他獲得樂趣、忘卻塵世煩惱的，只有下棋。「何以解憂，唯有象棋」，這是他的銘言，也是他調節饑餓與生存這一矛盾的必然結果。不過，王一生對於棋道的頓悟，則是師法於一位撿破紙的老者。這老者，運棋如神，已至化境，然而卻嚴格遵循著「為棋不為生」的祖訓，終日撿破爛為生，在最低下的社會地位上保持著最自由的心靈。在王一生看來，「是遇上異人了」。他從這老者身上得到啟示，決意摒棄物質生活的困擾，自覺地從下棋中尋找自己的精神歸宿。因此，當他下鄉插隊生活有了轉機、不愁一日三餐時，仍然沒有與象棋絕緣，甚至下得更凶。他苦於邊城荒壤尋不到對手，竟請假出來，滿山遍野去會「天下異人」，最後終於趕在地區的象棋大賽之後，同時與九名高手進行車輪大戰，完成了棋業中輝煌的一舉。在這裏，下棋已不僅是一種緩解生存與環境的尖銳衝突、遁入內心超越苦難的無可奈何的選擇，而似乎同時象徵著民族精神的道路，反映出傳統文化的歷史價值。故而在作品結尾處，隱在山中、

坐觀興衰的地區象棋冠軍一語道破：「你小小年紀，就有這般棋道，我看了，匯道禪於一爐，神機妙算，先聲有勢，後發制人，遣龍治水，氣貫陰陽，古今儒將，不過如此。」可見，「中華棋道，畢竟不頹」。至此，作者最後完成了「棋王」形象的塑造，同時也點出了作品所蘊含的文化意義。

確實，王一生把悲戚、痛苦的心境消解爲一種寬裕自如、通脫曠達的人生態度，無疑是與莊禪哲學一脈相承的。在莊禪哲學中，人們的精神狀態被看作理想人格的本質特徵。它要求人們對整體人生採取審美觀照態度，不計利害、是非、功過，忘乎物我、主客、人己，從而在精神上突破生死、存亡、貧富、毀譽等等現實的限制與束縛，達到自我與整個宇宙的完全融合。在《棋王》中，王一生不滿於外在環境的沉重壓抑，通過把自己沉在棋中以尋求精神的逃路，在動亂年月中保持著難得的安命處順的人生態度，享受著常人所沒有的心靈自由，正是這種莊禪哲學的典型體現。作者也正是在這裏，通過王一生這一形象表明了他對莊禪哲學的認識態度，對中國傳統文化的價值思考，以及作品的主題意旨。在作者筆下，王一生不僅具備了莊禪哲學的曠達、通脫，而且也深得莊禪哲學的精神要義。他不像優越高貴的腳卵，不大理會自己身上是否保存著幾絲書棋世家的血脈，可以用祖傳的字畫和古棋去換得生存的環境。他儘管十分希望參加地區的象棋比賽，但當他知道，他參加比賽的資格是靠腳卵從文教書記那裏通關節通來的時候，便堅決拒絕參加。王一生這種「棋道」的高尚與純潔，來源於他對莊禪哲學的深入領悟，也表現出傳統文化的魅力與張力。當他與九名高手同時進行連環大戰時，作者這樣寫道：

> 　　王一生孤身一人坐在大屋中央，瞪眼看著我們，雙手支在膝上，鐵鑄一個細樹樁。似無所見，似無所聞，高高的一盞電燈，暗暗地照在他臉上，眼睛深陷下去，黑黑的似俯視大千世界，茫茫宇宙。那生命象聚在一頭亂髮中，久久不散，又慢慢瀰漫開來，灼得人臉熱。

這簡直是一幅深得莊禪真道的聖人的畫像！王一生意志集中，如醉如癡，把他的智慧、謀略與精力、潛力，把他生命的全部精華，都

調動了出來，毫無保留地傾瀉到這場棋戰之中。王一生的勝利，正是他所代表的莊禪哲學的勝利，同時也表明了作者阿城對傳統文化的推崇。

在中國文化中，儒、道思想既相互對立又相互補充。它們既可以支托不同境遇下不同人的不同心境，也可以支托同一個人在不同境遇下的不同心境。達則兼濟天下，窮則獨善其身。在鬱鬱不得志時，中國人往往採取莊子的人生哲學，通過返回內心和泯滅自我來達到精神平衡，追求一種「乘物以遊心」的人生境界。它可以替代宗教來作爲心靈創傷、生活苦難的某種慰安和撫慰，這也就是中國歷代士大夫知識份子在巨大失敗或不幸之後並不真正毀滅自己或走進宗教，而更多是保全生命、堅持節操、隱逸循世以山水自娛、潔身自好的道理。在《棋王》中，作者突出描寫了王一生的「吃」和「下棋」兩件大事，即生道與心道的矛盾、糾葛與衝突。王一生在吃和下棋這兩種生活內容中，爲棋不爲生，保持著靈魂的清靜和精神的自由，展現出獨特的生活姿態。他一生沒有吃過螃蟹，也不知道麥乳精的滋味，更不會對人生有什麼更高的要求，但他全神守性，把生活提升到審美的境界，在下棋中獲得了靈魂的解救和精神的超越。在這裏，王一生的道路暗示了千百年來中國失意士大夫知識份子的生活理想和精神圖樣，蘊含著相當豐富的歷史的與文化的內容，從而，也使得王一生成爲新時期文學中一個重要的人物形象。

同時，《棋王》還包含了真實、具體的現實內容。作爲生存的第一需求，王一生的吃和吃相被描繪得相當精細。「有時你會可憐那些飯被他吃得一個渣兒都不剩，真有點慘無人道」。而他的吃相則是：「吃得很快，喉節一縮一縮的，臉上繃滿了筋」。王一生的這種吃相，以及他對饑餓的恐懼，都極其明顯地否定了那場嚴重危害了人們肚皮的浩劫，以及在浩劫以前就已存在的「左」的東西。它在構成了王一生性格轉化的決定因素的同時，還包含著對社會和人生的豐富內涵。而且，作品中王一生的落拓不羈，也決不是無動於衷的麻木和玩世不恭的淺薄。在安命處順的人生態度中，其實已暗藏著人生的巨大悲痛和辛酸；在到達虛靜無爲的境界之前，已有過血肉之軀的悲泣和震顫。因而，《棋

王》所反映的並非是單純的曠達和沖淡，而是通脫之中有執著，平和之中有憤激。在沖澹中有悲壯之風，虛靜中又複揚著耿耿不平之氣。當這種寧靜和通脫被理解爲一種在無可奈何時所採取的精神逃路時，就空前慘澹地否定了動亂年代裏人世間的辛酸和悲涼，顯示出作者的批判鋒芒。

不過，作品的缺陷也是顯而易見的。作爲思想學說，莊禪哲學保持了靈魂、精神對一切事物的超越，使人們能夠通過自我調節找到與外部世界熙熙穆穆的和諧。但是，它這種「超越」與「和諧」，恰好是對人們所處的現實社會生活的回避，當然是不可能成功的。它的確給中國文化和中華民族帶來了許多消極的影響，對培植逆來順受、自欺欺人、得過且過的奴隸性格起了十分惡劣的作用。在「五四」時期，魯迅先生就在小說《起死》中激烈抨擊了莊子，甚至在《阿 Q 正傳》中魯迅先生還著意諷刺了阿 Q 那種「人生天地間大約本來有時也未免要殺頭」的莊子式的「泰然」、「超脫」。在王一生大勝九名高手之後，其最後境界確是輝煌的，但這種輝煌自身卻包含在歷史的悲劇之中。當人們重新爲它震動時，才開始感到它深重的悲劇意味，也才真正地領略了這種震動。因而，作者通過王一生這一形象所流露出來的對莊禪哲學的崇拜和景仰，也一定程度地表明了阿城對傳統文化價值取向上的失誤，以及他在心靈深處對傳統文化的某種認同。

在藝術上，《棋王》寫得平直簡古、虛實分明，形成了一種不同凡響的語言、文體風格，讀來別有韻味。

在作品的敍述中，無論是知青們離別時的傷感，到山區農場後清湯寡水的飯食，精神享受的貧乏，還是主人公令人歎息的遭際，不同尋常的象棋連環大戰，作者都不表露些微的激動與憤慨，而是平平道來，以簡潔的白描手法出之，留給人的印象卻更其深刻。這種冷靜異常的筆法，恰如作品中老練的棋手與人對局。如作品開頭寫知青上車離城時，「我」這樣自述：

> 父母生前頗有些污點，運動一開始即被打翻死去。……我野狼似的轉悠一年多，終於還是決定要走。此去的地方按月有二十幾元工資，我便很嚮往，爭了要去，居然就批准了。

　　家破人亡，覓食維艱的慘痛，竟被若無所感地寫出。但在這淡淡的不動聲色的敘寫中，卻又包含了多少人生的感喟和痛楚，反映出怎樣的情感與心態！又如，幾次寫王一生感念身世悲慘、極其疼愛他的母親的情景。第一次是：「我鼻子有些酸，就低了眼，歎道：『唉，當母親的。』王一生不再說話，只是抽煙」。第二次是：「大家都有些酸，掃了地下，打來水，勸了。王一生哭過，滯氣調理過來，有了精神，就一起吃飯。」僅僅如此而已。然而，在這貌似樸訥若拙的描寫中，卻極其明顯地表露了王一生內心深處強烈的感情波濤。作者的這種描寫，深得中國古典小說的神韻。在人物設置與情節安排方面，作者還十分注意採用虛實相映、明暗結合的手法，大大拓展了作品的意蘊。作為王一生棋道的啓蒙老師，那位拾破爛的老者以「爲棋不爲生」的超常舉動，給王一生樹立了人生的榜樣，奠定了他日後走近莊禪哲學的精神起點。到了王一生大勝九名高手之後，地區冠軍、隱居山林的又一位老者，讚歎王一生的棋藝「匯道禪於一爐」，一語道破禪機。在這兩個似乎漫不經心設置的人物中，卻隱含著王一生所走過的精神道路，一種青出於藍而勝於藍的過程。再如，出身於書棋世家的腳卵，憑他優越的條件與祖傳的棋藝，完全有可能「得道」於王一生之前，但是，他的精明、圓通與實用主義，竟使流傳數代的古棋在他手中喪失。這裏，更反襯出王一生「守性」的艱難與不易。在語言上，作品的行文造句，遣詞用字，力避甜熟迂緩與藻飾繁冗，而出之以簡潔質樸。口語化而不流俗，古典美而不迂腐，民族化而不過「土」，白描而又含蓄。「巧克力大家都咽了，來回舔著嘴唇。麥乳精沖得稀稀的六碗，喝得滿屋喉嚨響。」不僅有感情，有意蘊，而且還有形象，確實值得人們認真揣摩。

（原載《中文自學指導》1990 年第 6 期）

對延安文學中知識份子
形象的歷史審視

　　在「五四」新文學的發展歷程中，直到延安時期我國文學史才真正從壓抑、沉悶中掙脫出來，延安時期幾乎每一個作家都運足了最大氣力，集中而又普遍地歌頌著抗戰這場偉大而神聖的戰爭以及戰爭中所湧現出來的傑出將士與優秀群眾，譜寫了一曲明朗向上的文學篇章。然而，倘若我們變換一個視角，從知識份子形象塑造這一特定角度「切入」的話，情況就陡然嚴峻起來。對知識份子批判傾向的加強，知識份子本身轉化時的艱辛以及知識份子特性的萎縮與泯滅，在延安文學明朗樂觀的總體樂章上，無疑又好似嵌進了一個極不協調的音符。一個琴鍵的變音，往往會影響整個樂章的品質。當我們今天關注於整個延安文學的發展時，不能不從歷史的高度對這時期知識份子形象的塑造進行重新審視，以便把握住它的精神特質及其來龍去脈。

　　抗戰前夕的延安，經濟與交通方面都是一個落後、閉塞的西北邊區。自給自足的小農經濟構成了當時最為主要的生產方式。建基於這種落後的生產方式之上的是一整套封建、陳舊的意識形態與價值尺度。當抗戰的颶風把一大批進步的接受過現代意識洗禮的知識份子席捲到延安這塊抗戰策源地的時候，先進的知識份子在熱烈的抗戰情緒消褪之後，首先看到的便是小生產者的習慣勢力與神聖抗戰之間的驚人矛盾。丁玲的短篇小說《在醫院中》中，陸萍這位曾經在上海產科學校學習過的年輕女醫生，對她工作的那所混亂骯髒、用彎了針管給病人注射仍毫無覺察的缺乏起碼醫藥常識的後方醫院，「尋仇似的四處找著縫隙來進攻」，她「永遠相信，真理是在自己這邊的」。在陸萍身上，我們看到的是知識份子自我意識的強化與對小生產者蒙昧無知、偏狹保守、自私苟安等思想陋習批判精神的復甦。我們可能很容易聯想到「五四」時魯迅先生在《風波》等作品中對落後環境的批判描寫。

與《在醫院中》相類似，舒群的《大角色》、《快樂的人》諸篇也表現出相同的情緒意向。《大角色》中那位只有二十歲然而卻一直沒有機會扮演她所酷愛的戲劇人物的「瑪麗亞」，在一次偶然到來的機會面前，死死不肯放過，但是她那已懷孕的「胖得像似一個打滿氣的大氣球」的身體，結果引起全場轟笑。在這裏，理想與現實的違拗，個人與環境的對抗，伴隨的並不是以自我犧牲爲滿足。「瑪麗亞」的悲劇不是在昭示延安時期應該如何對待與使用知識份子的問題麼？還有，出現在《快樂的人》中的「大學生詩人」，心理珍藏著無法割捨的愛情，然而他的愛侶卻要與別人結婚。他「夜裏哭泣，或者叫喊」，白天卻要「爲著一種天賦的責任」似的用小得可憐的乾瘦的嘴唇發出「我生活，我快樂」的讚語。在難以言傳的苦澀與淒涼之中，包裹著的是對扭曲知識份子心靈的客觀環境的對立情緒與隱隱的失望之感。

　　知識份子直接充當環境批判者出現的這種作品在延安文學中產生，其命運遠遠不及於「五四」時期魯迅先生對小生產者陳腐意識批判的小說。在當時人們的眼光裏，在酷熱的戰爭環境中，對這些「細枝末節」的斤斤計較，有何益於這場神聖的抗戰呢？知識份子的這種對小生產者習慣勢力與落後環境的輕微抨擊與抗爭，只不過提供了他們感情過敏、求全責備的口實罷了。因此，當《在醫院中》在 1941 年《穀雨》第一期上發表不久，便自然地遭到了眾多的指責，緊接著的延安文藝整風運動也對它進行了嚴厲的批評。指責與批評本身正好說明了當時環境對延安文學的急切要求與時代選擇，於是延安文學對知識份子形象的塑造便不可避免地出現了新的轉化，呈現出新的面貌。

　　雷加的《五大洲的帽子》最早顯示出這種文學轉折。一個老革命戰士置身於一群文化程度較高的文工團員之中，擔負全團的後勤管理工作。對於他刻板而嚴肅的工作作風，有的文工團成員嘲笑爲「農民根性」，有的則諷爲「機械主義」，然而何嘗想到：在行軍受阻時，只有這位不起眼的老革命戰士勇敢地隻身深入危險村莊，瞭解敵情，使這些惶惶不可終日的「知識份子」順利通過。與此相似，丁玲《入伍》中的那幾位到根據地搜集生活素材的「文化人」對於那位年輕的小戰士簡直不屑一顧，但是到了子彈橫飛、硝煙彌漫，而身邊又不見了小

戰士的時候，這些「王子」似的「文化人」才好像自己變成了一片枯葉似的，隨風飄蕩，沒有著落。有意識地通過知識份子與勞動群眾的對比，試圖重新估價知識份子的分量，這是繼《在醫院中》、《大角色》這些對環境批判作品之後出現的一個重要文學現象。出現在韋君宜《三個朋友》中的那位下鄉工作的知識份子幹部羅平，津津樂道於城裏最近舉行的美術展覽會、新來的外國人以及某某人的戀愛糾紛，神往「淡藍色牆壁的電影院」與「音樂台前爵士樂的調子鏗鏗鏘鏘」，在唯唯喏喏的敷衍應酬之中，對自己的本職工作顯得淡然處之，漠不關心。而勞動英雄劉金寬，儘管說不出什麼新鮮的名詞，談不上對「現代生活方式」的感受，也不能體會「深巷裏聽到賣花聲」這類玄妙的意境，然而他卻能勇敢地站出來揭露自己母親虛報土地坰數！相比之下，「我」對知識份子幹部羅平覺得生疏，而對劉金寬則自然地感到「比知心朋友還要高一層」。此外，黃既的《老實人》、楊朔的《麥子黃時》等作品也都反映出同樣的感情特徵與精神意願。

　　一方面是勞動群眾任勞任怨、勤勤懇懇，捨身工作，另一方面是知識份子輕視勞動、虛驕、誇誇其談，前者對後者的征服與吸引成為勢所必然的歸結。這時，知識份子在心理上明顯地增加了自我省察與自我認識的性格內涵，愈來愈顯出自身的渺小感。不過，在對比中對知識份子「渺小感」的揭示只能是延安文學中特殊的也是必不可少的一個階段。沸騰的戰爭生活與民族的解放事業必然要求延安文學對知識份子的描寫迅速跨越這一仲介，而進入到對民族解放鬥爭有利方面的描寫，亦即反映出知識份子與勞動群眾的結合以及在結合中知識份子所應作出的貢獻。這是時代的要求，也是一個革命作家應有的職責。因此，在短暫的對知識份子「渺小感」的揭示之後，延安文學對知識份子形象的刻劃便又進入到第三個時期。

　　作為這一時期知識份子形象記錄的是晉駝的《結合》、方紀的《紡車的力量》、思基的《我的師傅》等一批小說。《結合》在兩個知識份子之間的尖銳衝突中強調了「結合」的重要性。已經與勞動群眾結合好了的知識份子老姜吃苦耐勞、大公無私、樂於助人，而沒有結合的「我」則怕髒懶動、感情用事、連簡單的事務工作都做不好。作者力

圖要你相信，知識份子與勞動群眾的結合不僅顯得「必要」，而且還是「可行」的。出現在《紡車的力量》中的學過機電工程的大學生沈平，倒是真心實意打算坐到原始的木制紡車前與勞動群眾結合的，然而在他把「結合」還只是當作一種體驗勞動的鍛煉，而沒有能認識到它在當時乃是一種必要的現實需求時，始終沒有能夠取得思想上的進步與改造。小說指出了知識份子在結合過程中所應取的思想認識和工作態度。與大學生沈平有些不同的是，《我的師傅》中的知識份子「我」對與勞動群眾相結合本身就有一種強烈的抵觸情緒。在與木工師傅相處的過程中，不是自作主張、處處呈能，就是消極反抗，總覺得自己比老實巴腳的木工師傅高明許多。但是，他的自作聰明帶來的只不過是一次次的失敗，而且在他生病之際，本工師傅卻不計前隙，無私地照料他。這時，「我」不能不失悔地怦然心跳了。總之，這一時期對知識份子形象的反映都旨在向人們顯示：不論是對與勞動群眾相結合有模糊認識的，還是心理上有隔膜情緒的，抑或對「結合」持有抵觸態度的，到頭來一切都不能改變知識份子與勞動群眾相結合的必然歸宿，在勞動群眾這塊強大的磁場面前，知識份子早晚都要被它所吸引、所匯攏。

　　值得注意的是，即使知識份子最後都無條件地與勞動群眾相結合，一股腦兒地化入到勞動群眾之中，但是在「結合」與「化入」的過程中，知識份子那個不光彩的「自我」也仍然時時表露出來，從而構成了這一時期知識份子形象的獨特的性格內涵。「知識份子要和群眾結合，要為群眾服務，需要一個互相認識的過程，這個過程可能而且一定會發生許多痛苦、許多摩擦」。[1]知識份子竭力消融自身固有的特性，驅逐「靈魂中的小資產階級王國」的過程，不僅是作為知識份子本身特性的消亡，而且還有在這極力省察、百般改造的過程中知識份子性格的扭曲與變形。我們時常可以聽到「我們的弱點是太多了」、「我應克服我自己」這類發自內心的真誠的獨白。《紡車的力量》中的大學生沈平覺得：「我一坐到紡車前，就感到知識份子的渺小，和勞動人民

---

1 毛澤東：《在延安文藝座談會上的講話》。

的偉大，從這一架小小的紡車裏你可以認識現實，認識生活，認識勞動的一切意義」。這種心理痛苦過程在《我的師傅》中表現得更爲強烈。「我」痛恨知識份子的生活，急於到勞動群衆中去得到改造。然而儘管他整天「提心吊擔」、「發抖打顫」地仿效與學習，但他骨子裏的驕傲與自以爲是卻又妨礙著他向勞動群衆虛心請教，以致連連出錯。「我骨子裏充滿著美諦克[2]的壞血液，將天天被人嘲笑，這是多麼卑微的形象呵！滾開，我要健全的生活……」焦灼而狂熱，同樣反映出知識份子思想改造時的性格特徵。

　　在抗戰開始後的短短幾年中，延安文學對知識份子形象的塑造大體上匆匆經歷了從對環境的批判描寫到對知識份子「渺小感」的揭示又到對知識份子與勞動群衆相結合的必要性的強調這樣三個階段，並由此構成了一個週期。從此，知識份子與勞動群衆相結合、接受勞動群衆的再教育，成爲日後解放區文學與建國後十七年文學中對知識份子形象描繪的最初起點與基本準則。在這裏，延安文學對「五四」新文學進行了有力總結並開啓了一個重要源頭。

　　如果我們把延安文學放在整個新文學的格局之中加以審視的話，人們可以驚異地發現：延安文學中對知識份子上述特性與命運的揭示並不是這時期特有的現象，儘管它在延安文學中被有意識加以引導並日趨強化，然而它的萌芽卻可以追溯到更早的時期。分析這條由隱而顯的演進線索，無疑地將會加深我們對延安文學的認識與理解。

　　「五四」時期，新文化運動的高漲，學生愛國運動的浪潮，要求個性解放的呼聲，都衝擊與改造著中國知識份子傳統的心理內涵與行動旨歸，隨之而來的是一種普遍的日益強烈的「自我意識」的覺醒與肯定。郁達夫呼喊著長期被壓抑的赤裸裸的人性。魯迅則以憂憤深廣的社會批判的眼光清算著幾千年來的陳年老帳。儘管我們在當時的小說中，很難看到那種意氣昂揚、情懷激越的典型「五四」式的知識份子形象出現，不過我們從作品題材的轉換與主題的開掘等方面，仍可以明顯感悟到這是一個知識份子覺醒史與奮鬥史的偉大開端。另一方

2　〔蘇〕法捷耶夫《毀滅》中的一個軟弱的知識份子形象。

面，幾乎與此同時，以知識份子與勞動群眾相對照並以前者被後者所吸引的作品也相繼產生。微不足道的人力車夫竟對於「我」漸漸的幾乎變成一種威壓，甚而至於要榨出皮袍下麵藏著的「『小』來」（魯迅：《一件小事》）。窮困潦倒的知識份子在煙廠女工的堅韌意志與反抗精神的感召下，也覺得他的周圍「忽而比前幾秒鐘更光明了」（郁達夫：《春風沉醉的晚上》）。

需要指出的是，這時知識份子對勞動群眾的致敬與頌揚，主要還只是表現爲一種對勞動群眾「道德美」的發現與肯定，在精神上與道德上要求自我完善的願望，並不如後來那樣力圖挖掘出他們身上的「革命力量」。用意固然在寫出勞動群眾的堅韌性與生命力，但卻更在於知識份子的「自我認識」。因而，即使讚美，也不失自信。只是到了「五四」運動退潮，大革命失敗，才使知識份子重新估價自身在實際鬥爭中的作用，重新認識勞動群眾在社會革命中的重要地位。

1928 年，葉紹鈞在長篇小說《倪煥之》中，讓它的主人公向「五卅」運動中遊行在街頭的青布短衫的露胸朋友虔誠地點頭致意：「露胸的朋友，你偉大，你剛強！你是具有解放的優先權的！」於是，他不自覺地鼻際「嗤」地一聲，嘲笑起自己的淺陋，「彷彿軀幹忽然縮小攏來」。也正是在這時，中國新文學史上的知識份子第一次發現了他們與勞動群眾之間的距離與差別，強烈地意識到勞動群眾的行動力量與革命潛力。不過在這時，這種思想認識還更多地表現爲一種「直覺」，是作爲小資產階級作家的葉紹鈞對革命道路的朦朧認識，還沒有可能達到真切與清醒的程度；而且，這種思想認識在當時還僅僅是一種個人的看法，並沒有能拘圍許多作家的認識框架與價值評判。我們繼續看到的是《田野的風》（蔣光慈）、《田家沖》（丁玲）、《星》、（葉紫）、《光明在我們的前面》（胡也頻）等作品中知識份子作爲實際的革命鬥爭者起著領導與發動民眾的重大作用，顯示了他們行動中的力量感。不過仍然值得重視的是，不論是葉紹鈞讓他筆下主人公向勞動群眾點頭致意，還是蔣光慈、丁玲諸作家筆下對直接從事民眾運動的知識份子的描寫，一個共同的傾向是知識份子與勞動群眾的聯繫比以前大大地加強了。他們對革命的主要對象有了新的估價。

　　三十年代初到抗戰爆發，國民黨統治愈加黑暗，民族矛盾日益激化，急迫發展的形勢把勞動群眾這一革命力量的主力軍推上了更為重要的地位。作家到工廠、到農村、到戰線上，到被壓迫群眾中去進行廣泛的革命宣傳與民眾教育，成為左翼作家重要的行動綱領，在這時，對知識份子批判傾向的加強與對勞動群眾更為推崇的讚揚成為一個顯著的特點。肖軍《八月的鄉村》中的知識份子肖明，在激烈的鬥爭生活中還放不下兒女情長的戀愛糾葛，實在使人感到多愁善感的知識份子成不了英雄氣概。同時出現的駱賓基的《邊陲線上》，知識份子劉強在他軟弱的時候，竟「軟癱地握住靠山的手，而靠山的巨掌也粗野地抓緊了他」。一向自命清高的劉強竟在危急之中抱緊了粗野骯髒的救國軍戰士的「巨掌」。而舒群的《老兵》中的那位遊行示威時振臂高呼的青年學生趙化雄，在槍殺他漢奸父親的時候，卻懦弱退讓，遲遲不敢下手，最後竟要求讓位給勇敢堅定的士兵張海。

　　從「五四」時期對勞動群眾「道德美」的讚頌到大革命後知識份子渺小感的產生，直至抗戰前期對知識份子氣的批判，印記了作家對知識份子與勞動群眾的認識日趨加深的過程。它記錄著的不僅僅是知識份子的習性與氣質迫切需要改造的時代要求，而且也顯示出中國革命的特點對它革命力量的選擇與次序上的重新排列組合。在中國這樣一個農業人口占絕大多數，大工業生產極不發達的國度裏進行民主革命，決定著中國革命的道路不可能採取諸如議會鬥爭這樣的形式。農村包圍城市的革命道路，客觀上要求必須緊密依靠勞動群眾（特別是農民群眾），必須十分強調知識份子與勞動群眾的結合，歌頌勞動群眾的鬥爭精神與革命要求。知識份子向勞動群眾的學習與改造，體現著一種歷史的必然，為中國社會革命的特點所決定。從「五四」到抗戰前期知識份子對勞動群眾態度的一系列轉化與價值的重新估價，反映著知識份子對勞動群眾在中國革命鬥爭中的作用越來越真切的認識。全民動員的抗日戰爭爆發之後，知識份子與勞動群眾的結合又一下子變得異常尖銳起來：知識份子在這場民族的生死搏鬥中應該扮演什麼樣的角色呢？如果脫離與勞動群眾的結合，那麼是不是在有意與無意之中逃避了對這場戰爭的責任呢？

　　因此，當我們用歷史的眼光來審視延安文學中對知識份子形象的塑造時，便可以發現它有著無可爭議的歷史合理性。毛澤東曾經指出：「革命的或不革命的或反革命的知識份子的最後分界，看其是否願意並且實行和工農民眾相結合。」[3]如果考慮到全民抗戰是當時的頭等大事，考慮到一百五十萬人口的抗日民主根據地就有一百萬的文盲，[4]考慮到根據地軍民以小米加步槍進行抗戰這類不容回避的事實，那麼人們對這一似乎很有些「極端」的看法便會心平氣和。特定的條件與背景提供了特定理論產生的根據。如果你到延安根據地僅僅是為了獵奇，為了「體驗生活」，而不願意捲入到這場血與火的戰爭之中，那麼你最好還是躲在「亭子間」潛心於偉大的著述，而不要到這裏來礙手礙腳，分吃本來就不充裕的小米！

　　不過，延安文學中對知識份子形象描繪的三次轉化，儘管密切地配合了當時激烈的戰爭生活對文學事業的緊迫要求，表現出革命作家可貴的義務感與責任感，然而在這裏，也同樣留下了那個時代在匆忙選擇中的失誤、偏頗與教訓。

　　首先，它表現在極「左」思潮對當時文藝創作的嚴重干擾。當時大權在握的康生之流多次公開鼓吹「知識份子最無用」[5]這類假革命的謊言。在貌似正確的面孔下，隱藏著個人醜惡的野心。這種極「左」論調，嚴重危害了知識份子與勞動群眾關係的正常處置，影響著作家對知識份子形象的正確把握，影響著作為知識份子的作家的創作心理。它對延安文學中知識份子形象的刻劃無疑地產生了不容低估的反動影響。

　　其次，缺陷還表現在作品的認識特徵方面。《入伍》中把知識份子放置在他所不熟悉的戰時環境，在這環境中以知識份子的局限與勞動群眾的優勢相比。《紡車的力量》中，學過機電工程的大學生在原始的木制紡車面前與熟悉紡車的勞動群眾相比，自然只能甘拜下風。這種不合理的對比，在當時延安特定的環境倒是體現為一種不可避免的「實

---

3 毛澤東：《五四運動》。
4 毛澤東：《文化工作中的統一戰線》。
5 見 1942 年 3 月 12 日延安《解放日報》。

情」，而且在這轉換了的條件與環境中，反倒有助於對知識份子特性的重新認識，克服其虛驕、自滿、狂熱等思想陋習。可惜的是，許多作家都沒有能借此揭示出知識份子形象的豐富性與複雜性，揭示出在轉換了的環境中的知識份子的動態的心理活動過程，致使延安文學中對知識份子形象的刻劃失之單薄與簡單，缺乏必要的開掘。

第三，由於上述對知識份子性格內涵簡單化的處理與政策上的「左」的錯誤，也導致了這時「公式化」、「概念化」作品的產生。在這個時期，知識份子不是一個具有獨立人格與主體意識的存在，而是一個需要改造、需要在「結合」中加以完善的群體。他們必須在勞動群眾身上寄寓其靈魂與身心，這種流行觀念使得作家在反映知識份子形象時，不是著重揭示刻劃知識份子本身具有的心理內涵與性格特徵，而是千方百計尋求如何將知識份子與勞動群眾結合起來的生動故事與完美情節，在曲折、動人的故事情節中，完成知識份子向勞動群眾的最終歸依。在這裏，性格模糊了，特徵取消了，剩下的只是一個個大致相同的框框與教條。

總的說來，延安文學中知識份子形象特質的產生與形成決不是一個偶然的現象，而是為中國革命的特點所決定的必然產物。它的社會影響與作用，也將隨著中國革命和建設的不同特點而顯出明顯的差別。作為一種特定的文學現象，它已經完成了它的運行軌跡，然而當我們放眼於整個新文學的發展歷程，特別是理清「五四」到抗戰前夕對知識份子描寫的發展線索以及揭示解放區文學與 1949 年後十七年文學中對知識份子形象的描寫所出現的種種複雜的表現時，我們就必須對延安文學中知識份子形象的描繪加以足夠的重視。

（原載《蘇州大學學報》1988 年第 3 期）

構建詩意的心靈園林

——林語堂的生活藝術觀

　　在二十世紀中國思想文化史上，林語堂先生對於詩化人生的大力宣導，對於生活藝術化的孜孜追求，構成了一頁極其絢麗而又醒目的華章。

　　在本文中，我們將主要討論與闡述以下三個問題：一、林語堂先生生活藝術觀的主要內容是什麼？二、他的生活藝術觀產生的時代背景如何？三、如何認識他的生活藝術觀對於現代市民生活的現實意義？

　　通過對上述三個問題的論述，我們試圖較為清晰地勾勒出林語堂先生生活藝術觀的大致圖景，並從而揭示它在中國現代思想文化史上的重要價值。

一、林語堂生活藝術觀的主要內容

　　林語堂先生在《生活的藝術》一書中這樣認為：

　　　　總之，我對人類尊嚴的信仰，實是在於我相信人類是世界上最偉大的放浪者。人類的尊嚴應和放浪者的理想發生聯繫，而絕對不應和一個服從紀律、受統馭的兵士的理想發生聯繫。這樣講起來，放浪者也許是人類中最顯赫最偉大的典型，正如兵士也許是人類中最卑劣的典型一樣。……[1]

他在該書中還接著認為：

　　　　我認為這個世界太嚴肅了，因為太嚴肅，所以必須有一種智慧和歡樂的哲學以為調劑。……這不是一個偶然發生的念頭，而是我一個根深蒂固的觀念。只有當人類渲染了這種輕快的精神時，

---

1 林語堂，《生活的藝術》，（臺北：大漢出版社，1983），第 14 頁。

世界上才會變成更和平、更合理，而可以使人類居住生活。現代
的人們對人生過於嚴肅了，因為過於嚴肅，所以充滿著煩惱和糾
紛。我們應該費一些工夫，把那種態度，根本地研究一下，方能
使人生有享受快樂的可能，並使人的氣質有變為比較合理、比較
和平、比較不暴躁的可能。[2]

在這裏，我們可以瞭解到林語堂先生對於人生的基本態度：智慧、
歡樂、放浪、順應人的本性要求，摒棄過於嚴肅、理性的人生哲學，
從而使人的個體生命享受到充分的快樂。

沿著他對人生哲學的如此理解，林語堂先生在他的一系列著作和
論文中，詳細地展開了他對人生藝術化的思考和探求，並進而構成了
一個完整的體系。

首先，他強調悠閒的重要性。

林語堂先生認為，在所有的動物種類中（人也是一種高級動物），
只有人類是唯一的工作動物。他發現，在世間除了一些馬和耕牛之外，
所有的動物，甚至很多的家畜都是不要工作的。警犬很少去執行公務，
看門的狗總是玩耍的時候多，而貴族化的貓則更是可以隨時跳過鄰居
的籬笆……而人類的生活就複雜多了。僅是一個供養自己的問題，便
要花費去我們絕大部分的時間。例如，在那些兩三個窗戶的後面住著
一對夫妻，為了生存，丈夫每天早晨起來，喝了些咖啡，便要出去到
某地方，為家人去尋求麵包，而妻子便在家裏不斷的、拼命的把塵埃
掃出去，使那一小塊地方乾淨一些。如此日復一日，年復一年，以致
於終身沒有悠閒的時候。而社會的不斷發展，則似乎使文明大約從尋
覓食物的問題，而進步到使食物越來越難以得到的一種發展。基於此，
林語堂先生發出深深的感嘆：「啊！聰明智慧的人類！我稱讚你。人們
為了生活而任勞任怨地工作，為了要活下去而煩慮到頭髮白，甚至忘
掉遊息，真是不可思議的文明！」[3]

其次，他認為人生的目的在於享受。

林語堂先生強調悠閒的重要性並不在於追求休閒本身，而是要在

---

2 同上書，第15頁。
3 同上書，第159頁。

這悠閒中去體驗人生的價值與意義。悠閒是人生享受的前提，而享受才是悠閒的結果。

　　他作著這樣的想像：如果你在都市裏的街上散步，你可以在大街上看見美容院、鮮花店和運輸公司，在後面的一條街上可以看見藥店、食品店、鐵器店、理髮店、洗衣店、小餐館、報攤。如果那都市是很大的話，就是你閒蕩了一個鐘頭，還是在那都市里；只不過多看見一些街道，多看見一些藥店、食品雜貨店、鐵器店、理髮店、洗衣店、小餐館和報攤。這些人都怎樣過生活？他們都是來此幹什麼？問題很簡單，就是洗衣服的去洗理髮匠和餐館堂倌的衣服，餐館裏的堂倌去侍候洗衣匠的飯食，而理髮匠則替洗衣匠和堂倌剃頭，而有些洗衣匠和理髮匠或堂倌一生中不曾到過十條街以外的地方。這就是文明？這不是太令人驚奇了嗎？人生的價值難道就是在這忙忙碌碌中打發一生嗎？真是太不可思議了！有鑒於此，林語堂先生堅定地認為，人生在世，其問題不是拿什麼做目的，或怎樣去實現這目的，而是怎樣去應付此生，怎樣消遣這五、六十年天賦給他的光陰。人們應該把生活加以調整，在生活中獲得最大的快樂，這個問題跟如何去享受週末那一天的快樂一樣實際，而不是形而上的問題，如果人們生在這宇宙中另有什麼神秘的目的，那麼只可以做抽象的渺茫的答案了。因此，他反問道：人生的目的除了去享受人生外，還有什麼呢？

　　最後，他設想了享受人生的種種途徑。

　　既然人生的目的是為了享受人生，為了在悠閒的日子裏好好體驗人生的樂趣，那麼，如何才有可能達此途徑？如何才有可能真正享受到人生？為此，林語堂先生為人們展示了種種美妙的途徑與方式：

　　家庭之樂。家庭制度的理想與現代社會所崇尚的個性主義並不是對立的。人並不是單個人，而應該是家庭中的一分子，是家庭生活巨流中的一個必須分子。一個人若不能確認他是一個人子，一個兄弟，一個父親，或一個朋友，那麼，這樣的人便將成為一個形而上的抽象物，一個毫無趣味、毫無親情關係的抽象物。如此，這樣的人在社會上、在家庭中都不可能找到一個安定、怡樂的生存空間，不可能獲得來自於社會和家庭的快樂感。心情沮喪時需要人安慰、鼓勵，心情愉

快時需要有人來分享、體驗，而這，只有在家庭之樂中才能最爲圓滿地實現。

　　生活之欲。對於生活，禁欲主義者是徹頭徹尾地違背人性的。兩性之間的吸引力，是人類男女之間最大的樂趣之一，只要不妨礙健康，只要不傷害身體，就不應該加以節制。對於飲酒和品茶，同樣，只要能帶來樂趣，只要在自己身體許可的範圍之內，就根本沒有禁止的必要。當然，在禁止吸煙的公共場所需要加以注意。至於安臥眠休、坐在椅中做一些漫無目的的胡思亂想，則是人的自由活動的心理表現，也足以表現出人的放達與浪漫，需要細細品味。而對於飲食和服裝，不必有任何禁忌，只要是自己心靈需要的，只要是符合自己輕鬆自如的，就應該順其自然。

　　享受大自然。大自然本來就是人類的樂園，人類也本來就是大自然之子。然而，由於工業化的發展所造成的大自然的破壞，使得人們親近大自然成爲一件不是那麼容易的事。不過，只要有這份心，只要有這份情趣，在陽臺上，在院落中，培植些花草，細心地呵護，便也庶幾可以找回一份對大自然的熱愛。當然，對大自然的熱愛與享受，另外一個有效、可行的方法，便是出外旅行。在那些崇山峻嶺、大湖大河旁邊，人類確實可以有一種重回自然的感覺，享受到一種在工商都市中所無法享受到的大自然的美景。與其說是旅行，倒不如說是心的解放與回歸。

　　文化之旅。對於文化人，或者哪怕只是些具有一定的閱讀能力的人，翻閱一些有趣的書，在書海中自由地翱翔，都是一件彌足珍重、能夠讓身心輕鬆放任的事情。當然，這種閱讀不能帶有目的性，不能有任何功利的要求，這樣，你就可以與古人，與外國人，在與各種各樣、形形色色的人的對話與交流中，充分領略到文化帶給您的樂趣，充分品味到與大自然不盡相同的文化魅力。在這時，你就可以發現，生活原本是這樣的美好，原本是這樣的有趣。而這樣的美好與趣味，並不需要跋山涉水，並不需要苦思冥想，而就在你的家中，你的書房裏。

　　熱愛上帝。人類是生活在一個宏大的宇宙中的，這宇宙也和人類

一般的奇特，因此，凡是忽略了周遭的大世界，忽略了它的起由和結果的人，都不能算做有著一個滿意的生命。如此，人類便最好與上帝發生關係，在宗教中找到心靈的寄託。按林語堂先生的理解，宗教應該是一種靈的交流，當中不能含有此造對彼造有所求的交換事情。在宗教中，人們可以領悟到自己的生命不過是像永流的大河的一滴水，人類應該對於這生命之流樂於做一些貢獻，而自然而然地，心靈中那些對社會與人事的不滿、憤怒、記恨，便化解得無影無蹤了。

　　……

　　林語堂先生對享受人生的種種途徑有著相當周密與細緻的觀察與思考，並不限於本文中上述所提的幾項。不過，僅從上述所提幾項中，便也可能極為清晰地瞭解到林語堂先生對詩化人生、享受人生的理解與追求。

　　總起來看，林語堂先生對生活藝術觀的營造，是二十世紀思想文化史上的一個重要組成部分。它的理論價值與現實指導意義，將會隨著人們對社會現實生活認識的加深而愈益凸現。

二、林語堂生活藝術觀產生的時代背景

　　關於林語堂生活藝術觀的形成原因，他自己坦陳是受到了中國傳統文化的影響。在對中國傳統文化的感悟與研究中，他發現中國古代的莊子、孟子、老子、子思、陶淵明、袁中郎、金聖歎……，都是最會享受人生的人。他願意以他們為榜樣，尋求人生的真諦，破解享受人生的理論之謎。

　　對於長期身處美國社會的林語堂來說，他對於中國傳統文化的景仰與推崇，是基於他對美國機械文明的反感與厭惡。他認為，美國人是聞名的偉大勞碌者，而中國人則是聞名的偉大悠閒者。他如此表述出自己對美國工業文明的抗拒與反對：

　　　　今日的美國是機械文明的先導者，大家都以為世界在未來的機械控制下，一定傾向於美國那種生活形態。這種理論我欲抱著

懷疑，誰也不會知道未來的美國人又將是怎樣的一種氣質……[4]

林語堂舉了一個例子：紐約公園街有一位富婆，她把住宅旁邊的無用地皮都買了下來，原因是恐怕有人在她的住宅旁造摩天大樓，她僅僅是爲了要得到一些廢置不用的空地，不惜花費大量金錢；但林語堂先生則認爲，這位富婆花的錢，再沒有比花在這種地方更精明的了。[5]

這似乎是一個悖論：工業文明帶給了人類越來越多的財富，然而，人類的心理空間卻似乎越來越擠壓、窄小了；中國傳統的農耕社會，儘管物質財富相當貧乏，然而，人們卻可以在其間享受到充分的人間樂趣。在物質文明與傳統文化之間，林語堂顯然偏向於後者。

如果我們放眼整個二十世紀中國思想文化史，卻可以發現林語堂先生的上述觀點，並不是一個孤立的特例。在周作人、沈從文、老舍等人的論述與作品，其實構成了一條忽隱忽現、忽明忽暗的線索。

我們先看周作人。

這位中國「五四」新文化運動的健將，曾經在日本生活了好長一段時間，並對歐美的社會與文藝思潮給予過充分的注視，可以說相當熟悉現代工業文明的特點和價值尺度。然而，在「五四」過後沒幾年，便回歸傳統，在中國傳統文化中尋找到他暖融融的心靈寓所。在《吃茶》、《談酒》、《烏逢船》等散文名篇中，表達出他對生活藝術文化的嚮往：

> 喝茶當於瓦屋紙窗下，清泉綠茶，用素雅的陶瓷茶具，同二三人共飲，得半日之閒，可抵十年塵夢。
>
> ——《吃茶》

> 喝酒的趣味在什麼地方？……照我說來，酒的趣味只是在飲的時候：倘若說陶然那也當是杯在口的一刻吧。醉了，困倦了，或者應當休息一會兒，也是很安舒的，卻未必能說酒的真趣是在此間。昏迷、夢魘、囈語或是忘卻現世憂患之一法門，其實也是有限的……

---

4 同上書，第160頁。
5 同上書，第161頁。

杞天終於只是杞天，仍舊能夠讓我們喝一口非耽溺的酒也未可知。倘若如此，那時喝酒又一定另外覺得很有意思了吧？

——《談酒》

你如坐船出去，可是不能像坐電車那樣性急，立即盼望走到。……你坐在船上，應該是遊山的態度，看看四周物色，隨處可見的山，岸旁的烏桕，河邊的紅蓼和白蘋、漁舍，各式各樣的橋，困倦的時候睡在艙中拿出隨筆來看，或者沖一碗清茶喝喝……夜間睡在艙中，聽水聲櫓聲，來往船隻的招呼聲，以及鄉間的犬吠雞鳴，也很有意思。

——《烏篷船》

在這裏，人們可以清楚地發現，周作人所嚮往的喝茶、飲酒或者乘船的態度，與林語堂在《生活的藝術》中所宣導的簡直可說是別無二致。唯一的區別則是在於，周作人運用的是散文創作，而林語堂則用的是議論、隨感。

再看沈從文。

與周作人的平和、淡雅不同，沈從文的小說作品更帶有強烈的愛憎色彩和原始野蠻的放縱。與周作人相同，沈從文也神往於故鄉邊城長河、桃源竹林的盎然詩意，但是，沈從文卻由此生發開去，以故鄉寧靜、沖淡的生活為參照，展開對城市社會病態工業文明的全面批判。因而，他的小說作品顯得更為舒展、開闊，具有更深一層的思想內核。

「五四」運動過後不久，沈從文為新思潮所激勵，同時也為故鄉生活的破產與衰敗所逼迫，他從內陸的湖南湘西山區流落到北京等地。然而，他迅速在現代工業都市中發現了經濟進步與道德退化之間的矛盾。他發現在那些文質彬彬、溫文爾雅的「紳士階級」和「高級知識份子」中間，其實充滿著在「小小恩怨得失中滾爬」的喜劇，「人與人的關係複雜到不可思議，然而又異常單純的一律受鈔票所控制」。[6]於是，沈從文迅速在「新思潮」面前卻步，轉而想創造一個古樸明淨、純真雅致的藝術世界。他宣稱：「我想表現的本是一種人生形式，一種

6 沈從文，《水雲》，見《沈從文文集》第十卷（香港：三聯書店香港分店，1984），第274頁。

優美、健康、自然，而又不悖乎人性的人生形式」，「我主意不在領導讀者去桃源旅行，卻想借重桃源上行七百里路酉水流域中一個小城市中，幾個愚夫俗子被一件人事牽連在處時，各人應有的一份哀樂，爲人類愛字做一度恰如其分的說明。」[7]這種古老的人生形式和自然化的人性，沈從文認爲，可以做爲將來人與人關係重造的基石，以期實現人對自然的皈依。因而，沈從文的幾乎所有小說都可歸入兩類之中：一類是以冷雋、嘲諷的寫實筆調揭示現代都市社會中人物內心的醜惡與道德淪喪，例如《八駿圖》、《顧問官》、《紳士的太太》等等；另一類則是以溫暖、浪漫的抒情筆調描寫那些生活在湘西土地上的人們的淳樸人性，例如《邊城》、《長河》、《三三》等。從這兩組對比描寫中，沈從文想讓人們認識「這個民族過去偉大處與目前墮落處」，並試圖用農村原始的人情來改造社會，恢復民族性格，以醫治被現代工業文明所扭曲、所玷污了的人性。

這是沈從文對現代社會的獨特思考與藝術追求。他對傳統人性的頌揚，對大自然的景仰，對現代工業文明的態度，都幾乎可以說與林語堂如出一轍。

最後看一下老舍。

相對來說，老舍並不像周作人、沈從文這樣對中國傳統文明著迷，這位現代文學中的著名小說家甚至還在《二馬》、《老張的哲學》等作品中表現了對落後國民性的批判。但是，在現代工業社會的自由競爭和快速節奏到來時，他既希望物質文明的迅速提高，又希望在這其中能保留住傳統和人性美；既要現代工業能夠帶來生活上的實惠，但又不要破壞人和自然的和諧。在現代化的「小康之國」中，他希望能保留住一點暖融融的人間情趣：

> 夏天，能夠住在有竹間的鄉間，喝兩杯白乾，謅幾句舊詩，不論怎麼說，總算說得過来。　　　　　　　——《舊詩和貧血》
>
> 蕉葉清新卷月明，田邊苔井晚波生。
>
> 村姑汲水自來去，坐聽青蛙斷續聲。　　——《蜀村小景》

---

7 沈從文：《邊城·題記》。

好一幅清新、恬靜、淡雅的農家行樂園！在喧囂的現代都市中，老舍傾心於東方傳統文化的平和、人道。在他看來，這不只是他足以頤養天年的處所，而是作爲一個真正現代、進步的社會所應包含的內容。這與林語堂先生的人生境界，又有什麼樣的區別呢？

限於篇幅，我們不能對二十世紀思想文化史中崇尚傳統文化的思潮作更爲詳盡的闡釋，但僅僅就上述對周作人、沈從文、老舍等人的簡單分析中，也就可以感覺到林語堂的生活藝術觀在當時的出現並不突然。那麼，其根本原因又是什麼呢？

我們發現，在工業化進程中，老牌資本主義的英國是走在世界前列的。在歷經圈地運動、資本原始積累、全球貿易之後，至十九世紀中葉已經走到了它的成熟期。也就在這同時，哲學家恩格斯敏銳地覺察到了擁有二百五十萬人口的大城市倫敦，在道德行爲與社會責任方面已經形成了一種新的物質。在他《英國工人階級現狀》中這樣說道：「倫敦人爲了創造充滿他們城市的一切文明奇跡，不得不犧牲他們的人類本性的優良特點……這種街道的擁擠中已經包含著某種惡的、違反人性的東西。難道這些群集在街頭的代表著各階級和各個等級的成千上萬的人，不都具有同樣的特質和能力，同樣是渴求幸福的人嗎？可是他們彼此從身旁匆匆走過，好像他們之間沒有任何共同的地方。好像他們彼此毫不相干，只在一點上建立了一種默契，就是行人必須在人行道上靠右邊行走，以免阻礙迎面走來的人；誰對誰連看一眼都沒想到，所有這些人越是聚集在一個小小的空間裏，每個人在追逐私人利益時的這種可怕的冷漠，這種不近人性的孤僻就愈使人難堪，愈是可怕。」

這些具有着同樣的物質、能力，同樣地渴求着幸福的工業社會的人們，在十九世紀中葉已經變得如此冷漠、孤僻、難堪、可怕。這種特性不僅與以往農業文明時有着截然不同的區別，而且與資本主義剛興起的特性也迥然有異。哲學家恩格斯感覺到了機器對人性的異化，感覺到了二百五十萬人口的倫敦不值得讚美。

這種情景在美國似乎是晚了半個世紀。在二十世紀，尤其是上半葉，美國人強調工作、清醒、儉省、節欲和嚴肅的人生態度，佛蘭克

林宣稱，世界上有十三種有用的品德：不喝酒、沉默、有條理、果斷、儉省、勤奮、真誠、公正、溫和、清潔、安寧、貞節和謙遜。他勸告人們每星期嚴守一則，持之以恆必能大有作爲。

如果說林語堂與周作人等人在三十年代初期提倡幽默、閒適和獨抒性靈的生活藝術觀，還只是他們根據當時中國自鴉片戰爭以後日益發展起來的工業社會情景的敏銳感悟，那麼，林語堂自 1936 年居留美國以後，他對生活藝術觀的大力宣導與推行，更有了扎實的現實基礎和自身的客觀要求。我們認爲，這就是林語堂先生生活藝術觀產生的時代背景。

三、林語堂生活藝術觀的現實意義

無庸置疑地，人們對林語堂生活藝術觀的合理人性要求沒有任何的疑問。然而，似乎同樣重要的問題則在於，這種生活藝術觀的實行需要有一定的社會與個人的適宜土壤，否則，便不能存活，便不能成爲人們的生活取向。

首先，從個人方面來看，人類必須首先取得相當的生存權和社會地位，反之則無法可想。

還是在「五四」時期，那時林語堂還是一個青年學子，他還是一位沒有足夠社會地位與經濟支配權的學生，他在《給錢玄同先生的信》中認爲：「今日之中國政象之混亂，全在我老大帝國國民癖氣太重所致，若惰性、若奴氣、若敷衍，若安命、若中庸，若識時務，若無理想，若無熱狂，皆是老大帝國國民癖氣」。他認爲青年人應該奮發有爲，應該有爲理想而狂熱的進取精神。他在同時另一篇文章中更是堅定地認爲：「生活就是奮鬥，靜默決不是好現象，和平更應受我們詛咒。」這樣的話語，比之於後來林語堂所提倡的生活藝術觀，真是有天壤之別。

其次，從社會面來看，社會在這時也必須形成了和平的發展時期，並已擁有了相當的社會物質財富，反之則也無法可想。

在二十世紀三十年代初期，林語堂先生在上海創辦《論語》、《人間世》等刊物，專心提倡閒適與幽默的文學時，卻招來了眾多的指責

與非難。人們可以看魯迅先生一針見血的批評：

> 自以為高一點的，已經滿紙空言，甚而至於胡說八流，下流的卻成為打諢，和猥鄙丑角，並無不同，主意只在挖公子哥兒們的跳舞之資，和舞女們爭生意，可憐之狀，已經下於五四運動前後的鴛鴦蝴蝶派數等了。[8]

> 亂點古書，重抄笑話，吹拍名士，拉扯趣聞，而居然不顧臉皮，大擺架子，反自以為得意，——自然也還有人以為有趣，——但按其實，卻不過「扯淡」而已。[9]

如果不帶有偏見，從客觀角度實事求是地思考問題，那麼，我們認為，儘管魯迅先生的批判有些尖刻，但是，他總的批判鋒芒仍然是正確的。試想，當整個民族處於支離破碎、內戰頻仍的時期，一心追求閒適和幽默，是不是放棄了個人最起碼應該有的對民族與社會的責任？而且，說到底，在國家和民族處於這樣破碎與窮困的關頭，任何追求閒適、性靈的想法可能都是空中樓閣。

然而，星轉斗移，寒暑易往，在現今的時空條件下，林語堂先生孜孜追求的生活藝術觀卻具有了堅實的基礎和廣闊的市場。

當一個人已經擺脫了溫飽的困擾，已經不必再為一日三餐而費足腦筋，當一個國家已經步入了健康發展的軌道，已經累積了足以應付貧困與急難的財富，當一個民族已經不再為生存問題所逼迫，已經有可能直起身來喘口氣……的時候，我們發現林語堂先生的生活藝術觀便會擁有眾多的信徒與參與者。任何對此的批評與刻薄，倒有可能反而顯出自己的平庸與偏枯。

正是在此，我們願意肯定林語堂先生生活藝術觀的理論價值，以及現在它所擁有的現實意義。

（原收《林語堂的生活與藝術研討會論文集》，
佛光人文學院 2000 年 11 月出版）

---

8 魯訊：《且介亭雜文二集，雜談小品文》，見《魯迅全集》第六冊（北京：人民文學出版社，1981），第 418 頁。

9 魯迅：《且介亭雜文二集，從幫忙到扯淡》，同上書，第 345 頁。

下　編

下　　編

「前五四時期」的文學

一、暮鼓晨鐘

從 19 世紀末至 20 世紀初開始的中國文學運動，是一次全新的、具有根本性轉折意義的歷史變革。

在我國數千年漫長的文學發展歷程中，先秦兩漢文學、唐宋文學、元明清文學，其實都各有其不同的特色；即使在某一朝代的不同階段，如初唐、盛唐、中唐和晚唐，也都有著各自較為鮮明的印記與個性特徵，但是，從一個更為廣闊的視野看，這些變化其實都還只能算是量的輕微的變化，並不能形成一個迥然不同的質的分界線。它們如一道道環扣，串起了我國古代文學的歷史長鏈，只是到 1900 年這一世紀之交的歷史時期，文學發展的歷程才如脫韁野馬，偏離了原有的運行軌道，開始了其現代化的偉大歷程。

從人類社會的整體進程觀察，物質生產與藝術生產這兩個各具特徵的門類，儘管經常存在不平衡性、甚至逆向性的特點，但是就整體趨勢而言，其對應關係是可以成立的。馬克思主義這一唯物史現對於把握 20 世紀中國文學發生的翻天覆地的變化也具有切實的指導意義。

1840 年爆發的鴉片戰爭，是中國遭受西方列強奴役的起點，也是中國傳統封建經濟形態被迫轉型的開始。隨著《南京條約》的簽訂，廣州、廈門、福州、寧波和上海被迫通商，中國門戶洞開，西方資本主義列強把中國當作他們傾銷商品和利用廉價勞動力攫取巨額利潤的重要市場。例如洋布的大量進口，直接打擊了我國東南沿海傳統的手

工紡織業，上海附近的松江、太倉等地，手工紡織業明顯衰退。同時，在外商的操縱下，中國茶、絲出口量大幅度增加，然而由於價格控制在洋人手中，我國的直接生產者卻受到了更爲嚴重的剝削。這種經濟侵略劇烈地震盪著中國社會，使中國的貧困日甚一日。

1895 年《馬關條約》的簽訂，意味著中國封建社會的殖民化更趨加劇。《條約》第六款第四項明確規定：「日本臣民得在中國通商口岸城邑，任便從事各項工藝製造。」[1]這是日本帝國主義強加在剛剛於甲午戰爭中失敗的中國人民頭上的經濟侵略條款。該條約爲日本以及所有外國人在通商口岸興辦工廠提供了便利，這是近代以來中國政府第一次以條約形式准許外商在通商口岸興辦企業。中國傳統的封建經濟堤岸在此又被掘開了一個巨大的窟窿。

梁啓超在 1903 年出版的《飲冰室合集》中這樣認爲：「最近十年間……世界數大工業國者，皆以應用文明利器之故，國富日益濫衍，馴至以資本過饒爲大患。此過饒之資本，勢不得不還以投諸工業……環顧全球，舍中國外更無複展翼之餘地。」因之，「全世界工業革命之大波遂軒然挾萬鈞之力，以壓我境。」[2]據統計，從 1895 到 1902 年這短短幾年中，西方列強在華投資共達十五億美元；到 1914 年第一次世界大戰之前，投資更達到二十二億五千萬美元；而在 1894 年之前卻只有兩三億美元。[3]難怪中國經濟學家將這段時間稱之爲中國工業發展史上的一個全盛的「外資興業時代」。[4]

棉紡織業是西方列強進入中國最主要的工業部門。1897 年，英國的怡和、老公茂，德國的瑞記和美國的鴻源這四大紗廠同時開工，不久，日本的三泰株紡織會社以及英國收買中國官商合辦的協隆紗廠又相繼開業，紗錠總數達到二十餘萬枚。我國擁有豐富的棉花原料資源、大量廉價的勞動力和廣闊的市場，在西方列強先進的紡紗技術與資本

---

1 王鐵崖編：《中外舊約章彙編》第 1 卷，三聯書店 1957 年版，第 616 頁。

2 梁啓超《飲冰室合集》，文集二十一，第 7 冊，廣智書局二十九年（1903 年）排印本，第 30 頁。

3 張憲文主編《中華民國史綱》第 1-2 頁，河南人民出版社 1985 年出版。下同。

4 陳真、姚洛合編《中國近代工業史資料》，三聯書店 1961 年版，第 1 輯，第 2 頁。

湧入下，上海以及我國東南沿海地區一躍而成為當時世界重要的棉紡業基地。與此同時，採礦業、鐵路業、麵粉業、繅絲業、機器製造業等近代工業門類也在外資的長驅直下迅速湧現出來。

伴隨著近代大工業發展的需要，國外金融業也在此時大舉進入中國。1895-1913 年間，外商在中國開辦銀行十三家，分支機構八十五處，[5] 形成了對中國金融市場的壟斷地位。上海黃浦江邊一幢幢金融大廈拔地而起，鄰近的九江路、寧波路一帶金融網點星羅棋佈，西方列強在上海迅速建立起了足以左右中國經濟命脈的近代金融中心。

還應該看到的是，在西方列強加緊對中國經濟侵略與掠奪的同時，我國民族工業也在此時獲得了長足發展。正如馬克思所說：西方列強的殖民侵略「迫使一切民族——如果他們不想滅亡的話——採用資產階級的生產方式」。[6] 當時有識之士紛紛呼籲清朝政府設廠自救、實業救國，以抵制西方列強的經濟侵略，挽回利權。1898 年，清政府頒佈《振興工藝給獎章程》，次年又在上海設立商務總局。1903 年，清政府設立商部，並先後制訂《獎勵公司章程》、《商律》、《公司註冊試辦章程》等工商法規。這在長期重農輕商的中國社會無疑是一次巨大的變革。我國民族工業由此開始了大規模的艱難曲折的創業之路。據資料顯示，1872-1894 年，資本在一萬元以上的中國民族資本企業，總共只有 72 家，資本總額二千餘萬元，而在 1895-1913 年間，新開設的資本在一萬元以上的中國民族資本企業已達 549 家，資本總額達到創記錄的一億二千餘萬元。[7] 而在地域分佈上，這些民族資本企業也大都分佈在沿海、沿江等幾個大城市。其中上海最多，有 83 家，武漢次之，28 家，其他天津 17 家，廣州 16 家，杭州 13 家，無錫 12 家，此外寧波、蘇州、南通、廈門等地也湧現出了一定數量的民族企業。

總起來看，西方列強資本的大肆湧入與中國民族資本企業的迅速崛起，使得 20 世紀初期中國原有的封建經濟格局發生了深刻的變化。即以上海為例，在 1843 年開埠以前還只是一個普通的濱海小縣城，而

---

5 《中華民國史綱》第 3 頁。頁
6 《馬克思恩格斯選集》第 1 卷，人民出版社 1995 年版，第 255 頁。
7 《中華民國史綱》第 4 頁。

到 1900 年，上海人口便以超常的速度膨脹到 100 萬，1915 年則達到 200 萬之多，成爲當時世界上特大型工商城市之一。正如《上海通史》中所描述的那樣：

> 19 世紀與 20 世紀之交，隨著各種類型的中外資本工廠企業在上海的發展，上海已經不再僅僅是一個國際化的貿易大市場、金融大市場，而且，已經形成了國際化的工業投資大市場；工業經濟在上海城市經濟中所占的比重迅速上升；近代上海工業以輕紡工業爲主體這一主要的結構特徵基本形成；上海工業迅速地與當時我國長江流域土貨的生產、流通結合起來，特別是與江南地區占很大比重的棉花生產結合起來了，從而正在改變著上海城市經濟在中國以至國際經濟社會中的地位。正是如此，我們可以認爲 19 世紀與 20 世紀之交，上海城市經濟已經跨入了大工業時代。[8]

儘管中國偏僻的內地、鄉村具有經濟發展上的極度不平衡性，然而，以上海爲突出代表的沿海城市大步跨入「大工業時代」的客觀事實，已經十分醒目地向人們昭示：綿延數千年的農業封建經濟已經出現裂變，而建基其上的中國傳統文學也必然要隨之發生巨大的變革了！二十世紀中國文學的巨大變革可謂是水到渠成。

在歷次文學史上的巨大變動中，讀者群體都扮演了一個極爲重要、極爲活躍的角色。

1905 年，滿清政府迫於當時社會發展的客觀需要和廣大有識之士的普遍要求，明文廢除空疏無用的科舉制度。從隋煬帝大業二年（西元 606 年）起，科舉制度曾在中國綿延了整整一千三百年。它的廢除，不僅是中國教育史上的一件大事，而且也使人才培養制度和選拔方式發生了根本性的變化。這標誌著過去封建傳統的教育在形式上一筆勾銷，而一種新的爲近代社會服務的教育制度正式確立。從此，新式學校迅猛發展，知識份子階層不斷壯大。表現到文學中，它不僅影響到

---

8 《上海通史》第 412 頁，上海人民出版社 1999 年出版。

作為創作主體的作家的知識構成和創作面貌，而且還直接影響到作為接受主體的讀者對於文學創作的要求和閱讀趣味的轉變。這確實是二十世紀初文學發展的特點與古代文學根本不同的地方。

早在 1905 年我國科舉制度正式廢除之前，就有了不少關於新的學校教育制度的倡議和新式學校的創辦，只不過在數量上沒有科舉廢除之後那樣迅速增加而已。1856 年，中國第一位受過美國高等教育的容閎，就已經向太平天國的領袖們提出效法西洋「頒定各級教育制度」的建議，並獲得了太平天國領袖們的贊同。1895 年，天津道道台盛宣懷奏請滿清政府辦理天津西洋學堂。該學堂分頭等和二等兩級，其中頭等相當於大學，是我國最早的中西兼學、西洋化的普通學校，二等學堂相當於中學，是我國最早的西洋化的中學。1897 年，盛宣懷又在上海創辦南洋公學外院，成為我國最早的一所近代新式小學。除官方辦學之外，在此前後還出現了一定數量的基督教教會學校、天主教教會學校和私立學校。到 1903 年，我國誕生了第一個經政府正式頒佈後曾在全國範圍內實際推行的學制，即「癸卯學制」。它共分三段七級，長達二十九年，第一段為初等教育，分蒙養院、初等小學和高等小學三級，共十三年。第二段為中等教育，設中學堂一級共五年。第三段為高等教育，分為高等學堂或大學預科三年，分科大學堂三年到四年，通儒院五年，共三級十一到十二年。「癸卯學制」對我國近代學校教育制度的組織形式發生了深遠的影響，清末民初的新學校教育制度即以此為依據。從此，二十世紀初的中國社會在人才培養與選拔方式上有了一條與古代科舉制度完全不同的道路，它造就了大批全新的知識階層並規定了知識份子的成才途徑。

正如資本主義生產關係的發展造成了大批的產業工人，並最終促使了社會型態的轉化一樣，二十世紀新式教育的推行，也在造就大批知識階層的同時，培養著自己的作者隊伍和讀者群體。與古代封建教育根本不同的是，新式教育已經從封建等級和知識壟斷中走了出來，面向社會，面向民間。在清代，有了起碼的文化知識準備參加院試（即最低等的州縣級的童試）的生員數量，據統計，在清代中葉以前每年約為五十三萬，後期則為六十四萬，當時的全國總人口為四億四千萬

左右。這個數字其實部分反映了清朝知識份子的數量。因為在封建古代，進私塾讀書，或者有錢人專門請人教育子弟，其實都是為了科舉這一條路，「士」人既無其他的人生選擇，所學知識也不能在其他方面派上用場，因而在當時，只要學會了一點知識，多數總是不會放棄參加科舉的。而在新式教育推行之後，一方面教育設施的建立給人們就學提供了較好的機會，另一方面學費也較私塾或者專門請家教遠為便宜。因而，進學校學習的人數大幅度增加。從光緒三十三年（1907年）開始，我國曾有全國學校數和學生數的統計數字公佈，到1916年這10年中，我國的學校和學生數量顯示逐年增長的勢頭。學校增加了八千所，學生數增加了近三百萬人。到1919年「五四」運動爆發前夕，我國各類學校的學生數目為：基督教教會學校二十一萬四千二百五十四人，天主教會學校十四萬五千人，私立學校一百零四萬五千人，公立學校四百三十萬人，總計學生數五百七十萬。[9]這數目，比起清朝中葉以後約六十四萬人的生員數量，增長了將近十倍！而當時全國的總人口也仍然是四億左右。

　　在二十世紀初期，作為都市通俗文學流派的禮拜六——鴛鴦蝴蝶派，在那段政治黑暗的時期得到了畸形的發展，但是，它的讀者對象主要是那些識字的城市市民，因而它還只是傳統文學意義上的延伸，並不能形成一個全新的作品世界和讀者世界。而到「五四」新文學運動興起時，在校學生數已達到五百七十萬的空前數量，再加上已經畢業走上社會的新式學校的學生，其人數已經足以構成一個與以往古代社會中全然不同的讀者隊伍。正是這些接受過新式教育的讀者群，相當有力地支持與促使了「五四」新文學運動的展開，使中國文學完成了從古代到現代的轉變。如果沒有這樣一個堅實的讀者隊伍，「五四」新文學運動的興起與發展簡直是無法想像的。這是我們認為二十世紀中國文學發生的一個重要原因。

9　李景磐《中國近代教育史》，人民教育出版社1979年版，第271頁。

　　以機器印刷爲主要特徵的近代傳播媒介，從根本上說，是整個社會生產力的一個重要方面。它作爲工業革命的經濟成果，構成了二十世紀初文學變動的又一個內在動因。

　　阿英在《晚清小說史》中分析晚清小說空前繁榮的原因時認爲：「當然是由於印刷事業的發達，沒有此前那樣刻書的困難；由於新聞事業的發達，在運用上需要多量產生。」[10]這確實揭示出了當時文學繁榮的某些根本性內涵。可以毫不誇張地說，如果沒有近代傳播媒介的變革，就根本不可能有二十世紀中國文學的興盛，也就無從形成二十世紀中國文學如此龐大的體系與格局。

　　在我國幾千年漫長的文學歷程中，記錄工具與傳播媒介的每一次巨大變革，都極大地推動了文學事業的發展。東漢蔡倫對造紙術的改進與廣泛應用，北宋畢昇發明活字印刷，無疑都對我國文學的傳播與發展產生了非常深遠的影響。不過，儘管這些改進與發明在當時都走在了世界文明的前列，是中華民族對世界文化的重大貢獻，但是，由於他們都還停留在手工操作的階段，並且綿亙千年不變的固定程式，都使我國古代文學的發展與世界上所有工業革命之前的國家一樣，保持著相對靜止、遲緩的進化歷程。只是到了以動力革命爲主要標誌的工業社會之後，機器造紙、印刷轉輪機的廣泛運用以及由於鐵路、輪船的快速出現而形成的現代郵路，等等，文學的傳播與交往才徹底突破了手工的、低效的階段，呈現出一日千里的發展勢頭。

　　在我國報學史上，中國人自己最早創辦的近代報紙，是伍廷芳於1858 年在香港創辦的《中外新報》。自此之後，中國人自辦的報刊不斷湧現。到 1902 年梁啓超統計全國存佚報刊時，則已達一百二十四種之多。[11]至於近代文學期刊的創辦則要略晚一些。1872 年創刊的《瀛環瑣記》是我國最早具有近代傳播媒介性質的文學雜誌。其後到 1897 年這二十五年中，只出現過五種文學期刊，而其中三種實際上還是《瀛環瑣記》的改版。只是在歷史步入二十世紀之際，隨著康有爲、梁啓超等維新派爲配合「改良維新」而極力推崇「新小說」時，文學期刊

---

10 阿英著《晚清小說史》第 2 頁，作家出版社 1955 年版。
11 戈公振《中國報學史》，三聯書店 1955 年版，第 178 頁。

才大量出現。據統計，從 1902 年 1916 年這十五年間，創辦的文藝期刊計多達五十七種，[12]形成了近代文學期刊空前繁榮的局面，使我國長期落後的文學編輯、出版事業逐漸加入到世界文學發展的軌道上來。

　　仔細研究二十世紀初這十餘年間出現的 57 種文學期刊的出版、發行情況，是饒有趣味的。因爲它不僅反映了我國近代文學期刊從無到有、從少到多的變動過程，而且重要的是，它記錄了隨著中國封建自給自足小農經濟的破產而發生在文學方面的影響，保留了經濟格局的變動對文學發生影響的最初狀貌。這是一個難得的、極具研究價值的樣本：

雜誌名稱	出版地	創刊時間	雜誌形式	編輯
新小說	上海	1902 年	月刊	梁啓超
繡像小說	上海	1903 年	半月刊	李伯元
新新小說	上海	1904 年	月刊	冷笑
二十世紀大舞臺	上海	1904 年	半月刊	大舞臺叢報社
小說世界日報	上海	1905 年	日刊	
小說七日報	上海	1906 年	週刊	談小蓮
新世界小說報	上海	1906 年	月刊	警僧
月月小說	上海	1906 年	月刊	吳趼人、周桂笙
雁來紅叢報	蘇州	1906 年	週刊	
遊戲世界	杭州	1906 年	月刊	寅半生
著作林	杭州	1906 年	月刊	陳栩
小說林	上海	1907 年	月刊	曾孟樸、黃摩西
競立社小說月報	上海	1907 年	月刊	亞東破佛
小說世界	香港	1907 年	旬刊	
新小說叢	香港	1907 年	月刊	林紫虬
白話小說	上海	1908 年	月刊	

12 根據魯深《晚清以來中國文學期刊目錄簡編》中數目統計，見《中國現代出版史料》丁編（下），中華書局 1957 年版。

國學粹編	北京	1908 年	半月刊	沈宗畸
十日小說	上海	1909 年	旬刊	
小說時報	上海	1909 年	月刊	陳冷血、包天笑
揚子江小說報	漢口	1909 年	月刊	胡石庵
小說月報	上海	1910 年	月刊	王蘊章、惲鐵樵
南社月刊	上海	1910 年	月刊	南社
遊戲雜誌	上海	1913 年	（不詳）	王鈍根
良心	上海	1913 年	月刊	重尤
自由雜誌	上海	1913 年	月刊	童愛樓
民權素	上海	1914 年	月刊	蔣箸超
七天	上海	1914 年	週刊	海上漱石生
七襄	上海	1914 年	週刊	姚鵷雛
小說叢報	上海	1914 年	月刊	徐枕亞
禮拜六	上海	1914 年	週刊	王鈍根、周瘦鵑
好白相	上海	1914 年	旬刊	豐誠
繁華雜誌	上海	1914 年	月刊	海上漱石生
小說旬報	上海	1914 年	旬刊	羽白
白相朋友	上海	1914 年	旬刊	胡寄塵
五銅元	上海	1914 年	週刊	吳雙熱
女子世界	上海	1914 年	月刊	天虛我生
琴心報	常熟	1914 年	週刊	吳雙熱
上海灘	上海	1914 年	旬刊	上海灘編輯部
消閒鐘	上海	1914 年	半月刊	李定夷
香豔雜誌	上海	1914 年	月刊	新舊廢物
快活世界	上海	1914 年	月刊	莊乘黃
餘興	上海	1914 年	月刊	時報館
中華小說界	上海	1914 年	月刊	董皙香
小說海	上海	1915 年	月刊	黃山民
笑林雜誌	上海	1915 年	月刊	天競

消遣的雜誌	上海	1915 年	月刊	陸澹庵
鶯花雜誌	上海	1915 年	月刊	孫靜庵
小說新報	上海	1915 年	月刊	李定夷
雙星雜誌	上海	1915 年	月刊	雙星雜誌社
滑稽時報	上海	1915 年	月刊	時報館
摩尼	上海	1915 年	旬刊	章巨摩
小說大觀	上海	1915 年	季刊	包天笑
秋星	上海	1915 年	月刊	徐知希
文星雜誌	上海	1915 年	月刊	倪義抱
眉語	上海	1915 年	月刊	高劍華
春聲	上海	1916 年	月刊	姚鵷雛
藝文雜誌	上海	1916 年	年刊	倪軼池

在上列圖表中，最使人直接感受到的是，隨著近代經濟中心的形成而產生的前所未有的文學圖景。1840 年爆發的鴉片戰爭，拉開了古老的封建宗法社會向半封建半殖民地社會痛苦轉化的序幕。不過，中國社會的急劇半殖民地化，則是發生在 1894 年甲午戰爭失敗之後的帝國主義瓜分中國的狂瀾中。隨著十里洋場上海的逐漸興起，同樣具有近代商品經濟性質的文化市場也應運而生了。在圖表所列的 57 種文藝期刊中，竟有 49 種創刊於上海，占了總數的 90%以上。此外，兩種創刊於香港，一種創刊於漢口，也是近代得風氣之先的地方。它們都直接表現為近代經濟發展的產物。而古代長期作為全國政治、文化中心的北京，只出現過一種文藝期刊。即便如在封建社會中一直人文薈萃的蘇州、杭州、常熟等地，也只總共產生了四種文學雜誌。這與過去江浙文人一直占全國總數一半以上的局面是何等的不相稱!應該說，這不是一種巧合，也不是一些偶然因素的作用，而是近代經濟發展的必然結果。因此，二十世紀初的中國文學從一開始就是在半殖民地經濟的基礎上產生並發展起來的，具有著與西方發達資本主義國家文學興起時同樣的性質。這是二十世紀中國文學與傳統文學根本不同的地方。

二、喧囂與蕪雜

當社會變動孕育出中國文學史巨大轉折的基因與胚胎時，事實上二十世紀初葉的文學變革並不是那麼的平靜與一帆風順；而是充滿著大變動前夕特有的沉悶與喧囂、亢奮與消沉、清純與蕪雜。

最先在十九、二十世紀之交的中國文壇引起人們廣泛矚目的，當推梁啓超等人大力提倡的啓蒙主義文學。

在西方列強的軍事侵略與經濟掠奪下，不甘屈辱的中華民族在面對亡國滅種的危難關頭，思考得最多的便是如何改良社會、開通民智。1902 年，梁啓超在日本橫濱創辦了我國近代第一份純文學期刊《新小說》，該刊在《中國唯一之文學報〈新小說〉》一文中宣稱：「本報宗旨，專在借小說家言，以發起國民政治思想，激勵其愛國精神，一切淫猥鄙野之言，有傷德育者，在所必摒。」[13]大力宣導開啓民智的政治小說。

在該刊創刊號上，梁啓超的《論小說與群治之關係》一文可算是啓蒙主義文學的綱領性文章。梁氏大聲疾呼道：

> 欲新一國之民，不可不先新一國之小說。故欲新道德，必新小說；欲新宗教，必新小說；欲新風俗，必新小說；欲新文藝，必新小說；乃至欲新人心，欲新人格，必新小說。何以故?小說有不可思議之力支配人道故。

他這篇啓蒙主義文學的歷史性理論文獻，極大地震撼了中國傳統文學中長期歧視和輕視小說的陳腐觀念，有力地推動了二十世紀中國文學的發展。不過也應該指出的是，梁文中所大膽表露的對小說的重視以及對啓蒙主義文學的推崇並不是當時他一個人的主張，而是代表了一大批有識之士對文學和小說的共同認識。早在 1897 年，嚴復、夏曾佑在《〈國聞報〉複印說部緣起》中就指出：「且聞歐、美、東瀛，其開化之時，往往得小說之助」，因之，他們「不憚辛勤，廣為采輯，附紙分送」。[14]又如在同年，康有為在《〈日本書目書〉識語》中指出「天下讀小說者最多也」，「僅識字之人，有不讀經，無有不讀小說者」，因

---

13 署名新小說報社，載《新民叢報》十四號，1902 年。
14 《國聞報》，光緒二十三年（1897）十一月十八日。

而小說「易逮於民治，善入於愚俗」，[15]極易成為開啓民智、救國圖存的機器。可以說，梁啓超的這篇《論小說與群治之關係》的名文，極其準確地把握住了時代的脈搏，真切地感受到了二十世紀初葉中國社會變革的歷史足音，預言性地凸現了小說革命在中國改良社會、開通民智方面的重要作用，在二十世紀中國文學史上佔有重要的地位。

在《新小說》之後，《繡像小說》（1903）、《新新小說》（1904）、《月月小說》（1906）、《小說林》（1907）等雜誌紛紛面世。儘管它們在辦刊方針與特色方面各有差異，然而對小說在啓蒙運動中的認識卻大致相同。《繡像小說》在出版《緣起》中歷數中國傳統小說的弊端：「支那建國最古，作者如林，然非怪謬荒誕之言，即記汙穢邪淫之事；求其稍裨於國，稍利於民者，幾幾乎百不獲一」，因而宣稱《繡像小說》的創刊宗旨便在於「遠庶泰西之良規，近挹海東之餘韻，或手著，或譯本，隨時甄錄，月出兩期，籍思開化夫下愚，遑計貽譏于大雅」，[16]旗幟鮮明地道出了該刊啓蒙主義的主張。而《新新小說》的創刊《敘例》更是模仿梁啓超的口吻，認為「小說有支配社會之功能，近世學者論之甚詳，比年以來，亦稍知所趨重矣。故欲新社會，必先新小說；欲社會之日新，必小說之日新。小說新新無已，社會之變革無已，事物進化之公例，不其然歟？」[17]上述刊物彼此呼應、推波助瀾，在二十世紀初葉形成了中國第一次啓蒙主義文學熱潮。

相較於啓蒙主義文學在理論上的熱熱鬧鬧，但是其創作在藝術上卻普地遍枯燥乏味，缺乏藝術的感染力。即如梁啓超按照他的新小說主張創作的《新中國未來記》也絕非一篇成功的小說。在作品中，作者集中探討了在外敵入侵、國難當頭的關鍵時刻，中國是應該選擇君主立憲還是應該選擇革命這一重大問題，然而在通篇作品中，既沒有鮮明的人物形象刻劃，也沒有生動的故事情節編排，而往往是以大段

---

15 上海大同譯書局版《日本書目志》（1897 年）。轉引自陳平原等編《二十世紀中國小說理論資料》（第一卷）第 29 頁，北京大學出版社 1997 年出版。下同。

16 《繡像小說》第一期，商務印書館 1903 年出版。

17 《〈新新小說〉敘例》，見《大陸報》第二卷第五號，1904 年。轉引自陳平原等編《二十世紀中國小說理論資料》（第一卷）第 140 頁。

的議論與對話直接表露出作者的觀點。因而，儘管作者選擇的題材極富時代氣息，其宣傳的主張也往往能打動人心，但是，由於缺乏必要的藝術加工與處理，也使這部作品給人以不堪卒讀之感。作者自己在《譯印政治小說序》中也承認，《新中國未來記》「似說部非說部，似稗史非稗史，似論著非論著，不知成何種文體。……編中往往多載法律、章程、演說、論文等，連篇累牘，毫無趣味。」[18]其他的作品如俠民的《菲獵濱外史》、陳天華的《獅子吼》等，也大都著力於政治宣傳，而缺少必要的藝術加工和提煉。

　　因此，以梁啓超爲主要代表人物的啓蒙主義文學，儘管以果決的言辭和浩蕩的氣勢拉開了二十世紀中國文學的序幕，但是由於它過於看重小說的通俗性和啓蒙救亡的功利價值，相當程度地忽視了小說的藝術規律和審美價值，所以其影響也就相當的斑雜和有限。

　　幾乎是與啓蒙主義文學同時出現的是，翻譯文學迅速興起並呈現一時之盛。

　　隨著經濟上的對外通商以及我國近代留學生制度的形成，中外文化交往日趨頻繁。據統計，從 1896 年到 1916 年這二十年間，我國大約翻譯了八百餘種外國小說，現存的尚有七百九十六種之多。[19]翻譯文學構成了二十世紀初葉中國文學史上一道獨特而絢麗的風景。

　　適應著救亡圖存的需要，最先翻譯到中國來的也仍然是政治小說。在 1898 年 12 月 25 日創刊的《清議報》上，梁啓超發表了他翻譯的日本政治小說作家柴四朗的作品《佳人奇遇》。原作中有關歐美政治制度的構想和大量的政治言論，成了梁啓超傾力翻譯這部小說的主要動力。在《譯印政治小說序》中，梁啓超認爲「美、英、德、法、奧、意、日本各國政治之日進，則政治小說，爲功最高焉」，因此，他主張「今特采外國名儒所撰述，而有關切於今日中國時局者，次第譯之，附於報末，愛國之士，或庶覽焉。」[20]在《佳人奇遇》之後，梁啓超又

18 陳平原、夏曉虹編《二十世紀中國小說理論史》（第 1 卷），北京大學出版社 1989年版，第 38 頁。
19 陳平原《二十世紀中國小說史》第 1 卷，北京大學出版社 1989 年版，第 43-44 頁。
20 《清議報》第一冊，1898 年，轉引自陳平原等編《二十世紀中國小說理論資料》（第

翻譯了日本作家矢野龍溪的政治小說《經國美談》和末廣鐵腸的政治
小說《雪中梅》，顯示出他對啓蒙主義文學主張的不懈追求。

在這場翻譯文學熱潮中，影響最大的當數「林譯小說」。林紓
（1852-1924），字琴南，號畏廬、冷紅生，福建閩縣（今福州）人，光
緒舉人。他翻譯歐美小說計一百八十餘種，多達一千二百餘萬言，不
論其數量還是影響，當時均無人能與之匹敵。他在其最初翻譯、並爲
他帶來極高聲譽的《巴黎茶花女遺事》的「小引」中如此介紹當時翻
譯的情形：

> 　　曉齋主人歸自巴黎，與冷紅生談巴黎小說家均出自名手。生
> 請述之。主人因道，仲馬父子文字，於巴黎最知名，《茶花女馬克
> 格尼爾遺事》尤爲小仲馬極筆。暇輒述以授冷紅生，冷紅生涉筆
> 記之。[21]

林紓不通外語，他是與熟悉法語的王子仁（號曉齋主人）配合翻
譯出《巴黎茶花女遺事》的。由於茶花女瑪格麗特的不幸遭遇，再加
上林紓細緻委婉、哀感頑豔的文字，使得譯作一經發表便立即引起了
強烈的反響。嚴復在一首詩中寫道：「可憐一卷《茶花女》，斷盡支那
蕩子腸」。[22]許多中國讀者是從《巴黎茶花女遺事》中最初真切地體會
到外國小說的藝術韻味和魅力。

如果說在譯本的選擇上《巴黎茶花女遺事》尙帶有偶然性因素的
話，那麼林紓在緊接著於 1901 年翻譯美國斯托夫人的《黑奴籲天錄》
時，則帶有了明顯的政治宗旨，顯示出與梁啓超大致相同的譯書宗旨。
他自述翻譯該書「非巧於敘悲以博閱者無端之眼淚，特爲奴之勢逼及
吾種，不能不爲大衆一號。」他甚至認爲文學性應該在政治功利性之
下，「吾書雖俚淺，亦足爲振作志氣，愛國保種之一助。海內有識君子，
或不斥爲過當之言乎？」[23]這確實是當時民族危難、救亡圖存的特定情
形所使然。

一卷）第 38 頁。
21 1899 年福州畏廬藏版《巴黎茶花女遺事》中"小引"。
22 轉引自孔立：《林紓和"林紓小說選"》，中華書局 1961 年第 2 版修訂本前言。
23 《黑奴籲天錄》跋，1901 年武林魏氏藏版《黑奴籲天錄》。

　　1904 年出版的《英國詩人哈邊燕語》，標示著林紓翻譯興趣的轉變。他在對歐美文學日漸熟悉之後發現，「莎氏之詩，直抗我國之杜甫，乃立義遣詞，往往托象於神怪」，而英國並未因此而「淪弱」，因此，「蓋政教兩事，與文章無屬。政教既美，宜澤以文章；文章徒美，無蓋於政教。」[24]這與他前幾年所傾心的文學啓蒙主張大相徑庭。在 1907 年為狄更斯的《孝女耐兒傳》所作的譯序中，更是有意識地比較起中西文學的差異，認爲狄更斯的作品從描寫帝王將相、英雄美人轉移到社會基層的芸芸眾生，值得中國作家學習與借鑒：

　　　　中國說部，登峰造極者無若《石頭記》。敘人間富貴，感人情盛衰，用筆縝密，著色繁麗，制局精嚴，觀止矣。其間點染以清客，間雜以村嫗，牽綴以小人，收束以敗子，亦可謂善於體物；終竟雅多俗寡，人意不專屬於是。若迭更司者，則掃蕩名士美人之局，專為下等社會寫照：妖獪駔酷，至於人意所未嘗置想之局，幻為空中樓閣，使觀者或笑或怒，一時顛倒，至於不能自己，則文心之邃曲寧可及耶？[25]

　　由於林紓較爲開闊的翻譯視野、長達十餘年的孜孜以求以及他所擅長的質樸、古健、委婉的文字表達能力，使他的譯作在當時風靡一時。胡適在《建設的革命文學論》一文中認爲：「中國文學的方法實在不完備，不夠作我們的模範，……西洋的文學方法，比我們的文學，實在完備得多，高明得多，不可不取例。」[26]儘管有些媚外之嫌，但是胡適在這裏不僅僅是對「林譯小說」，也是對當時眾多翻譯文學作品價值的肯定。

　　與此同時，蘇曼殊翻譯雨果的《悲慘世界》，周桂笙翻譯法國作家鮑福的《毒蛇圈》，周瘦鵑結集出版的譯作《歐美名家短篇小說叢刊》，等等，在當時也產生了一定的影響。

　　譴責小說的出現在很大程度上受到啓蒙主義文學的影響，但與啓蒙主義文學又有明顯的不同。

24　林紓《英國詩人吟邊燕語》序,見 1904 年商務印書館版《英國詩人吟邊燕語》。
25　《孝女耐兒傳·序》,見 1907 年商務印書館版《孝女耐兒傳》。
26　《新青年》第四卷第 1 號，1918 年 1 月。

　　中日甲午戰爭的失敗、八國聯軍的入侵以及西方列強對我國經濟的瘋狂掠奪，中國人民已經對腐朽無能的滿清王朝感到深深的絕望，紛紛尋找國家積弱、民族危亡的原因。與梁啓超等人迥異的是，譴責小說家們往往缺乏啓蒙主義文學者那樣的銳氣與豪情，在作品中少見大膽而誇張的渲染理性主義的光輝，而是將目光投注到當時昏庸而黑暗的現實上來，以期喚起人們的憤恨與警覺。魯迅指出：「群乃知政府不足與圖治，頓有抨擊之意矣。其在小說，則揭發伏藏，顯其弊惡，而於時政，嚴加糾纏；或更擴充，並其風俗。」[27]準確地指出了譴責小說產生的實質。

　　《官場現形記》是最早出現的一部有重大影響的譴責小說。作者李寶嘉（1867-1906），字伯元，號南亭亭長，筆名遊戲主人、謳歌變俗人等，江蘇常州人。他擅長詩、文，曾以第一名考取秀才，舉人卻屢試不第。三十歲時移家上海，創刊《遊戲報》，後又改爲《世界繁華報》。他關心時政，對晚清的黑暗政治極爲不滿。《官場現形記》共六十回，最初在光緒二十九年（1903）至三十一年（1905）的《世界繁華報》上連載，後來集結成單行本出版。小說以諷刺的筆觸，塑造了一批形形色色的晚清官僚的形象。有縱兵燒掠、花天酒地的胡統領，有目不識丁、靠花錢買官的鹽商黃三溜子，有給大姨太生的七歲的兒子捐了個道台的山東藩台，有圖保顯職、供獻女兒的綠營管帶冒得官，有見了洋人就嚇昏了頭的文制台……作品在結構上沒有貫穿全書的中心人物，但是作者讓這麼一批寡廉鮮恥、貪贓枉法的官僚群醜在作品中圍繞著一個共同主題展開，也使得小說較爲緊湊、集中，對喚醒民眾、促進改良，有著強烈的震撼力量。在藝術上，作者顯然受到《儒林外史》的影響。但是《官場現形記》在表現上卻不夠含蓄，人物形象也大都雷同，這些缺點在一定程度也影響到了作品對醜惡現象的深入揭露。

　　《文明小史》是李寶嘉的又一代表作。全書共六十回，最初連載於 1903-1905 年的《繡像小說》上，後於 1906 年由商務印書館出版單

27　《魯迅全集》第 9 卷，《清末之譴責小說》。人民文學出版社 1981 年出版，第 282頁。

行本。由於看不清維新運動的實質，他在作品中把諷刺的筆觸指向維新派人士中的一些投機分子，不過，小說中對假維新黨醜惡嘴臉的揭示，也有相當的警示作用。此外，《活地獄》全書四十三回，由十五個故事構成，繼續著力抨擊封建官僚的種種罪惡，也有一定的反響。

吳研人（1866-1910），又名沃堯，字小允，號我佛山人，廣東南海人，是晚清譴責小說家中創作最多的一位。二十多歲去上海謀生，先後主辦過《消閒報》、《采風報》等娛樂小報，以滿足都會市民的消費需求。梁啟超等人力倡小說界革命以後，他受其鼓勵，立志利用小說改良社會，文學趣味大變。他創作了《二十年目睹之怪現狀》、《最近社會齷齪史》、《九命奇冤》、《恨海》、《痛史》等二十餘部長篇小說，被人們譽為晚清「小說鉅子」。其中最著名的作品是《二十年目睹之怪現狀》。

《二十年目睹之怪現狀》原刊於 1903-1906 年的《新小說》雜誌，標題為社會小說。這是一部帶有自傳色彩的作品。小說通過主人公九死一生二十年間的所見所聞，描寫了一百八十九件怪現狀，對醜態百出的滿清帝國進行了全面的批判。這裏有道德淪喪的封建官僚，也有招搖撞騙的洋場才子；有依靠洋人勢力欺壓同胞的巡捕，也有厚顏無恥的所謂相士，真是三教九流，應有盡有。當然揭露得最多的還是官場黑暗。在小說五十九回中，九死一生在目睹了一批貪官惡吏的劣跡後感慨道：「這個官竟然不是人做的。頭一件就要學會了卑污苟賤，才可以求得著差使；又要把良心擱過一邊，使出那殺人不見血的手段，才能弄得著錢。」真是鞭辟入裏，一針見血。在藝術上，小說以「我」結構全篇，使作品中的所有故事前後連貫，比《官場現形記》來得完整與集中；但對龐雜的題材，作者也缺乏足夠的剪裁和精心安排。

與《官場現形記》、《二十年目睹之怪現狀》等著力於對貪官的諷刺與批評不同，劉鶚的《老殘遊記》主要揭露所謂「清官」的誤國害民，這在晚清譴責小說中別具一格。

劉鶚（1857-1909），原名夢鵬，字雲桂，後改名鶚，字鐵雲，別署鴻都百煉生，江蘇丹徒（今鎮江市）人。他崇尚西方的科學技術，研究過數學、醫學、水利等，主張利用國外資本開礦築路，振興本國實

業，在當時具有獨到的眼光，但也因此而被一些保守派稱爲「漢奸」。
他不惜重金收藏了五千片甲骨文，並拓印成集，也爲研究我國古代文
學提供了重要的資料。《老殘遊記》共二十回，最初連載於 1903-1904
年的《繡像小說》，至十四回中斷，後又在《天津日日新聞》重新發表，
共二十回，1906 年由商務引書館出版單行本。作者敏銳地指出封建愚
昧是造成中國落後挨打的重要原因。小說中主要塑造了兩個清官形
象：王賢和剛弼。曹州知府王賢所統治的曹州是一個模範區域，看起
來人人遵紀守法，百姓路不拾遺，然而這一「政績」的取得，都是依
靠殘酷的嚴刑而取得的，一年中用站籠站死的就有二千多人，其餘用
鞭苔的就更不計其數。而另一清官剛弼，也是同樣的殘忍與剛愎自用。
他聲稱不收錢物，也口口聲聲說要爲民辦事，但是在處理事件時卻常
常主觀臆測，濫殺無辜。因而，劉鄂借作品中人物之口認爲「贓官可
恨，人人知之，清官尤可恨，人多不知。蓋贓官自知有病，不敢公然
爲非；清官則自以爲不要錢，何所不可？」作品對封建愚昧主義的批判
可謂是獨具眼光。在結構上，小說與《二十年目睹之怪現狀》相似，
以一個游方郎中老殘的見聞形式將所有事件串連起來；而在人物形象
上，兩個「清官」的形象塑造也頗爲鮮明。同時，在敘景狀物、心理
描寫方面，也較爲細膩、自然。

　　相對來說，《孽海花》是譴責小說中思想與藝術水準較高的一部。

　　《孽海花》最初署名「愛自由者發起，東亞病夫編述」。愛自由者
是金松岑（1874-1947）的筆名，江蘇吳江人，東亞病夫是曾樸
（1872-1935）的筆名，江蘇常熟人。該作品由金松岑發起，並寫了前
六回，曾樸完成了後二十九回，並對前六回做了修改。該書前二十回
成書於 1905 年，由上海小說林社出版發行，後斷斷續續，直至 1927
年才將全部三十五回發表完畢。小說以科場狀元金雯青和花場狀元傅
彩雲的情感糾葛爲主要線索，對清末政治、經濟、文化、外交等諸多
方面的重要事件與人物進行了描寫與批判。書中所寫人物，大都有所
影射。金雯青是江南才子，新科狀元，後出國任外交使節，傅彩雲則
是名噪一時的妓女，後成爲金雯青的寵妾。作者通過這兩人的交遊與
活動，集中暴露了官宦士子及整個社會階層的荒誕與放蕩，甚至一直

把批評的矛頭指向最高封建統治者。在人物塑造上，作者對貌似國家棟樑、實質腐朽無能的金雯青的描寫，對恣情縱欲、荒唐滑稽的傅彩雲的展現，都合情合理，有血有肉，是譴責小說中兩個難得的相當成功的人物形象。同時在結構上，緊緊以兩個主要人物的活動爲中心，有效地克服了許多譴責小說結構鬆散的缺陷。因而，儘管《孽海花》在對黑暗社會的批判時也常有譴責小說通常所犯的「辭氣浮露，筆尖藏鋒」的毛病，但總體看「結構工巧，文采斐然」，是一篇相當出色的作品。

大致看來，譴責小說受到了啓蒙主義文學的明顯影響，在大力宣導「爲人生」的五四文學之間，是一個不容忽視的文學現象。

正式成立於 1907 年蘇州的「南社」，是清末民初一個活躍的革命文學團體，在文學主張上與梁啓超等人宣導的啓蒙主義文學是一脈相承的。

「南社」以宣傳反清、鼓吹資產階級民主主義革命爲主要宗旨。取名爲「南社」，意指「操南音而不忘本」，明確反對滿清王朝的種族歧視與專制統治。發起人爲柳亞子、陳去病、高旭三位。1910 年開始出版《南社》，分文錄、詩錄和詞錄三個部分；1917 年，又出版《南社小說集》。在辛亥革命前成員有二百餘人，其後更是劇增至一千餘人，是當時一個頗具聲勢的文學社團。

柳亞子（1887-1958），字棄疾，江蘇吳江人，是南社的主要發起人和領導者，被稱爲南社的靈魂。他最初深受康梁維新運動的影響，後結識章炳麟、鄒容等人，進而轉向革命。1906 年，加入中國同盟會和光復會。他爲南社做了許多實際工作；而其作品，也無疑是南社中成就最高、最有代表性的。在《題張蒼水集》、《題夏內史集》、《吊鑒湖秋女士》等詩作中，他往往通過追懷我國古代的民族英雄，以抒發他對革命的滿腔熱忱和頑強意志。這些詩熱情充沛、激越蒼涼，頗有鼓舞人心的作用。他在《論詩三截句》中如此歌頌龔自珍：「三百年來第一流，飛仙劍客古無儔。只愁孤負靈簫意，北駕南艤到白頭。」寫得激昂慷慨、令人動容。在《中國滅亡小史》、《中國立憲問題》、《哀女界》、《民權主義!民族主義》等政論文中，聲情並茂，氣勢磅礡，具有

強烈的鼓動性和戰鬥性。值得讚揚的是，在辛亥革命以後許多南社詩人消沉、頹廢時，他仍然保持有一腔熱情。他在《孤憤》詩中辛辣地諷刺著竊國大盜袁世凱：「豈有沐猴能作帝，居然腐鼠亦乘時」，表達出「北伐聲中起帥誓」的堅定信心。從「五四」運動到建設新中國，柳亞子都一直跟隨時代前進的步伐，懲惡揚善，是一位少有的愛國詩人。

　　陳去病（1874-1933），字巢南，也是江蘇吳江人。他原名慶林，字佩忍，後因慕漢朝大將霍去病「匈奴未滅，何以家為」的壯志，自己易名為去病。他出生于商人家庭，在南社三位發起人中年歲最長，很早就從事愛國救亡活動。1898 年，他創辦雪恥學會，宣稱「炎黃種族皆兄弟，華夏興亡在匹夫」，表達出強烈的反清情緒。後加入中國教育會、拒俄義勇隊、中國同盟會等革命團體，並實地參加過一些革命活動，是革命派中活躍的宣傳家。他所編輯的《警鐘日報》、《江蘇》、《二十世紀大舞臺》、《國粹學報》等刊物，都顯示出激進的革命傾向。他在《中元節自黃浦出吳淞泛海》中寫道：「舵樓高唱大江東，萬裏蒼茫一覽空。……唯有胥濤若銀練，素車白馬戰秋風。」讀來境界闊大、熱情奔放。《將遊東瀛賦以自策》、《圖南一首賦別》等篇，也都寫得質樸剛勁、富有煽動性和感染力。陳去病有詩集《浩歌堂詩鈔》出版。其詩作的不足是熱情有餘而意蘊不足。

　　高旭（1877-1925），字天梅，江蘇金山（今上海市）人，其詩風與陳去病相類似。他出身於地主家庭，但受西方資產階級思想影響很深。1904 年留學日本，1906 年回國後創辦上海健行公學，積極倡言革命，曾擔任中國同盟會江蘇支部部長，編輯過《覺民》、《醒獅》、《複報》等革命刊物。1907 年與柳亞子、陳去病一起醞釀南社時，十分重視詩歌的政治作用，反對當時流行於詩壇的「偽韓偽杜」、「吟花弄鳥」的腐朽詩風，顯示出「詩界革命」和梁啟超等人宣導的啟蒙主義文學主張的巨大影響。有詩集《天梅遺集》出版。他的詩歌如《女子唱歌》、《軍國民歌》、《愛祖國歌》、《光復歌》等，通俗易懂，明白曉暢，但鮮明生動則不足。值得重視的是一些長篇歌行如《登富士山放歌》、《路亡國亡歌》、《海上大風潮起作歌》等開闊奔放、極富革命的熱力。他

在《海上大風潮起作歌》中寫道:「亡國慘狀不堪說,奔走海上狂呼號。非種未鋤氣益奮,雄心鬱勃胸中燒。擬將大網羅天鵬,安得闊爺斫海鼇。……」整篇詩寫得如長江大河,奔騰咆哮。然而,在辛亥革命失敗後,他的情緒卻急轉直下。「一曲清歌兩行淚,可能喚醒國人無」;「風雨飄搖同此感,可能詞筆挽滄桑」,字裏行間透露的是對文學宣傳作用的懷疑與失望。

儘管蘇曼殊不是「南社」的主要發起人,但他的作品卻在當時受到人們熱烈的歡賞,傾倒一時,顯示出較高的藝術成就。蘇曼殊(1884-1918),名玄瑛,字子穀,曼殊是他的僧號,廣東中山縣人。他的小說《斷鴻零雁記》、《絳紗記》、《碎簪記》等,大都以青年男女的愛情悲劇為題材,對主人公的不幸命運寄予深深的同情,文字清麗、自然,在當時大批渴望感情得到自由解放的青年中產生了強烈的共鳴。他的詩哀婉、幽豔,格調悲凄而又以清麗出之。「收拾禪心侍鏡臺,沾泥殘絮有沉哀。湘弦灑遍胭脂淚,香火重生劫後灰。」(《為調箏人繪像》)「偷嘗天女唇中露,幾度臨風拭淚痕。日日思卿令人老,孤窗無那正黃昏。」(《寄調箏人》之三)「春雨樓頭尺八簫,何時歸看浙江潮。芒鞋破缽無人識,踏過櫻花第幾橋。」(《本事》)……作品題材不夠寬廣,風格上也頗顯纖弱,然而,在他的作品中既有晚唐詩風的明顯影響,又可從他抒寫感情時大膽坦然的態度中,感覺出他所熟悉的外國詩人雪萊、拜倫的影響,在當時的文壇上無疑是一股清風。

此外,南社的著名作家還有馬君武、寧調元、周實、張光厚等人,大都以宣傳革命為創作主旨,在當時也產生了較大的影響。他們的出現,顯示出啟蒙文學和政治文學在當時強烈的社會基礎。

與上述幾個文學潮流在當時總體上受到的肯定不同,作品更多、人數更為龐雜的鴛鴦蝴蝶派受到的則幾乎是眾口一詞的指責與批評。

魯迅先生在 1931 年發表的《上海文藝一瞥》的著名演講中對鴛鴦蝴蝶派的歷史淵源作了分析:

> 才子原是多愁多病,要聞雞生氣,見月傷心的。一到上海,又遇見了婊子。去嫖的時候,可以叫十個二十個的年青姑娘一起,樣子很有些像《紅樓夢》,於是他就覺得自己好像賈寶玉;自己是

才子，那麼婊子當然是佳人，於是才子佳人的書就產生了。內容
多半是：唯才子能憐這些風塵淪落的佳人，唯佳人能識坎坷不遇
的才子，受盡千辛萬苦之後，終於成了佳偶，或者是都成了神仙。
28

這一段話，魯迅先生點明瞭「鴛鴦蝴蝶派」的產生地是在十里洋
場的上海，是近代半殖民地半封建都市特有的產物。接著，魯迅先生
指出了在辛亥革命前後「鴛鴦蝴蝶派」新的發展特點：「這時新的才子
+佳人小說便又流行起來，但佳人已是良家女子了，和才子相悅相戀，
分拆不開，柳蔭花下，像一對蝴蝶，一雙鴛鴦一樣，但有時因為嚴親，
或者因為薄命，也竟至於偶見悲劇的結局，不再都成神仙了——這實
在不能不說是一大進步。」形象地分析了「鴛鴦蝴蝶派」由發生到發
展的變遷過程。至於結局，魯迅先生是這樣說的：

到了近來是在製造可擦臉的牙粉的天虛我生先生所編的月刊
《眉語》出現的時候，是這鴛鴦蝴蝶派式文學的極盛時期。後來，
《眉語》雖遭禁止，勢力卻並不消退，直待《新青年》盛行起來，
這才受了打擊。這時有伊孛生的劇本介紹和胡適之先生的《終身
大事》的另一形式的出現，雖然不是故意的，然而「鴛鴦蝴蝶派」
作為命根的那婚姻問題，而也因此而諾拉（Nora）似的跑掉了。29

1914 年《眉語》雜誌創刊時期是「鴛鴦蝴蝶派」的極盛時期，而
隨著「五四」新文化運動的興起，《新青年》的出現，「鴛鴦蝴蝶派」
也就逐漸隱退了。魯迅先生的這一概括符合近、現代通俗文學史的發
展事實。

實際上，在鴛鴦蝴蝶派中比《眉語》雜誌影響更大的是 1914 年王
鈍根主編的《禮拜六》。其「出版贅言」往往被文學史家視為鴛鴦蝴蝶
派的創作旨趣：

或問：「子為小說週刊，何以不名禮拜一、禮拜二、禮拜三、
禮拜四、禮拜五，而必名禮拜六也？」余曰：「禮拜一、禮拜二、禮
拜三、禮拜四、禮拜五，人皆從事於職業，唯禮拜六與禮拜日，

---

28 《魯迅全集》第 9 卷，第 291 頁。
29 《魯迅全集》第 4 卷，第 291-294 頁。

乃得休暇而讀小說也。」「然而何以不名禮拜日，而必名禮拜六也？」
余曰：「禮拜日多停止交易，故以禮拜六下午發行之，使人先睹為
快也。」或又曰：「禮拜六下午之樂事多矣，人豈不欲往戲院顧曲，
往酒樓覓醉，往平康買笑，而寧寂寞寡歡，踽踽然來購讀汝之小
說耶？」余曰：「不然！買笑耗金錢，覓醉礙衛生，顧曲苦喧囂，不
若讀小說之省儉而安樂也。且買笑、覓醉、顧曲，其為樂轉瞬即
逝，不能繼續以至明日也。讀小說則以小銀元一枚，換得新奇小
說數十篇，遊倦歸齋，挑燈展卷，或與良友抵掌評論，或伴愛妻
並肩互讀意興稍闌，則以其餘留於明日讀之。晴曦照窗，花香入
座，一編在手，萬慮都忘，勞瘁一周，安閒此日，不亦快哉！」

這一「出版贅言」常常被人們認為是鴛鴦蝴蝶派娛樂化、趣味化、
媚俗化、低級化的自供詞；將文學創作的作用等於「酒樓覓醉」、「平
康買笑」，簡直是對文學的踐踏與污辱。茅盾先生在「五四」時期指責
鴛鴦蝴蝶派為「遊戲的消遣的金錢主義的文學觀念」[30]，儘管其中有些
絕對、誇大，但卻是在一定程度上反映了這一派作家的實情。然而這
只是問題的一個方面。

長期以來不為人們重視的問題的另一方面是，隨著鴉片戰爭以後
西方列強對中國自給自足農業經濟衝擊的不斷加深，二十世紀初葉現
代化大工業生產已在沿海一些地區蔚為大觀，上海已經畸型發展為遠
東最大的工商都會之一，這些事實都昭示著與工業文明相伴而生的文
化娛樂活動必將出現新的特質。當鴛鴦蝴蝶派作家感到在人們從星期
一到星期五的緊張忙碌之後，用一種輕鬆、愉快、富有趣味的文學作
品以使人們「一編在手，萬慮都忘」時，這種試圖使那些「勞瘁一周」
而獲「安閒此日」的創作願望，其實正是切合了工商社會緊張忙碌生
活的現實需要。因此，如果說啟蒙主義文學、譴責小說是當時特定政
治條件下救亡圖存的產物，那麼，鴛鴦蝴蝶派在很大程度上卻是以我
國大都市工商經濟發展為基礎而得以滋生、繁榮起來的。

當然，人們最為反感、也是最易感覺到的是鴛鴦蝴蝶派作家的惟

---

30 茅盾《自然主義與中國現代小說》，《小說月報》13 卷 7 期，1922 年。

利是圖和胡編亂造。這確實是相當一部分通俗作家的通病。例如被鴛鴦蝴蝶派作家捧爲「掌故小說大家」的許指嚴，其早期作品如《南巡秘記》、《十葉野聞》等，大都寫得嚴肅認真，有史料依據，然而一到經濟困窘時就冤不了要見利忘爲、投機取巧。他曾僞造《石達開日記》一部，信口開河亂吹一陣，引起不少人上當。

這是作者與出版商合謀詐騙的例證。本來，他們心中就沒有什麼固定的文學理想，當然胡編亂造起來並不會感到羞恥與內疚，所關心的只是僞造出來後銷路到底會是如何?這在鴛鴦蝴蝶派作者中並不是極個別的例子。魯迅先生在雜文《有無相通》中曾經歸納出一個公式化的定律：什麼「……夢」「……魂」「……痕」「……影」「……淚」；什麼「外史」「趣史」「隱史」「秘史」；什麼「黑幕」「現形」；什麼「淌牌」「吊膀」「拆白」；什麼「噫嘻唧唧我我」「嗚呼燕燕鶯鶯」「籲嗟風風雨雨」「耐阿是勒浪麴面孔哉!」[31]……

應該說，魯迅先生的這一概括是相當準確與形象的。

不過，正如在商品經濟大潮中難免泥沙俱下、良莠不齊一樣，鴛鴦蝴蝶派作家製造了大量的文字垃圾，同時也創作出了不少既符合民族欣賞傳統又包含有一定懲惡勸善效應的作品。徐枕亞的《玉梨魂》、包天笑的《上海春秋》、李涵秋的《廣陵潮》、韓邦慶的《海上花列傳》以及周瘦鵑的一些短篇小說等等，也都或多或少、或弱或強地反映了一定的生活內容和時代資訊，具有一定的歷史認識價值。尤其重要的是，他們提供了我國工業化初期人們娛樂與輕鬆的精神食糧，其意義已在今天日益體現並彰揚出來。這在以往的現代文學史上很少提及。

當上述幾個文學流派此消彼長，在二十世紀初期的文壇上掀起一陣陣波瀾時，事實上也還有一些風格獨特、個性迥異的作家作品存在著。 它們與上述幾個文學流派一起構成了本時期文學的複雜性、豐富性與全面性。

章炳麟（1869-1936），字太炎，浙江餘姚人。在祖國內憂外患之際，他深受顧炎武、黃宗羲等我國愛國主義思想家的影響，具有強烈的革

---

31 《魯迅全集》第一卷，人民文學出版社 1981 年版，第 364 頁。

命思想。在與以康有爲爲代表的保皇派的論戰中，他下筆神速，立論堅定，是革命派中的主要理論家。《駁康有爲論革命書》、《序〈革命軍〉》等名文，所向披靡，令人神往。然而，他的文學觀念卻頗不合潮流。他認爲唐代以後文章皆不足觀，主張取法魏晉，並好用古字，這也在很大程度上影響了他文學創作的宣傳效果。

秋瑾（1878-1907），字璿卿，又稱鑒湖女俠，浙江會稽人。與章炳麟刻意追求古僻不同，秋瑾推崇的是文學的通俗化和宣傳性。她出身於官僚地主家庭，後隨夫到北京，迅速萌生了救國救亡、要求婦女獨立解放的進步思想。1904 年，她加入同盟會，並發起組織婦女團體共愛會，積極投身於實際的革命活動。她的文學成就主要在詩歌方面。《寶刀歌》、《寶劍歌》、《劍歌》、《寶劍詩》等一批歌詠刀劍、意在頌揚自我犧牲精神的詩歌，在當時產生了相當大的影響。這是二十世紀初一位難得的革命女詩人。

1906 年在日本東京成立的春柳社，是在外國文化影響下產生的戲劇團體。他們以歐洲近代寫實話劇爲摹本，顯示出與中國古典戲劇截然不同的路子。1907 年，曾孝谷、李叔同、歐陽予倩等春柳社同人根據美國斯陀夫人的小說中譯本《黑奴籲天錄》，在日本演出同名七幕話劇，旨在鼓吹反抗民族壓迫的正義情感，引起轟動。1910 年，任天知等人又在上海創建中國第一個職業話劇團——進化團，演出《東亞風雲》、《共和萬歲》等關注時事、針砭現實的話劇，也產生了廣泛的影響。辛亥革命失敗之後，這些話劇團體政治熱情衰退，並一味追求票房價值，內容上朝庸俗化方向發展，其影響也就逐漸衰落了。

三、跨進現代文學之門

從嚴格意義上說，啓蒙文學、譴責文學、南社等文學流派在文學主張上仍然採取的是文藝功利觀，與我國古代文學中長期崇尚的「文以載道」並無根本區別。需要指出的則是，在當時內憂外患、國難當頭的緊要關頭，他們其實別無選擇。這是絕大多數進步、愛國的知識份子所具有的使命感與責任感使然。

值得關注的是被淹沒在時代大潮之中的王國維的聲音。

　　王國維（1877-1927），字靜安，又字靜庵，號觀堂，浙江海寧人。
他有　深厚的國學基礎，又學習了西方哲學和科學知識。在西方列強對
中國瓜分之際，他清醒地意識到中國傳統文化與科學技術的落後狀
態，並因之而萌生了建構現代美學新體系的設想。他在《文學小言》
中如此表述對文學的理解：

　　　　文學者，遊戲的事業也。人之勢力，用於生存競爭而有餘，
　　於是發而為遊戲。婉孌之兒，有父母以衣食之，以卵翼之，無所
　　謂爭存之事也。其勢力無所發洩，於是作種種之遊戲。逮爭存之
　　事亟，而遊戲之道息矣。唯精神上之勢力獨優，而有不必以生事
　　為急者，然後終身得保其遊戲之性質。而成人之後，又不能以小
　　兒之遊戲為滿足，於是對其自己之情感及所觀察之事物而摹寫
　　之，詠嘆之，以發洩所儲蓄之勢力。故民族文化之發達，非達於
　　一定之程度，則不能有文學；而個人之汲汲於爭存者，決無文學
　　家之資格也。[32]

　　王國維從西方近代文藝理論中汲取營養，敏銳地覺察到文學即將
到來的巨大變化。他在中國文學理論批評史上里程碑式的作用，隨著
工業化進程的日趨深入，已越來越為後人所重視。將文學理解為遊戲
的事業，與「經國之大業，不朽之盛事」的傳統文學觀念，其區別無
疑是天壤之別。在《〈紅樓夢〉評論》中，他更是援用叔本華的悲觀主
義生命哲學，將文學起源的本質歸之於欲望：「嗚呼，宇宙一生活之欲
而已!而此生活之欲之罪過，即以生活之苦痛罰之，此即宇宙之永遠的
正義也。……美術之務，在描寫人生之苦痛與其解脫之道，而使吾儕
馮生之徒，於此桎梏之世界中，離此生活之欲之爭鬥，而得其暫時之
平和，此一切美術之目的也。」[33]不論是遊戲，還是欲望，王國維關於
文藝起源的理論核心在於指出文學是人的生命本能的需求，這種需求
可以超越於政治革命的需要，也可以超越於載道、啟蒙的社會使命。
我們發現，這種文學觀念已經具有了濃鬱的個性主義意識，與封建傳

---

32 王國維《文學小言》，見吳澤永編《文藝格言大全》，廣西人民出版社 1990 年版，
　　第 3 頁。
33 郭紹虞編《中國近代文論選》（下），人民文學出版社 1959 年版，第 761 頁。

統文學觀大異其趣。

王國維這種新型藝術觀的形成，一方面無疑有著尼采、叔本華等人西方哲學思想的影響，同時另一方面也是我國近代工商經濟發展到一定程度的必然產物。作為人類社會進化過程中工商經濟，帶給人類的並不僅僅是野蠻的掠奪，瘋狂的金錢交易與惟利是圖的人際交往準則，它還帶來了封建社會無可比擬的財富和公平交易的自由市場。表現在人的精神狀態上，它固然給人性帶上了金錢的枷鎖，使之永遠都無法擺脫由金錢造成的魔影，然而，它卻又給人性提供了相對寬裕與自由的發展空間。在絕對尊奉「金錢面前，人人平等」這一觀念的同時，人們事實上脫離了政黨、階層、宗教信仰等方面的束縛，有了比封建社會中人身依附關係自由得多的精神活動場所。在金錢提供的保障面前，人們可以享受到相對充分的言論與信仰自由。而且，隨著工商都市的形成，也必然帶來出版事業的發展和文化市場的繁榮，並進而造就出與產業工人、資本家、銀行家、出版家並行不悖的職業作家。極其自然地，這些作家便具有了幾千年文學發展史中從未出現過的文學眼光：第一次真正從職業作家的角度來反觀自己的勞動成果與社會地位。

如果把二十世紀初葉我國社會經濟形態看作為已經異質化了的土壤的話，那麼王國維的這種文學觀念則是在這塊土壤上苗壯成長起來的根苗。儘管他明顯接受了西方文化的影響，但他的根卻是深植在中國的土地上的。王國維文學觀念的這種啟示意義已日益受到文學史研究者們的重視，同時，人們也可以強烈地感受到，具有悠久的歷史傳統的中國文學發展至此，其轉折、創新與突變，已經是瓜熟蒂落、呼之欲出了。

現代文學在藝術形式上根本不同於古代文學最明顯的標誌，在於白話文全面取代了文言文；而在這時，白話文學運動也已經是暗流湧動，難以阻擋。

在戊戌變法時期，一些維新派人士認為，開通民智是國家富強的重要手段，而要達到開通民智的目的，則又必須大力提高普通民眾的閱讀能力，改行白話。裘廷梁在那篇名噪一時的名文《論白話為維新

之本》中認爲：「愚天下之具，莫文言者」，而「智天下之具，莫白話者」，因此旗幟鮮明地主張「崇白話而廢文言」。他的白話文理論主張，反映出維新派人士急切的政治要求，成爲晚清白話文運動的政治綱領。黃遵憲根據他在歐、亞、美等國親眼所見的世界各先進國家的關係狀況，認爲文言文變爲白話文是一個不容否定的必然趨勢，主張語言與文學的複合，從而「變一文體爲適用於今，通行於俗者」。[34]至於梁啓超所宣導的「新文體」，則是他在維新變法失敗後逃到日本，接受了日本文體的影響而形成的。他對「新文體」的理解爲務爲平易暢達，時雜以俚語、韻語以及外國語法，縱筆所至不檢束。然其文條理明晰，筆鋒常帶感情，對於讀者，別有一種魔力。這是他以「俗語文體」爲「歐西文思」的文學主張的具體實踐，影響所及，迅速風靡全國。誠如錢基博所言：「迄今（指 1930 年）三十歲以上之士大夫，論政持學，殆無不爲之默化潛移者！可以想見梁啓超文學感化力之偉大焉！」[35]應該說晚清的白話文運動在推動語、文合一方面發揮了積極的作用，促成了大量的白話書籍的出版，同時也應該注意到，由於維新派人士主要只是把白話視爲開通民智的工具，很大程度上放棄了對文學性的追求，由此也就極大地影響到這次白話文運動影響的深度與效果。

更爲內在的是通俗文學作家對白話文的運用與張揚。以前的論者很少從這個角度去把握白話文運動的脈搏，然而它卻是那樣實實在在地存在著。

與封建社會中人際交往關係的分散性不同，近代發展起來的商品經濟形式突出地強調了人的社會性。由於農民分散的生活特點與生產方式，使得「雞犬之聲相聞，老死不相往來」成爲一部分人的社會理想。表現到文學上，作爲「載道」與「言志」的精神產品，則是封建士大夫圈子內的事情。它與小民無涉，自然不用考慮他們的需要，當然更談不上要使引車買漿者的語言成爲文學的正宗。然而到工業化之後，一切都大不相同了。伴隨著商品的交換與流通，人們建立起各種

---

34 黃遵憲《日本國志・學術志二》，見於忠善編《歷代文人論文學》，文化藝術出版社 1985 年出版，第 37 頁。

35 《現代中國文學史》，世界書局，1933 年版，第 18 頁。

各樣錯綜複雜的關係。在文學中文化市場的形成與民眾文化水準的提高，不僅打破了封建士大夫對文學的壟斷，而且由於各民族之間文化的融合，使得保持一個民族完全獨立的文學面貌都成爲不可能。文學完全從封閉的狀態中沖了出來，深入到民間，深入到一切有社會交往的人們之間。在日益多樣化的商品社會中，它肩負起審美與娛樂的特定使命，滿足著人們的多層次文化需求。而二十世紀初期的通俗文學正是在如上海這樣的工商大都市中慢慢地滋生與蔓延開來的。

1913 年時的《小說月報》，正是鴛鴦蝴蝶派作家的一個重要陣地，它在「徵稿啓示」中這樣宣導著作家的創作方向與藝術趣味：「情節則擇其最離奇而最有趣味者，材料則特別豐富，文字力求嫵媚，文言、白話，兼擅其長。」[36]作爲一份商業性刊物，讀者的愛好就是編輯與作者的努力方向，文言還是白話，一切都由市場來決定。包天笑在 1915 年主編通俗文學刊物《小說大觀》時，也同樣對文言與白話採取了不分高下的做法：「無論文言俗語，一以興味爲主。凡枯燥無味及冗長拖遝者皆不采。」[37]在這裏，「興味」成爲包天笑主編這本都市型娛樂刊物的標準，對文言與白話並沒有一定的要求。而到 1917 年包天笑主編另一本通俗文學雜誌《小說畫報》時，他更是從理論上闡述了用白話創作小說的重要性。在《小說畫報》的發刊詞中，包天笑這樣寫道：

> 鄙人從事於小說十餘寒暑矣，惟檢點舊稿，翻譯多而撰述少，文言夥而俗語鮮，頗以為病也。蓋文學進化之軌道，必由古語之文學，復而為俗話之文學。中國先秦之文，多用俗話，觀於楚詞墨莊，方言雜出，可為證也。自宋而後，文學界一大革命，即俗話文學之崛然特起，其一為儒家禪家之語錄，其二即小說也。念憂時之彥亦以吾國言文之不一致，為種種進化之障礙，引為大戚。若吾鄉陳頌年先生等奔走南北，創國語研究會到處勸導，用心苦矣，然而數千年來語言文字相距愈遠，一旦欲溝通之，夫豈易易耶！即如小說一道，近世竟譯歐文，而恒出以詞章之筆，務為高古，以取悅于文人學子，鄙人即不免坐此病，惟去進化之旨遠矣。又

---

36 《小說月報》第三卷，商務印書館 1931 年出版，第 12 頁。
37 《小說大觀》創刊號“例言”，上海文明書局 1915 年 8 月出版。

以吾國小說家不乏思想敏妙之士，奚必定欲借材異域？求群治之進
化，非求諸吾自撰述之小說不可。乃本斯旨，創茲《小說畫報》，
詞取淺顯，意則高深，用以雜誌體例，以為遲懶之鞭策，讀者諸
君其有以教誨之乎！天笑生識。

事有湊巧的是，包天笑的這篇《發刊詞》以及這本宣導白話文學
的《小說畫報》的出現時間，正好與胡適發表的提倡白話文學的《文
學改良芻議》為同一時間，即都是 1917 年 1 月。這不是巧合，而是胡
適與包天笑都感受到了時代進化的要求。

歷史發展的規律顯示，一些貌似偶然性的事件其實是歷史發展的
必然產物；文學史的發展也同樣如此。

本時期內憂外患的政治形勢和半殖民半封建的經濟基礎，已經醞
釀成熟了作為上層建築之一的文學必然發生根本性變化的動因，不論
是文學反映的內容，還是文學觀念和藝術形式本身，都處於一個大變
革的前夜。現在缺少的只是一種催化劑，一根導火索。

而這催化劑與導火索正是第一次世界大戰的結束。在「公理戰勝，
強權失敗」的歡呼聲中，人們要求變革，要求新生，要求洗刷自鴉片
戰爭以來近八十年恥辱的怒潮已洶湧澎湃，勢不可擋。魯迅先生興奮
地宣稱：「刀光火色衰微中，看到一種薄明的天氣，便是新世紀的曙光。」
38

至此，「五四」新文學運動的出現正當其時，長達數千年的中國文
學史就要翻開新的一頁了。

38　《熱風·聖武》，載 1919 年 5 月《新青年》第 6 卷第 5 號。

1937-1949 年文學創作概述

　　1937 年蘆溝橋事變以後，大片國土相繼淪陷。在民族危機日益深重、抗戰烽火熊熊燃起的時候，廣大文藝工作者紛紛走出都市的「亭子間」，擺脫原先比較狹隘的生活圈子，走向內地、鄉村和戰爭前線，積極投入到火熱的抗日救亡與民族解放運動中去。本章論述的就是從抗戰爆發到 1949 年期間，在國民黨統治區和在日寇佔領下的淪陷區的文學創作。

　　由於社會生活的變化和文學自身發展規律的作用，這一時期的文學創作在不同的階段和地區呈現出不同的特點。

　　抗戰初期，爲了適應迅速反映抗日鬥爭現實的需要，發揮宣傳鼓動的作用，爲人民大眾樂於接受的小型、通俗的作品必然會大量湧現。首先，小型戲劇十分繁榮。廣大戲劇工作者針對部隊和農村的實際情況，在流動演出的過程中創作了大量的街頭劇、活報劇和獨幕劇，以簡便、靈活的形式發揮了文藝的宣傳功能。《放下你的鞭子》是抗戰初期影響最爲廣泛的一個街頭劇。它通過父女倆不同的遭遇，憤怒地控訴了政府當局的不抵抗政策，暴露了日本帝國主義的侵略罪行，與《三江好》、《最後一計》一起，被當時戲劇界合稱爲「好一記鞭子」，曾經風行一時。夏衍的《咱們要反攻》、荒煤的《打鬼子去》、尤兢（於伶）的《省一粒子彈》、沈西苓的《在烽火上》等，也都是各演劇隊喜歡上演的劇碼。據統計，到 1938 年 12 月爲止，僅獨幕劇就達 142 種[1]。但這些自編自演的劇碼，幾乎都沒有留下文字材料。在小型戲劇繁盛的同時，詩歌創作也相當活躍。不但像郭沫若這樣「五四」前後登上詩壇的著名詩人唱出了新的「戰聲」，而且原來的一些小說家，如王統照、艾蕪、老舍等，也寫出了一些反映全民抗戰的詩篇。一些青年詩人，

1　葛一虹：《戰時演劇論》附錄《抗戰劇作編目》。

如艾青、田間、臧克家、何其芳等，紛紛成長起來，成爲抗戰詩歌陣地上的先鋒和主將。爲了適應詩歌宣傳抗日的大衆化需要，一些詩在形式和語言上也作了新的嘗試。各種報刊上發表的詩歌作品，多以短詩爲主，這是抗戰初期詩歌創作的特色之一。1938 年前後，在武漢、重慶等地還興起了朗誦詩運動的熱潮。高蘭的《我們的祭禮》、《哭亡女蘇菲》，光未然的《屈原》、《黃河大合唱》等，詩情激昂，語言暢達，在知識份子和一些市民中廣爲流傳。報告文學在這時也發揮了文藝「輕騎兵」的積極作用。丘東平的《第七連》、《我們在那裏打了敗仗》，描寫抗日官兵的抗敵情緒和英勇獻身的精神，真實地報導了戰鬥的失利，揭示了當局長期對日妥協退讓政策的惡果。駱賓基的《東戰場別動隊》，記敍了作者親自參加過的上海郊區一支由工人與學生自願組成的別動隊的事蹟，反映了在戰爭面前人們的不同表現與複雜心態。黃鋼的《在開麥拉之前的汪精衛》，以巧妙的手法描寫了漢奸頭子虛僞作態的神情動作。曹白的《楊可中》與《紀念王嘉音》，通過對兩位與自己在難民收容所共同工作過的難友的回憶與追敍，歌頌了他們以民族利益爲己任的美好心靈，暴露了國統區抗戰中的黑暗現實。以上所列都是當時有影響的報告文學作品。在通俗文學和戲曲的創作方面，京劇、地方戲、鼓詞、快板、相聲、數來寶、山歌等，幾乎所有的舊形式都被廣泛地採用。老舍的京劇《忠烈傳》與大鼓詞《王小趕驢》，利用民間文藝活潑、詼諧的特點，反映全民抗戰的現實內容，取得了較大的成功。田漢的皮簧戲《新雁門關》，通過歷史題材借古喻今，發揮了宣傳抗日的社會效果。張天翼、艾蕪、沙汀集體創作的章回體通俗小說《蘆溝橋演義》，趙景深的鼓詞《平型關》，以及包天笑的鄉下山歌調《八月十三》等，也都產生了一定的影響。

　　這一時期大量湧現的小型作品與通俗作品，發揚了文藝爲社會現實服務的作用，具有短小、活潑、敏捷、通俗和富有戰鬥性的特點，迅速而有效地反映了抗戰初期轟轟烈烈的時代氣氛和社會各階層的不同表現，一定程度上滿足了人民大衆對文藝反映抗日的迫切要求。但由於時局的動盪，時間的匆促，這時期的作品大多是急就章，往往一任感情的宣洩，對現實生活的反映還只浮於表面；情節比較簡單且多

雷同,常常無法作細緻的推敲和藝術加工;對於舊形式的運用,往往淺嘗輒止,缺乏更深入的嘗試與實踐。這些,也使得這一時期的作品往往單純地考慮宣傳上的需要,忽視了文藝反映社會生活的規律,帶有一定的公式化與概念化的傾向。

1938 年 10 月武漢失守之後,抗日戰爭進入相持階段。從相持到抗戰勝利前夕這一階段,國統區的廣大文藝工作者在宣傳與表現抗戰的同時,也對專制統治進行了揭露和批判;藝術表現上則逐漸由小型趨向大型,由粗放走向精雕細刻,呈現出不同的特點。

這時最活躍地是多幕劇的創作。由於國民黨政府採取消極抗日、積極反共的方針,對抗敵演劇隊、抗敵宣傳隊的迫害日益加劇,這時大多數的戲劇工作者都轉移到大、中城市,成立職業劇團,有了較好的演出條件,多幕劇隨之大量產生。一批著名劇作家,如曹禺、夏衍等,都奉獻出新的劇作。宋之的的《霧重慶》是出現得較早的暴露國統區黑暗的多幕劇。它通過幾個流亡到重慶的大學生的不幸遭遇,描繪出一幅國統區陰冷、污濁的社會圖景,曾引起強烈反響。吳祖光的《風雪夜歸人》,通過京劇名旦魏連生和官僚姨太太玉春的戀愛悲劇,控訴了黑暗的舊社會是追求光明者的窒息的「大牢」,具有悽楚動人的藝術力量。由於蔣介石政府通過戲劇檢查進行百般刁難,一些抨擊社會黑暗、揭露國民黨倒行逆施罪行的現實題材的作品很難獲得通過,於是許多劇作者轉向歷史題材,從中獲取借古喻今的效應。郭沫若的《屈原》、《虎符》,是這方面最具影響的作品。陽翰笙也創作了一些歷史劇,他的《天國春秋》、《草莽英雄》,從太平天國的「楊韋事變」與辛亥革命前夕四川保路運動中選取題材,具有強烈的折射意義。歐陽予倩的《忠王李秀成》,著力塑造了李秀成這一忠貞堅定的英雄形象,啟發和教育人們認清國民黨發動皖南事變的本質,獲得了較大的成功。

這一時期小說方面的成就主要體現在長篇小說的創作方面。抗日戰爭進入相持階段以後,特別是 1941 年皖南事變以後,國內政治形勢的急劇逆轉,使得社會心理與時代氛圍為之一變,廣大文藝工作者從廉價的樂觀中清醒過來,開始了認真的思考。這時,作家一方面面對現實,不再作皮相的頌歌,而是深入到社會生活的底層,揭露阻礙抗

戰、阻礙民族更新的黑暗勢力和民族痼疾。茅盾的《腐蝕》、蕭紅的《呼蘭河傳》、老舍的《四世同堂》、沙汀的《淘金記》等，都是這方面的代表作品。另一方面，則是無情地解剖自己，在抗日戰爭的廣闊背景下，描寫愛國知識份子的苦難歷程，探討進步青年與知識份子的歷史道路。諸如巴金的《春》、《秋》，沙汀的《困獸記》，李廣田的《引力》等，都顯示出這一創作傾向。這種基於對民族命運進行探討的總的思想背景，使得作家在創作時大都突破了前一時期單一化與表面化的傾向，自覺地追求歷史感與縱深感，開始恢復文學職能所應有的豐富性和複雜性。除了上面提到的作品之外，姚雪垠描寫 20 年代土匪生活的《長夜》，端木蕻良表現東北農村階級鬥爭和農民抗日要求的《科爾沁旗草原》，齊同展示波瀾壯闊的「一二‧九」學生運動的《新生代》，也都是曾在讀者中產生一定影響的長篇。

　　該時段內的散文有梁實秋後來收在《雅舍小品》中的若干佳作。梁實秋在大後方「顛沛流離貧病交加」的生活中，寫出了人生的各種窮愁滋味，讀來使人感同身受。在作品中，他委婉而幽默地針砭人性痼疾和生活中的醜陋現象，文字雅潔清雋，妙語連珠，既顯示了知識的淵博，又富蘊人生哲理，成爲學者散文的典範。冰心在《星期評論》上發表了一組《關於女人》的散文，將女性與民族命運這個大問題關聯起來，從而探究「偉大的中華兒女的精神」，文筆蒼勁樸茂，不僅在國內有廣泛影響，連美國的文藝雜誌也稱譽《關於女人》是「重慶的暢銷書」。

　　相對說來，進入相持階段以後國統區的詩歌創作缺乏高大的洪峰。當特定的歷史沉重感壓迫著詩人時，一大批感受著時代脈搏與社會神經的詩人突破重重封鎖奔赴革命根據地，在解放區新的天地中放聲歌唱。艾青、田間、何其芳等就都經歷了這樣生活與創作上的歷程。仍然生活在國統區的詩人，面對苦悶、鬱抑的社會氛圍，表現出對黑暗現實的無比憤怒與對民族新生的執著追求，在詩歌樣式上，則逐漸以敘事詩與抒情詩代替了抗戰初期的短詩和朗誦詩。《射虎者及其家族》（力揚）、《你是誰?》（綠原）、《鍛煉》（魯藜）等詩作，比較明顯地體現了這一時期詩歌創作的特點。

　　在國統區的文學之外,「孤島」和淪陷區的文學也是抗戰時期文學創作的一個組成部分。

　　「八‧一三」事變以後,留在上海的文藝工作者利用租界的有利條件,在「孤島」繼續進行文藝創作和抗敵活動。這時最爲活躍的是戲劇創作。一批戲劇工作者充分利用上海淪陷時清閒下來的舞臺空間,創作了大量的現實題材與歷史題材的話劇,翻譯和改寫了不少外國戲劇,宣傳民族意識和愛國主義,頌揚抗擊外敵侵略的民族英雄,對堅守上海幾百萬人的心理防線起到了很大的穩定作用。於伶的《夜上海》以「孤島」時期的生活爲題材,反映了抗戰初期上海各種人物的面貌與心態。阿英(錢杏邨)的歷史劇《明末遺恨》(後更名爲《碧血花》)、《海國英雄》、《洪宣嬌》,頌揚忠烈,指斥奸僞,借其與現實形成鮮明對照,演出時引起強烈反響。李健吾翻譯的《愛與死之搏鬥》(羅曼‧羅蘭著)、《亂世英雄》(莎士比亞著),在保持原作精神的基礎上,將背景、劇情、形式都加以中國化,在當時吸引了衆多的觀衆。雜文創作在「孤島」也風行一時。在這個特殊的環境裏,短小的雜文,靈活、及時、鋒利,有一針見血之功。雜文合集《邊鼓集》、《橫眉集》,彙集了「魯迅風」作者唐弢、孔另境等人的作品,在「孤島」產生了很大的影響。巴人(王任叔)的雜文集《生活‧思考‧學習》、《窄門集》,才思敏捷,風格潑辣。周木齋的《消長集》,論證有力,邏輯嚴密。這些作品直斥敵僞謊言,針砭小市民痼疾,成爲這一階段艱難歲月中人民抗爭的有力武器。1938 年,梅益等還仿效茅盾的《中國的一日》,組織發起了《上海一日》的徵稿活動。徵集以「八‧一三」以來上海社會生活爲題材的報告文學,出版了百萬字的大型報告文學集,成爲我國報告文學發展中的一個重要收穫。

　　1941 年太平洋戰爭爆發後,「孤島」被日寇佔領。《萬象》是這時最有影響的文學雜誌。它團結了一大批在上海的進步作家,發表了大量具有愛國主義思想的作品。師陀(蘆焚)抗戰時期長住上海,他創作的《無望村的館主》、《馬蘭》、《結婚》等中、長篇小說,著重於對舊社會黑暗生活的揭露,提供了一幅中國社會停頓和倒退的畫面。短篇小說集《果園城記》,描寫中原城鎮各種小人物,具有濃郁的鄉土氣

息。他的劇本《大馬戲團》，以及與柯靈合寫的《夜店》，也都有一定的影響。張愛玲的小說集《傳奇》，大都取材於淪陷前後的香港和上海的中、上層社會人士的生活，突出表現出處在洋化環境裏卻依然頑固地存留著的封建心靈。與張愛玲同期的女作家還有蘇青，她在 1943 年出版長篇自傳體小說《結婚十年》，以女性的感觸為視角，將一個少婦十年平凡的婚後生活寫得生動、微妙而情趣盎然，受到廣泛歡迎，竟連續印了 18 版。在北平淪陷區，周作人寫下了許多閒適小品，《藥堂語錄》、《藥味集》等散文集，既積極鼓吹所謂「儒家人本主義」，為日本帝國主義獻計獻策，又處處自我辯解、表白，典型地表現了一個民族變節者進退失據的矛盾心靈。另外，北平袁犀的長篇小說《貝殼》，梅娘反映婦女生活的一些短篇作品，也已顯示出各自的特點。

　　從抗戰勝利前夕到 1949 年這一階段，由於國民黨政權在政治上的獨裁、經濟上的掠奪與軍事上的慘敗，其腐朽面目日益充分地暴露出來。1944 年，在國統區昆明等地掀起了聲勢浩大的民主運動熱潮，這個運動一直延續到解放戰爭時期。民族新生的希望與中國歷史上最後一個黑暗王朝的即將垮臺，在廣大作家心靈上激起了無比的喜悅。這是一個辭舊迎新的時代。在這歷史提供的大好時機裏，對臨近墳墓的黑暗事物的嘲諷與對黎明曙光的歡歌，使喜劇文學成為一時創作的大潮。這一時期主要的代表作品，無論是小說中的《八十一夢》、《五子登科》（張恨水）、《圍城》（錢鍾書）、《選災》（沙汀），戲劇中的《升官圖》（陳白塵）、《捉鬼傳》（吳祖光）、《群猴》（宋之的），還是詩歌中的《寶貝兒》（臧克家）、《馬凡陀的山歌》（袁水拍）等，全都是喜劇性的作品。這是發自心頭的真正的笑，是對腐朽勢力的無情蔑視與嘲弄。喜劇性品格在這一時期得到了蓬勃的發展。

　　在民族新生到來之前這一特定的歷史空間，使得有著相同或接近的藝術見解與創作傾向的作家形成了新的文學流派。「七月」派是這時期一個相當活躍地文學流派。早在抗戰前期，圍繞著胡風主編的《七月》雜誌就團結了一批青年作者，這是「七月」派的雛形。1945 年，《希望》雜誌創刊，路翎的長篇小說《財主底兒女們》的發表，綠原、魯藜、阿壟、冀汸、彭燕郊、曾卓、牛漢等人的詩歌創作，使得「七月」

派更爲壯大。他們大都實踐著胡風的文學理論主張，抒寫重大題材，表現對戰鬥的渴望與對光明的嚮往，具有強烈的戰鬥精神。在 40 年代後期，圍繞著《詩創造》、《中國詩歌》等刊物，也活躍著一批年輕詩人。辛笛、陳敬容、杜運燮、杭約赫、鄭敏、唐祈、唐湜、袁可嘉、穆旦等人，從不同側面暴露國統區的黑暗現實，在藝術上也進行大膽創新。他們既繼承了我國古典詩歌的藝術技巧，又從西方現代派詩中吸收一些表現手法，更接近於表現現代複雜、快速的生活節奏，成爲當時引人注目的詩歌流派，即「九葉」詩派。

　　毛澤東《講話》在國統區的傳播與解放區文學的影響，以及作家在藝術上的孜孜追求，還促使了這一時期國統區文學在民族形式與大眾化方面向前邁進。袁水拍是這時一位在大眾化方面卓有成績的詩人。他的政治諷刺詩集《馬凡陀的山歌》，大量採用群眾熟悉的歌謠形式，語言通俗易懂，對國民黨統治區物價飛漲、苛捐雜稅、白色恐怖的黑暗現實進行了有力的諷刺。黃谷柳的長篇小說《蝦球傳》，分爲《春風秋雨》、《白雲珠海》和《山長水遠》三部，在當時國統區，特別是華南地區廣爲流傳。作者以章回體的形式，比較成功地塑造了從流浪少年到革命戰士的蝦球的形象，故事曲折動人，語言樸素簡練，較多地接受了我國古典小說和民間文學的影響。它在藝術上的探索精神和大眾化的形式，曾給當時的創作以良好的影響。

　　從抗日戰爭爆發到 1949 年這 12 年間，是中國處於戰亂動盪的非常時期，又是我們民族從血與火中走向新生的歷史轉折關頭。特定的歷史條件決定了作家的選擇和文學的時代特點。它使這一時期的文學繼承了「五四」以來新文學的戰鬥傳統，積極宣傳抗戰，揭露國民黨統治的黑暗與罪惡，表現人民的反抗與鬥爭，在反壓迫、爭民主的鬥爭中發揮了積極的戰鬥作用。

　　艾青（1910-1996），原名蔣海澄，生於浙江金華一個工商業兼地主家庭。因家中聽信算命先生所謂「克」父母的誑言，艾青小時被寄養在一個貧苦農婦家裏生活了五年。少年時喜愛美術，初中畢業後考入國立西湖藝術院。1929 年，赴法國勤工儉學，專攻繪畫藝術，在巴黎

度過了三年「精神上自由，物質上貧困」[2]的生活。1932 年回國前夕，寫成第一首詩作《東方部的會合》。回國後，參加中國左翼美術家聯盟，並成爲魯迅支持的美術團體「春地畫會」的成員，不久便被捕入獄。由於監獄生活的限制，艾青在藝術道路上出現了從繪畫到詩歌的轉向。1935 年 10 月，艾青獲釋出獄。

　　艾青在抗戰以前的詩作收於詩集《大堰河》與《馬槽集》（後編人《曠野》集）中。這些早期詩作強烈地抒發了對生活的愛憎感情，揭示出勞動人民的深重苦難。《透明的夜》是艾青入獄後寫的第一首詩。它描繪出一幅徘徊於夜的曠野上，茫然無所歸的「醉漢、浪客、過路的盜、偷牛的賊」這夥對舊社會懷著複雜心理的流氓無產者的生活圖景，反映了詩人對他們不幸命運的深切同情，並表現出對他們身上潛在的力量和叛逆精神的探索。1933 年，詩人第一次使用「艾青」筆名發表了抒情詩《大堰河——我的保姆》。它一出現，就以感人肺腑的情感與清新自然的詩風震動了文壇，成爲艾青的成名之作。詩人以抒情主人公「我」與大堰河一家的關係以及大堰河一生的悲慘遭遇，深情地敘寫了大堰河善良、勤勞、無私的動人形象，深刻地反映出舊中國農村在帝國主義和封建勢力的壓迫下，凋殘破敗、瀕於破產的淒慘景象，以及勤勞善良的中國農民家破人亡、謀生無路的悲慘命運。這是詩人奉獻給農村勞動人民一首深情的讚歌，也是寫給這「不公道世界的咒語」。[3]它不僅是呈現給保姆個人的，同時又是「呈給你的兒子們，我的弟兄們／呈給大地上的一切的／我的大堰河般的保姆和她們的兒子」。從詩中，可以看出艾青對被壓在社會底層的貧苦婦女的深切瞭解和同情，看到詩人因思念大堰河而激發起來的階級覺醒與要求反抗的願望。同時，由於詩人這時身陷囹圄，生活和精神上的磨難也使詩作流露出一種寂寞、憂鬱的感傷情調。在藝術上，真摯而濃烈的抒情，質樸而深沉的口語，一唱三歎的旋律，都使該詩具有了強烈的藝術魅力與感人效果。此外，艾青在《巴黎》、《馬賽》等詩作中揭露了資本主義文明的醜惡實質，《太陽》、《春》、《黎明》等表達出對於光明未來

2　《艾青詩選·自序》，人民文學出版社 1979 年版。

3　《大堰河·大堰河—我的保姆》

的憧憬和嚮往。這些詩作，是艾青藝術道路上的最初嘗試，在藝術表現上則還帶有明顯的西方象徵派詩人影響的痕跡。

1937 年抗戰爆發以後，艾青「拂去往日的憂鬱」，迎著「明朗的天空」[4]，開始了新的生活和創作。他先後輾轉於武漢、山西、桂林、湖南、重慶等地，擴大了視野，更深切地感受著時代的精神，從而促進了創作激情的高漲。在抗戰前期的短短幾年中，他創作了近百首詩歌，出版有《北方》、《向太陽》、《他死在第二次》、《曠野》、《火把》等詩集，形成了詩人創作道路上的鼎盛時期。

《北方》集收錄了詩人在抗戰最初階段的重要詩作，展示了民族的覺醒和人民的抗敵熱情。《復活的土地》告訴人們：這塊長期死去的土地「已經復活了」，在它溫熱的胸膛裏，將重新漩流起「戰鬥者的血液」。《北方》一詩，滿含深情地讚揚了中華民族幾千年來勤勞、勇敢、「從不曾屈辱過一次」的鬥爭歷史，深信它「堅強地生活在大地上」，永遠不會滅亡。在《雪落在中國的土地上》一詩中，艾青更是懷著對祖國命運的憂患，向「被烽火所嚙啃著的」中國北方的土地與人民發出這樣的詢問：「中國，/ 我的在沒有燈光的晚上 / 所寫的無力的詩句 / 能給你些許的溫暖麼？」詩句的基調不免有些悲愴，然而卻正是感情極度濃烈的表現。

1938 年 4 月，艾青在武漢完成了他的第一首抒情長詩《向太陽》。長詩以武漢為背景，真實地展現了抗戰初期全國人民為神聖的民族解放事業而努力奮鬥的壯麗畫面，以高度的熱情讚美著光明，讚美著民主。在詩人眼中，「太陽」是體現理想、謳歌戰鬥的抒情象徵，它激起了人們對生活光明前景的憧憬與「把人類從苦難中拯救出來」的強烈責任感。因此，詩人一方面讚美著在陽光照耀下的城市、村莊、田野、河流和山巒，它們正從沉睡昏暗中醒來，勃發出濃郁的生機；另一方面，詩人又把目光注視于陽光普照下的現實生活：這裏有「比拿破崙的銅像更崇高」的傷兵，有為支援前線而不辭勞苦向行人募捐的少女，有為奪取抗戰勝利而流著汗水努力生產的工人，有端著閃光的刺刀加

---

4 《北方·復活的土地》。

緊操練的士兵……在這生氣勃勃的抗戰畫面中，詩人快樂、奔馳、歌唱，「感到了從未有過的寬懷與熱愛」，甚至願意在這光明的際會中死去。《向太陽》形象地敘寫了中國人民在抗戰時期熱烈緊張的戰鬥生活和樂觀主義的精神風貌，反映了中華民族在危難中煥發出來的同仇敵愾的民族意志和爲國獻身的精神力量。它的出現，標示著艾青更多地把個人的悲歡融合在時代的情緒中，並確立了他在抗戰文藝中作爲一名出色的吹號者的地位。

詩集《他死在第二次》中最重要的作品是長詩《吹號者》和《他死在第二次》。前者歌頌一位用帶著血絲的號聲去鼓舞人們進行戰鬥、而自己卻終於倒在他所「深深地愛著的土地上」的普通號手。中彈倒下時，他的手「還依然緊緊地握著那號角」。後者表現一位傷癒後的士兵重上戰場，終於又爲民族解放事業而獻出自己寶貴生命的動人事蹟。對於這位平凡的士兵來說，「他只曉得他應該爲這解放的戰爭而死」，反映了他要從敵人手裏奪回祖國命運的堅強決心。這兩首長詩，表現了中華民族的覺醒和大無畏的氣概，給艾青的抗戰詩作塗上了一層悲壯的色彩。

1939 年秋後，奮起抗戰帶來的熱烈情緒趨於平靜，現實的困難和矛盾正日益迫近着人們。這時，詩人在地處國統區的湖南衡山鄉村師範任教，「遠離烽火，聞不到『戰鬥的氣息』」[5]。後來收入《曠野》集中的這一時期的詩歌大多屬於寫景詠物之作，不免帶有一種荒涼、寂寞之感。如《冬天的池沼》、《橋》、《願春天早點來》等詩作，色澤略呈暗淡，生機亦顯蕭颯，充滿著憂鬱的氣氛。但這偶然出現的沉重，也正表達了艾青艱苦求索、追求春天的思緒。不久，詩人果然在 1940 年 5 月赴重慶的途中，完成了堪稱《向太陽》姐妹篇的著名長詩《火把》，顯示出思想探索的飛躍和昂奮的詩情。

《火把》是一曲表現抗戰年代革命青年生活道路的青春之歌。長詩敘寫的是一對女青年在某城市參加一次火炬遊行的故事。李茵是一位比較成熟的革命女性，她覺得「人生應該是一種把自己貢獻給群體

---

5 《曠野‧題記》。

的努力」，因此，她刻苦閱讀進步書籍，積極參加各種抗日救國活動，上前線經受戰鬥生活的磨練，過著充實而富有活力的生活。而 19 歲的女青年唐尼，嚮往革命生活卻又跳不出個人感情的小天地。她常常感到生活像一張空虛的網，因而試圖用愛情來填補生活的空虛。所以，當李茵邀請她去參加火炬遊行時，她更多的是想找機會與情人見面。但是，浩浩蕩蕩的火把洪流，熱氣騰騰的群眾集會，畢竟使她親身體會到了一種陌生的「完全新的東西」。而女友李茵根據自己切身經歷對她的諄諄勸導，也逐漸使她懂得愛情並不能醫治我們，「卻只有鬥爭才把我們救起」。最後，唐尼終於衝破了個人主義和多愁善感的精神藩籬，舉起火把投身到革命集體的懷抱，跟著光明的隊伍前進。詩中的火把是時代的光明的象徵，這種光明是由廣大人民的愛國熱情燃燒起來的。《火把》發表後，在國統區青年中引起了強烈共鳴。

　　1941 年皖南事變以後，艾青來到了中共抗日根據地延安。與解放區新的生活與環境相適應，詩人的創作道路也出現了新的轉折。他覺得「詩必須作為大眾的精神教育工作，成為革命事業裏的，宣傳與鼓動的武器」，決心「把政治與詩密切地結合起來，把詩貢獻給新的主題和題材」[6]。艾青在這時創作的詩歌主要收於《雪裏鑽》、《獻給鄉村的詩》、《反法西斯》和《黎明的通知》等集中。在《獻給鄉村的詩》中，詩人用階級鬥爭的眼光觀察生活，預言為了反抗欺騙與壓榨，「它將從沉睡中起來」。《向世界宣佈吧》一詩，斥責反動派的造謠誹謗，歌頌解放區的光明與幸福。《黎明的通知》以欣喜的心情告訴長期生活在黑暗中的人民：黎明就要來了，如太陽一樣光輝燦爛的新中國就要出現在世界的東方，表現了詩人對革命勝利的堅定信心。由於艾青這時來到了光明的天地和置身於革命的中心，因而他更自覺、更有力地為革命鬥爭歌唱，詩作中的時代意識更為強烈，理想主義色彩也有了新的發展。在語言風格上，質樸、清新，更接近於工農群眾的閱讀要求。但也正如不少從國統區來到革命根據地的文藝工作者那樣，儘管他們想以滿腔熱情反映新的生活，但是由於還缺乏深厚的生活基礎與足夠

6　《開展街頭詩運動——為〈街頭詩〉創刊而寫》，載《解放日報》1942 年 9 月 27 日。

的藝術提煉，作品往往顯得比較空洞與浮泛。艾青在這一時期的一些
詩作，藝術上比較單薄，缺乏感人的詩情。這是艾青的藝術個性和創
作風格尚未能和新的主題、題材相適應相融合的緣故。

但毋庸置疑，在中國現代詩歌發展史上，艾青是繼郭沫若、聞一
多以後推動一代詩風的重要詩人。艾青曾對從「五四」到抗戰這一時
期的新詩作過這樣的估價：「中國新詩，已走上可以穩定地發展下去的
道路：現實的內容和藝術的技巧已慢慢地結合在一起。新詩已在進行
著向幼稚的叫喊與庸俗的藝術至上主義可以雄辯地取得勝利的鬥爭。
而取得勝利的最大的條件，卻是由於它能保持中國新文學之忠實于現
實的戰鬥的傳統的緣故。」[7]「五四」時期，伴隨著洶湧澎湃的追求個
性解放與民族新生的激情，產生了一批像郭沫若那樣積極宣導自由體
詩的詩人，開始了中國詩歌現代化的歷程。但是，由於新詩作者過於
蔑視傳統與追求自由表現，也使得新詩顯得有些散漫與隨意。作為這
種反撥的，是聞一多等人提倡的「格律體詩」。這在一定程度上糾正了
新詩發展的偏向，對詩歌藝術進行了嚴肅的探討。但這時新月派與現
代派的一些詩人在很大程度上脫離了時代和人民，一味追求表現技巧
與詩歌格律，也陷入了艾青所批評的「庸俗的藝術至上主義」。抗日戰
爭爆發以後，嚴峻的戰時環境使得任何有正義感的詩人都必須走出藝
術的象牙之塔，積極投身到抗戰這一洪流之中。這時，艾青的詩作一
方面堅持並發展了革命現實主義流派「忠實於現實的、戰鬥的」傳統，
另一方面又克服與揚棄了其「幼稚的叫喊」的弱點，吸收了象徵主義、
浪漫主義等詩歌流派的藝術技巧，從而使自由體詩在藝術上達到了一
個新的高度，鞏固了新詩發展的陣地，推動了中國新詩的健康發展。

艾青是一個感情飽滿的詩人。在他的詩中，總是蘊藏著一種深沉
而強烈的感情。從小在乳母家感染到的農民的憂鬱，半流浪式的三年
巴黎生活，形成了艾青早期詩作中「漂泊的情愫」[8]。在抗戰的炮火中，
當詩人輾轉於中國大部分的國土時，不僅理解了中國農民的現實苦
難，而且對這古老的國土上所養育的民族有了更為深刻的認識。這時，

---

7 《北方・序》。
8 胡風：《吹蘆笛的詩人》。

從小感染到的農民的憂鬱已昇華到新的時代的高度，時代浪子的飄泊情愫找到了堅實的歸宿，因而，回蕩在他不少的詩篇中深沉的感情並不僅是冷淡的哀愁，而是對祖國、民族前途的熱切思考。當詩人的這種思慮一旦萌發出生機，透露出光亮時，感情的烈火便熊熊燃燒起來了。太陽、光明、春天、火把、黎明……這些詩人專門謳歌的主題，萌發出蓬勃向上的意氣，洋溢著浪漫主義的激情。詩人的這種感情特色，增強了作品的感人魅力與藝術效果。

此外，艾青還十分重視獨特意象的創造。在意象中，凝聚著詩人對生活獨特的感受、觀察與認識。他這樣認為：「一首詩裏面，沒有新鮮，沒有色調，沒有光彩，沒有形象——藝術的生命在哪里呢?」[9]因而，他的不少詩作都從現實生活中採掘出鮮活的意象與完美的詩緒，創造出一幅幅色彩絢麗、清新可感的圖畫。《大堰河——我的保姆》中對色調的運用，《手推車》中景、情、光、色、圖，乃至音響的完美組合，都豐富了我國新詩的藝術語彙，增加了新詩的藝術表現力。艾青的這種成功，來源於他對藝術技巧的重視，同時也得益於他的美術素養。

田間（1916-1985），原名童天鑒，出生于安徽無為縣。中學時代就愛好詩歌。1933 年進上海光華大學讀書，次年加人中國左翼作家聯盟，並參加由「左聯」主辦的《文學叢報》和《新詩歌》等刊物的編輯工作。

1935 年，田間出版第一本詩集《未明集》，次年，又出版《中國牧歌》和《中國農村的故事》兩部詩集。寫這些詩時，田間還不滿 20 歲。雖然它們尚不免幼稚、粗糙，有些地方用詞也不夠自然、準確，然而在整個的情緒、印象、氣氛上，卻傳達出了時代的某些特徵，引起了評論界的注意。《未明集》大多描寫工人、農民、兵士等受苦者的命運，對他們的不幸遭遇表現了深切的同情。詩中回蕩著陰鬱、激憤的情緒，不過，在強烈的痛苦中，又充滿著投身於戰鬥的熱情與渴望。《中國牧歌》集中表現了人民群眾對日本帝國主義侵略罪行的憤怒與抗爭。儘管仍有陰鬱和傷感，但色調明朗，節奏也趨於急促。《中國農村的故事》

9　《詩論掇拾》，載《七月》第 3 集第 5 期。

是一首長詩，分為《饑餓》、《揚子江上》和《去》三部。詩人以揚子江作為祖國和人民的象徵，揭露和控訴著農村中的不平，表現了人民「心底的憤怒」和勇猛的反叛。在這些初期詩作中，田間密集地使用大膽的比喻和奇詭的形象性聯想，並使用了一種短句排列的詩行形式，以期產生急促、跳躍的節奏，較好地傳達了那個動盪不安而又醞釀著鬥爭風暴的時代脈搏，初步形成了田間詩歌粗獷、剛健的風格。

1937 年春，田間因遭國民黨搜捕，東渡日本避難。在那裏，他接觸到了裴多菲、涅克拉索夫、馬雅可夫斯基等外國詩人的作品。「七·七」蘆溝橋事變以後，田間回到祖國，更加自覺地用詩作為武器，為動員民眾的覺醒作出了積極的貢獻。他的《給戰鬥者》、《呈在大風砂裏奔走的崗衛們》、《抗戰詩抄》和《她也要殺人》等詩集，使他以迥異於他人的「時代的鼓手」的姿態出現於抗戰詩壇。

寫於 1937 年底的抒情長詩《給戰鬥者》是代表田間風格的優秀詩篇。作者以深厚的感情描述了中國人民曾經有過的樸實而安寧的和平生活，揭露了日本帝國主義對祖國同胞慘無人道的蹂躪，並發出必須為祖國而戰的強烈呼喊。詩中，作者巧妙地將日常生活中平凡的現象組織成一幅色彩絢麗的圖畫：五月的麥酒，九月的米粉，十月的燃料，十二月的煙草，祖國的白麻和藍布；長江、黃河上的捕魚，祖國沙漠草地上的狩獵，夜間篝火旁的紡織……這些極其自然地勾起了人們對和平生活的無限眷戀和懷念。因此，詩人接著發出：「我們／必須／拔出敵人底刀刃／從自己底／血管。」「血肉的／行列，／不能拆散；／復仇底／槍，／不能扭斷。」急促的旋律，跳躍的節奏，表現出詩人對民族命運的熱切關注，反映了抗戰初期熱烈、高漲的民眾情緒。最後，詩人以寓含哲理、憬悟人心的詩句，表達了中國人民英勇抗戰的堅強決心和保衛祖國的鋼鐵誓言：「在詩篇上，／戰士底墳場，／會比奴隸底國家／要溫暖，／要明亮。」這首具有飽滿的戰鬥激情和高昂的時代精神的詩歌，在當時發揮了強有力的鼓動和號召的作用。

《她也要殺人》是詩人的又一首著名長詩。它寫於田間隨西北戰地服務團途經西安奔赴延安的途中。在這首詩中，作者表現了一位中國北方農村婦女白娘的悲慘遭遇。日本侵略者殺害了她的兒子，大火

吞沒了她的房屋，自己也身受日寇侮辱。在屈辱、絕望中，她並沒有屈服，而是向侵略者舉起了復仇的利刃。詩中充滿激動的呼喚，傾瀉了詩人對日寇強烈的仇恨情緒，反映出在民族壓迫下中國農民日益覺醒的現實。但是，由於感情缺乏凝聚，表達上不加節制，也使作品在形象上有些失真，削弱了藝術感染力。

1938 年夏，田間到了延安，不久又到晉察冀地區參加革命工作。在解放區新的鬥爭生活中，田間積極宣導並參與延安「街頭詩運動日」，寫下了大量短小精悍、通俗易懂的街頭詩。例如《假如我們不去打仗》：「假如我們不去打仗，敵人用刺刀殺死了我們，/ 還要用手指著我們骨頭說：/ 看，/ 這是奴隸!」形式簡短，語言通俗、形象地展示了一個深刻而又單純的道理，具有很大的思想容量和發人深省的威力。又如《義勇軍》，作者通過不多的詩行，就在兩個畫面的對比中，勾畫出把敵人的頭「掛在鐵槍上」的義勇軍戰士的英雄形象。在這裏，短小精悍的形式概括了豐富的政治內容，通俗生動的語言創造了鮮明深刻的意境，因而，這些街頭詩不僅具有強烈的政治鼓動性和藝術感染力，而且又便於群眾接受和背誦，發揮了很大的戰鬥作用。

1942 年延安文藝整風以後，田間響應深入工農兵的號召，下到基層做實際工作。從 1943 年直到 1949 年，他先後在山西孟平縣委、雁北地委與張家口市委工作。在與解放區人民一起戰鬥、生活的同時，努力向民歌民謠體學習，致力於大眾化、民族化的追求。這時期創作的大部分作品，均收在《抗戰詩抄》集中，以「小敘事詩」、「英雄謠」、「參議會隨筆」、「名將錄」等多種詩歌形式，歌頌邊區的抗日鬥爭和生產英雄，歌頌人民將領。其中，歌頌賀龍將軍的《山中》與描寫楊成武將軍的《馬上取花》，最為引人注目。1945 年前後，田間還創作了《戎冠秀》和《趕車傳》（第一部）兩部長篇敘事詩。戎冠秀是當時晉察冀邊區著名的英雄模範，被譽為「子弟兵的母親」。詩人按戎冠秀的生活經歷，截取一些重要的生活片斷，真實地寫出了一個受人愛戴的模範人物，在解放區產生了較為廣泛的影響。不過，由於詩人過於拘泥於事實本身，在羅列生活事件的同時，忽視了必要的提煉與概括，從而使故事情節顯得瑣碎、鬆散。《趕車傳》（第一部）是一部富於傳

奇色彩的作品。貧苦農民石不爛長期遭受地主的盤剝，女兒又被霸佔，在投告無門的絕境中，他萌發出了自我復仇的願望。但是，他這種個人主義的反抗每次都失敗了。後來，他遇到了共產黨員金不換，提高了覺悟，認識到只有團結起來才是翻身求解放的道路，於是，他們領導群眾鬥爭地主，開展減租減息運動，終於走進了新的生活。詩歌形象地展現了中國農民的悲慘處境與他們翻身求解放的必由之路，具有一定的現實教育意義。作品故事生動，結構較爲完整，在運用群眾語言方面，也較少模仿的痕跡。但詩中情節比較枝蔓，有些詩句生澀僵硬，這也降低了作品的藝術效果。

田間是一位十分注意表現時代的偉大鬥爭和人民生活情緒的詩人。從一開始創作起，他就自覺關注時代風貌、社會變革和人民的命運，相當重視詩歌深入群眾的宣傳鼓動效果。從對神聖抗戰的吶喊到對街頭詩運動的宣導，直至對民族化、大眾化的追求，都清晰地映現出詩人跟隨時代不斷求索的足跡。聞一多在《時代的鼓手——讀田間的詩》中這樣評價道：「沒有『弦外之音』，沒有『繞梁三日』的餘韻，沒有半音，沒有玩任何『花頭』，只是一句句樸質、乾脆、真誠的話（多麼有斤兩的話！）簡短而堅實的句子，就是一聲聲的『鼓點』，單調，但是響亮而沉重，打入你耳中，打在你心上。」詩人所表現出來的強烈的生活色彩，逼人的生活氣息，最高限度的熱與力，都形成了田間作品的動人力量，奠定了他在中國新詩發展史上的重要地位。

何其芳，1912 年出身於四川萬縣一個老式的鄉村紳士家庭。精緻而豐富的中國傳統詩詞歌賦的影響，使他從小就領略到詩的醇味。一九三一年，何其芳考入北京大學哲學系。四年的大學生活，哲學專業方面幾乎毫無收穫，而課餘的文學創作卻使他獲得了意外的成就。一九三六年與李廣田、卞之琳合出詩集《漢園集》，有「漢園三詩人」之稱。這些以「青春的夢」爲主題的抒情詩，替他打開了進入文壇的大門。同年，還出版散文詩集《畫夢錄》。在這些「追求著純粹的柔和，純粹的美麗」的自成一體的美文中，典雅而略帶幽怨的格調，也在相當數量的小資產階級知識份子中引起廣泛的反響，獲一九三七年天津《大公報》文藝獎金。

　　何其芳的文學成就主要還是在詩歌方面。他抗戰以前的詩作，後來集中收集在他的第一本詩集《預言》中。

　　《預言》集抒發的是一位小資產階級知識青年的「一些幼稚的歡欣，幼稚的苦悶」。作者當時認為：「我的見解是文藝什麼也不為，只為了抒寫自己，抒寫自己的幻想、感覺、情感。」他歌唱著一種虛幻的、甜密而痛苦的愛情：「我飲著不幸的愛情給我的苦淚，日夜等待著熟悉的夢來覆着我睡，不管外面的呼喚草一樣青青蔓延，手指一樣敲到我緊閉的門前。」（《慨歎》）期望一個溫柔而多情的姑娘，在星空下踩著白楊的落葉，輕盈地在小巷中向前走著，發出令詩人心跳的「驕傲的足音」（《腳步》）。而當這種足音始終沒有出現時，詩人則痛苦地發出難以排遣的失望與哀怨：「是誰第一次窺見我寂寞的淚，用溫存的手為我拭去？是誰竊去了我十九歲的驕傲的心，而又毫無顧念地遺棄？」（《雨天》）甚至面對一個放在少女墳上的花環，詩人還噙著眼淚飽贊她「你有美麗得使你憂愁的日子，你有更美麗的夭亡」（《花環》）……這些詩作構思精巧，語言瑰麗，講求嚴格的格律與完整的意境，感情纖細、柔弱，反映出詩人青年時遠離現實生活時的空虛與青春憂鬱，流露出作者所吸收的中國古典詩歌的美質，同時，也留有過分雕琢的痕跡和唯美主義的傾向。抗日戰爭爆發後，現實生活的磨難畢竟使詩人不能繼續保持美麗而飄渺的想像，多情而略帶頹廢氣息的幽思已難以適應全民抗戰的時代潮流。詩人在《預言》集中的最後一首詩《雲》中表示：「從此我要嘰嘰喳喳發議論：我情願有一個茅草的屋頂，不愛雲，不愛月，也不愛星星。」何其芳懷著這樣的決心，改變了過去那種徘徊低吟的狀況，在抗日民族戰爭的推動下不斷地前進了。

　　一九三八年，何其芳在成都創作了《成都，讓我把你搖醒》一詩。這是詩人詛咒黑暗、歌頌光明的一個起點，也是他創作道路上的一個重要轉折。詩人面對在民族危亡之際仍然「有著享樂、懶惰的風氣」的成都，大聲地疾呼：「打開你的窗子，你的門！」在這陽光燦爛的早晨「讓我把你搖醒」。表現出一個在民族危亡關頭應該覺醒奮起的現實，也反映出作者本人已從早年的夢境中醒來。同年，何其芳奔赴延

安。在新的熾熱的鬥爭生活中，這位愛抒唱「自我」的詩人勇敢地走向了壯闊的外部世界，但同時在他的詩作中也留下了轉變時期的思想刻痕。他習慣于過延安那種帶著塵土的日常生活：「走在那擁擠的人群中」，「和那些汗流滿面的人一起勞苦，一起用自己的手去獲得食物」，「走在那些帶著武器的兵士們的行列裏，和他們一起去戰鬥，一起去爭取勝利」。但也有「多少次呵」，舊的「自我」又會向我走來，誘惑他「到遼遠的沒有人跡的地方」──那個孤獨的，由回憶、夢想和寂寞所構成的世界。這是一個長期過慣了孤獨生活的知識份子在革命隊伍中自我鬥爭的印跡。但不論這裏「舊我」與「新我」的矛盾如何明顯，比起《預言》集來，卻是一個完全不同的世界。

何其芳抗戰期間的詩歌後來大都收在《夜歌》集中。它記錄了一個追求革命的知識份子初入革命隊伍後新舊矛盾的感情，以及不斷走向革命、走向群眾的艱辛而喜悅的歷程。《一個泥水匠的故事》用強烈的感情和明白的口語，塑造了一位在黨的教育下提高了覺悟的邊區戰鬥英雄的光輝形象，表現了詩人前所未有的題材與主題。《快樂的人們》描寫邊區的生產情況：「我們使荒涼的地方充滿了歌唱……我們開墾出來的山頭突起而且豐滿……從它們，我們收穫了冬天的食糧」在《革命──向舊世界進軍》中，詩人熱情洋溢地歌頌革命鬥爭，期待著勝利的明天：

> 一切腐爛的東西都在死亡！
> 一切新生的東西都在成長！
> 腐爛的和新生的
> 已經清楚地分別開
> 像黑夜和白天！
> 全中國的兄弟們，
> 站到革命方面來！

這是詩人抗戰期間最富於革命氣息的一首詩。堅定執著的信念，鋼鐵般的語言，十分明顯地反映了詩人思想感情與藝術趣味的轉變。

一九四二年前後，是何其芳詩歌創作的高漲時期。他寫下了《黎明》、《河》、《我為少男少女們歌唱》、《生活是多麼廣闊》、《平靜的海

埋藏著波浪》、《這裏有一個短短的童話》、《多少次呵，我離開了我日常的生活》等一批詩歌佳作。許多年輕人把其中的詩句摘引在自己的小本子上，爭相吟誦著、朗誦著這些詩篇。這是詩人不再滿足於複製自然或現實生活，追求革命的鬥爭生活與完美的藝術形象有機結合的結果。

《黎明》是一首讚美為建築新的房屋而勞動的邊區人民的頌歌。在山底下浮著白霧、空氣裏帶著露水似的微冷的黎明時分，延安已被熱火朝天的生活吵醒了。這對於長期處在學校生活、囿於個人圈子的詩人來說，是何等的充實！何等的富於生機！他感到「我的心和你們的心是如此密切地相通」，應該「無聲地寫出這個短歌獻給你們」。對生活、希望、未來的無限熱愛，對革命隊伍裏的少男少女的無比傾心，使得詩人在寫這些作品時馳騁著幻想的野馬，掘開了心靈的閘門。在這裏，燃燒著詩人心中的熱血，流淌著作者感情的波濤。在《我為少男少女們歌唱》中，他這樣愉悅而歡快地唱道：

> 輕輕地我從的琴弦上
> 失掉了成年的憂傷
> 我重新變得年輕了，
> 我的血流得很快，
> 對生活我又充滿了夢想，
> 充滿了渴望。

在《生活是多麼廣闊》中，他更是情不自禁地頌讚著：

> 生活是多麼廣闊，
> 生活是海洋。
> 凡有生活的地方就有快樂和寶藏。
> ……

詩人抒發的這種思想感情，正是當時千千萬萬奔赴延安以及嚮往延安的進步青年所共有的。它記錄了一個嚮往革命、嚮往人類光明未來的小資產階級知識份子的真實靈魂。

何其芳在民主革命時期只出版過《預言》和《夜歌》兩個詩集。儘管他的詩作並不很多，但他的詩熔豪放與婉約於一爐，集樸實與精

美於一體，具有較強的藝術感染力，在廣大讀者尤其是青年讀者中產生了較大的影響。

　　夏衍（1900-1995），原名沈端先，生於浙江杭州一個沒落的小地主家庭。幼年喪父，靠典質和借貸度日，從小體驗到下層人民的悽楚和辛酸。高小畢業後，曾到一家染坊店當學徒，後入杭州甲種工業學校學習。1920 年，抱著「工業救國」的志願考取日本明治專門學校，學習機電工程，不久轉而熱心研讀哲學與文學書籍。1927 年，因參加日本進步文藝運動被驅逐回國。在党的領導下，1929 年與鄭伯奇等組織發起「藝術劇社」，在戲劇界發起無產階級戲劇運動，並積極參與「左聯」的籌建工作，成爲我國左翼文藝運動的組織者和領導者之一。

　　夏衍的文學成就主要集中在話劇創作方面。從 1934 年寫成第一個獨幕話劇《都會的一角》起，他在民主革命時期共創作了 10 個多幕劇和 7 個獨幕劇（不包括與他人合作的五個劇本）。《賽金花》、《秋瑾傳》、《上海屋簷下》、《心防》和《法西斯細菌》等劇作，在各個歷史階段都曾產生較大的影響，促進了中國現代話劇藝術的成熟。

　　《賽金花》和《秋瑾傳》均發表於 1936 年。當時民族危機日益深重，國民黨繼續奉行「攘外必先安內」的投降政策。夏衍決心從歷史事件中選取題材，「要使讀者能夠在歷史的人物裏面發現現今活躍著的人們的姿態」，以「喚起聯想」[10]。七場大型話劇《賽金花》以庚子事變爲背景，通過八國聯軍侵略時滿朝文武無力保衛國家，只能通過妓女賽金花向聯軍統帥瓦德齊求和這一事實，揭露了那些身穿朝服的庸臣腐敗無能、喪權辱國的種種醜態，給人們描繪了一幅百醜圖。這一喜劇式的描寫，對於在民族矛盾日益尖銳而一味媚外求和的國民黨政府，無疑起到了強烈的借古諷今的批判作用。但劇中對以色相取悅侵略軍統帥，以換取敵人少施暴行的妓女賽金花，不但同情過多，而且也在一定程度上曲解了民族骨氣，對義和團運動的革命歷史作用，也缺乏較爲全面的認識和評價。因而，《賽金花》上演時，也確曾引起一部分觀眾的爭議與反對。《秋瑾傳》取材於中國民主革命的先驅者秋瑾

---

10 《歷史與諷喻》。

的英雄事蹟，在思想和藝術上都有了明顯的進步。劇本以在國運衰竭、強敵淩國的情況下殺身成仁、捨生取義的女英雄秋瑾的故事爲線索，有力地抨擊了禍國殃民的清朝統治者和卑躬屈膝的漢奸走狗，對激勵人民的愛國熱情起到了很大的作用。同時，作者善於運用簡潔的對話和明快的動作刻畫栩栩如生的人物形象，初步體現了夏衍劇作淳樸素淡、簡潔明淨的藝術風格。

　　1937 年，夏衍創作了三幕話劇《上海屋簷下》。它標誌著作者的劇作題材已從歷史轉向現實，並自覺地運用嚴謹的現實主義創作方法進行創作。

　　《上海屋簷下》描寫的是一群立人簷下的小市民和窮苦知識份子的生活。年近半百的小學教員趙振宇安貧樂命，一家四口擠在灶披間裏，而他的妻子則每日嘀嘀咕咕，愁窮哭苦；報販「李陵碑」的獨子在戰爭中死去，他因此成天酗酒解愁，神情恍惚；廉價的摩登少婦施小寶在當水手的丈夫一去不返後，逃不脫黑暗勢力的魔掌，被迫淪落風塵；紗廠職員林志成時時擔心丟失飯碗，整體提心吊膽度日；靠父親變賣田地和借高利貸而上完大學的銀行小職員黃家楣，失業在家，生活無著。劇本通過這同一幢小樓裏的五戶人家的不同遭遇和命運的描寫，反映出一群善良的人們的不幸生活，生動地展現了那種令人窒息、抑鬱的時代氣氛。在這個劇本中，作爲主線的是二房東林志成、楊彩玉一家的故事。楊彩玉原是一位同情革命，並與革命者匡復結合而背叛家庭的勇敢女性，然而，在匡復被捕後，生活的磨難使她退卻了。她與小職員林志成結合，成爲一個隻會侍候丈夫與孩子的家庭主婦。當匡復出獄與好友林志成和妻子楊彩玉重逢時，他們都陷入了一種極度難堪的痛苦之中。這是一個由黑暗社會造成的家庭悲劇。《上海屋簷下》通過對這些人物不幸命運的描寫，對黑暗勢力和國民黨統治發出了強烈的控訴，具有深刻的社會意義和鮮明的政治內容。

　　《上海屋簷下》顯示了夏衍藝術上的成熟。作者利用上海弄堂房子的特殊結構，將五戶人家用一個場景畫面，在同一舞臺空間同時展開。這一獨特的設計，不僅豐富了劇作的情節，擴大了反映生活的視角，減少了場次，突出了主題，而且大大加強了舞臺的生活實感。這

裏幾乎不採用人物上場下場這些常見的戲劇手段，劇情的敍述只是依靠各條線索穿插交替的手法。儘管頭緒繁雜，但又有主有從，繁而不亂。此外，作者還把劇情發生的時間精心安排在一個鬱悶得使人不舒氣的黃梅時節，象徵著抗戰前夕如黃梅天一樣晴雨不定、鬱悶陰晦的政治氣候，反映出小人物的苦悶、悲哀和失望，更顯示了革命風暴的即將到來。這種匠心獨運的藝術構思，使劇作收到了極其強烈的戲劇效果。

抗日戰爭爆發以後，夏衍積極投身於抗日救亡工作。他先後在上海、廣州、桂林等地主持《救亡日報》的編輯工作，宣傳抗日主張，號召民眾共同抗戰。同時，他也創作了一批以抗戰為背景的劇本，以戲劇為武器服務於這場神聖的民族解放戰爭。其中《心防》和《法西斯細菌》，是夏衍這時期的兩個優秀代表作。

四幕劇《心防》寫成於 1940 年。它生動地記敍了抗戰初期堅持在上海「孤島」繼續進行鬥爭的進步文化工作者的生活。主人公劉浩如是一位具有強烈愛國主義精神的新聞記者，當中國軍隊撤離上海，很多文化工作者準備去大後方時，他毅然決定留下來堅持鬥爭，用筆來「死守一條五百萬人的精神上的防線」。他以報紙為武器同敵偽作戰，揭露侵略者和漢奸走狗的種種醜行。敵人以手榴彈威脅他，以高薪引誘他，報紙的外國老闆也出面阻止他，然而他都不為所動，繼續堅持鬥爭。即使在遭受特務暗殺負傷時，關心的仍然只是能否繼續打擊敵人，他最後為民族解放事業而壯烈犧牲。這是一個性格鮮明的抗日文化戰士的英雄形象。它有力地鼓舞了許多滯留在敵佔區的進步文化工作者，狠狠打擊了賣國的民族敗類。《法西斯細菌》（一度改名為《第七號風球》），創作於 1942 年，它描寫的是一位留學日本的細菌專家，在現實的教訓面前終於由不問政治到投身於抗戰洪流的故事。「九·一八」事變前夕，在日本留學的青年科學家俞實夫還沉浸在超階級的「純科學」研究中，認為「科學研究不僅是為國家、為民族，也為人類，為全世界人類的將來」，因而，他對日本人侵佔東北並不關心，甚至還應邀回到上海，在一個日本人辦的研究所工作。抗日戰爭爆發後，他被迫逃至香港，但仍對這場神聖的戰爭置若罔聞。直到侵略者的戰火

燒到香港，他的實驗室被搗毀，自己的身心被淩辱，並得悉日寇在華北滅絕人性地使用細菌武器野蠻屠殺同胞時，他才終於認識到：「法西斯細菌不消滅，要把中國造成一個現代化的國家，不可能」，「法西斯與科學勢不兩立，撲滅了法西斯細菌才能進行科學研究」。俞實夫的覺醒、轉變過程表現得實實在在，合理可信，它使人們看到了人物思想性格發展的曲折脈絡和複雜層次，看到了人物思想發展和性格變化的邏輯演進，具有相當高的典型意義。此外，劇本中對趙安濤和秦正誼這兩個別種類型的知識份子形象的塑造，也比較真實、鮮明，有力地烘托了俞實夫這一藝術形象。

除了《心防》和《法西斯細菌》外，夏衍在抗戰期間創作的其他一些劇作也都具有一定的現實戰鬥意義。《一年間》通過一個地主家庭在抗戰時期的分化，指出了各階層人士團結救亡的重要性。《水鄉吟》反映南方農村的抗日活動，展示了淪陷區人民的鬥志。《芳草天涯》以愛情、家庭的糾葛為線索，意在引導知識份子正確處理戀愛糾紛，集中精力於抗戰工作。《離離草》表現了東北義勇軍英勇抵抗侵略者的故事。這些劇作，在當時都產生了較廣泛的影響。

夏衍劇作有著鮮明的風格。作為一個充滿政治激情的劇作家，他總是選取與現實鬥爭密切相關的題材，表現出對國家和民族命運的關注；他的多數劇本均不追求驚險曲折的情節和激烈熱鬧的場面，而是取材於平凡的生活瑣事，樸素地再現生活本來面目，展示形形色色的社會世相；他的劇作十分注意選擇富有特徵的場面、細節，給予細緻入微的剖析和再現，以傳達人物的內心活動，刻畫人物性格；夏衍劇作的語言樸素自然，含蓄深沉，使人感到平易親切，耐於咀嚼回味。

陳白塵（1908-1994），原名陳增鴻、陳征鴻，出身於江蘇淮陰一個小商人家庭。中學時，開始學習小說創作。1927 年，考人上海藝術大學文學科，後又轉入南國藝術學院，接受較為全面的戲劇藝術教育。次年，出版長篇小說《漩渦》，以感傷和浪漫的情調喊出了小資產階級知識份子反抗的呼聲，並開始以「白塵」署名。左聯時期，組織過摩登劇社，創作有《虞姬》、《石達開的末路》等劇作，初步顯示出他戲劇創作的特色。

　　抗戰爆發後陳白塵在上海參加文化界、戲劇界的救亡運動，後又在成都、重慶等地堅持進步的戲劇活動，戲劇創作也進入到一個新的階段。發表於 1937 年的七幕歷史劇《金田村》，巧妙地把太平天國農民革命與抗日戰爭照應折射，具有鮮明的時代色彩。作品對歷史劇如何密切配合現實鬥爭，作了有益的探索和較為成功的嘗試。《亂世男女》寫於 1939 年，刻畫了一群被抗戰洪流攪浮起來的都市「沉渣」，從南京逃到大後方後的種種醜態，尖銳潑辣的筆觸，透露出作者的藝術才華。但劇作對這些渣滓產生的社會原因還沒有能更進一步地挖掘。真心抗戰的正面人物秦凡，其性格也缺乏更為充分的展現，這些也影響了作品的深度和客觀效果。1940 年創作的五幕劇《結婚進行曲》，通過女青年黃瑛謀求職業四處碰壁的不幸遭遇，揭露了國統區社會的腐敗，較成功地揭示出現實的黑暗和人民對黑暗現實的反抗。儘管一些鬧劇式的噱頭過多，一定程度上沖淡了嚴肅的社會內容，但該劇曲折回環，充滿情趣，受到了較為廣泛的注意。

　　抗戰勝利前夕，陳白塵完成了《歲寒圖》和《升官圖》的創作。這是作者戲劇創作上的重大收穫，也是中國現代戲劇史上兩個重要的優秀劇作。

　　四幕劇《歲寒圖》寫於 1944 年。這時，國統區社會的黑暗和腐敗到了令人不堪忍受的地步。軍事上的潰敗、政治上的反動與經濟上的危機，造成了一個民怨沸騰的年代。劇本歌頌了在中國抗日戰爭的苦難歷程中，知識份子堅貞自守、苦鬥不屈的傲然正氣和錚錚骨氣，並以此橫掃彌漫整個社會的污濁空氣，給奮戰在民主運動洪流中的人們以精神上的鼓舞。

　　劇作著重塑造了一位忠於職守、克己為人的醫師黎竹蓀的形象。他是某醫學院教授兼附設醫院的肺科主任，長期以來，「把結核菌當作他的敵人，和它作戰了二十年了」。家境清貧與社會黑暗，並沒有動搖他獻身於醫學科學的志向和造福社會的決心。他苦心草擬了一個徹底消滅肺結核病的「防癆計畫」，「打算三年之內使肺結核菌在這個城市裏絕跡！十年之內，消滅掉全國的肺結核菌！」這一宏大的計畫支撐著他，在沒有醫藥器材、療養院與實驗室的極其困難的條件下，他廢寢

忘食地拼命工作。但是，他的計畫兩次提了上去，兩次都被批駁了下來。他的合作者，也在生活的逼迫下紛紛棄職另謀生路。他窮得靠典當度日，最後連自己唯一的愛女也因營養不良而染上了肺結核病。現實生活的一次又一次打擊，終於使他認識到：「這是一個整個社會問題，整個社會問題沒解決，我的計畫從哪兒去實現呢？」在困難與挫折面前，他仍然守志不移，堅定意志，決不與黑暗勢力同流合污。劇本取「歲寒，然後知松柏之後凋也」之意，讚揚了黎竹蓀堅貞自守、歲寒松柏的精神。

《歲寒圖》在嚴寒歲月裏，使許多人去抵擋寒流襲擊，借歲寒松柏鼓舞人們的鬥爭勇氣，歌頌了挺拔如松柏的科學工作者，激勵著人們去迎接「歲寒」之後的春天，也猛烈地抨擊了寒冷如嚴冬的黑暗社會。它的上演，激勵了無數正直的知識份子和一切關心民族命運的人們，給人們以有益的啟示。不過，劇作把堅貞自守作為抵禦黑暗勢力的抗毒素，在某種程度上也表露了作者思想上的局限。正如何其芳所指出的那樣：「忠貞自守並不能阻止這個社會的腐爛，更不能給這些腐爛的製造者以什麼損害。」[11]整個社會都在腐爛、墮落，孤立無援的黎竹蓀的出路與前途又在哪裏呢？對此，作者的回答是較為模糊的。

《升官圖》是一部諷刺喜劇，完稿於 1945 年 10 月。劇情是在兩個強盜的夢境中以誇張、漫畫化的形式展開的。在一個淒風苦雨之夜，兩個強盜為了躲避追捕，闖進了一所古老而空曠的住宅。在「遠處慘叫之聲不絕」的陰沉沉的氣氛中，他們做了一夜升官發財的美夢。夢中，他們乘一次群眾暴動後知縣受傷、秘書長斃命的機會，混水摸魚，冒充為知縣和秘書長，接著又把持了策劃征斂的縣務會議。為了分得贓款，利慾薰心的知縣太太和官吏竟然承認這兩個冒牌貨，反將真知縣賣了壯丁。他們互相勾結起來，敲詐勒索，魚肉百姓。財政局長把建設捐款拿去放債，以教育經費囤積糧食；警察局長買賣壯丁，包庇煙賭，從中漁利；教育局長不僅克扣教師的米貼，而且公然侵吞學生的平價布；而「外號是摩登賈寶玉，又叫洋裝西門慶」的工務局長，

---

11 《評〈歲寒圖〉》。

則霸佔民房，貪污馬路捐、水塘捐、建設捐。在「燈火輝煌」、「富麗堂皇」的縣衙裏面，他們施展開了各種各樣的卑劣伎倆。忽然，傳來省長大人要來視察的消息，這一夥人面妖魔又都各自偽裝起來。然而，「儀錶非凡」、自命「平生講究廉潔」的省長大人，實際上更是敲詐勒索，追求「金條、女人」的能手。在撈到了大批金條和一位美麗漂亮的女人之後，他宣佈本縣「太平無事」，並提升假知縣爲道尹，提拔財政局長爲知縣，而那個從壯丁中逃回來的真知縣則被「執行槍決」。最後，當省長、知縣一起舉行婚禮時，憤怒的群眾高舉著木棍，把這群貪官污吏統統抓了起來，並對他們發出審判的怒吼。這時，兩個強盜從夢中驚醒。

《升官圖》假託兩個強盜的一場升官發財的美夢，把國民黨統治下的黑暗現實赤裸裸地揭露出來，諷刺與批判了國民黨官僚貪贓枉法、巧取豪奪、狼狽爲奸而又互相爭鬥的種種醜態，反映了被壓迫人民的覺醒，預示著反動派必然滅亡的歷史命運。從作品近於荒誕的情節中，表現了國民黨官僚集團營私舞弊、逢迎諂媚、魚肉百姓、無惡不作的可鄙嘴臉，寫出了「官即是匪」、「匪即是官」的國民黨統治集團的內幕。而且劇本還反映出，在這集團中權力愈大、地位愈高的官僚，愈是無恥、腐敗、貪婪。這是一部活生生的國民黨統治時期的「官場現形記」。

在藝術上，《升官圖》也顯示出陳白塵卓越的諷刺才能。作者把故事放置在民國初年，又把反動官吏們的發跡起家和一切卑鄙勾當托諸夢境，這樣，作者便有了自由馳騁的廣闊天地，可以無拘無束地採用誇張與漫畫化的手法，把劇作的主旨淋漓盡致地表現出來。同時，劇作把兩個強盜與縣財政局長等官吏之間的矛盾衝突，安排在兩個強盜身份的暴露與掩藏之間，人物關係始終處於緊張而又複雜的狀態，從而使故事情節充滿變幻、曲折，產生出強烈的戲劇效果。此外，劇作語言生動幽默，含蓄有力，在引人捧腹之中激發起人們對國民黨統治的無情嘲弄與憎恨。劇本的不足之處在於：沒有能更爲明晰地揭示出產生國民黨官僚腐爛的社會基礎和階級根源，對這一集團的本質發掘得還不夠深入。

　　路翎（1923-1994），原名徐嗣興，生於南京一個小商人家庭。兩歲時生父棄世，家境黯淡。童年時，曾隨外祖母到蘇州探親，耳聞目睹舅妗一輩爭分家產，致使一個顯赫世家風流雲散的情景，在他早慧的心靈上留下了難以磨滅的印象。中學時，與進步同學一起組織「哨兵」文藝社，旋因文字觸犯官紳，被學校當局開除。為謀職業，他進入國民黨三民主義青年團宣傳隊，到陶行知主辦的育才學校文學組當藝友，在礦區當小職員，幹一些記賬、填表格之類的雜務。這種半流浪式的生活，使他較早地接觸到被壓在社會底層，背負著生活重擔的人們，體驗到他們苦苦掙扎的生活境遇和躁動不安的反抗情緒，為他的文學創作準備了較為豐厚的生活積累。

　　路翎的早期作品，大都反映破產農民、礦工、賣藝人、匠人、商販等下層人民的生活。與現代其他作家不同的是，他並不著力於舊社會黑暗生活本身的揭露，而是試圖透過這種描寫，尋求出「人民底原始的強力，個性底積極解放」。[12]這是作者探索人物內心世界的主要注視點。《卸煤台下》中流浪工人出身的監工孫其銀，《何紹德被捕了》裏從傷兵醫院流落出來的何紹德等，他們無不面對幾乎處於絕境的生活遭遇，然而，從他們身上迸發出來的反抗力量與頑強的生命力，都顯示出作者發掘「人物性格底根苗」[13]的努力。1943 年，被胡風編入「七月新叢」出版的中篇小說《饑餓的郭素娥》，更為酣暢地表現了作者對人物「原始強力」的尋求。小說描寫了一個美麗而強悍的礦區勞動婦女郭素娥的故事。她因逃荒而被一個衰老的鴉片鬼收容為妻，肉體與精神的雙重「饑餓」，使她轉而瘋狂地愛著如野獸一般兇猛、冷酷的機器工人張振山。當她得不到她的所愛還要被當做物品一樣被轉賣時，她大聲地抗爭：「你們不曉得一個女人底日子，她挨下不去，她痛苦！」最後被用火鏟活活烙死。作者在這個勞動婦女的悲慘命運中，執意挖掘出蘊藏在人民心中的追求個性解放和自發反抗黑暗勢力的「原始強力」，使人們看到了我們柔弱的民族性深處的「蠻性」，同時，

---

12 胡風：《饑餓的郭素娥‧序》
13 胡風：《饑餓的郭素娥‧序》

又寫出其中帶有「精神奴役的創傷」，[14]使人感奮，催人驚醒。但是另一方面，作者也渲染了「原始強力」的神秘色彩，禮贊了盲目反抗的瘋狂性，欣賞著某種病態的東西。在藝術上，作者努力追求油畫式的強烈效果，通過多樣的色彩與複雜的線條的融合，極力表現出人物粗獷、雄放的性格與強烈的感情波濤。在這裏，有著青年路翎長期半流浪生活的人生體驗，也有著他對於胡風「主觀戰鬥精神」的個人理解。

1945 年，年僅 22 歲的路翎完成了長篇小說《財主底兒女們》的創作。這部 80 萬字的「大書」，奠定了他作為「七月」文學流派「小說重鎮」的地位，被譽為五四以來中國知識份子底感情和意志的百科全書。

《財主底兒女們》以蘇州巨室蔣捷三一家的風流雲散為中心，力圖反映出「一·二八」以後的十年間中國社會的生活面貌，提出在這個動亂的時代中青年知識份子的道路問題。全書分為上、下兩部。上部描寫蔣捷三一家在兒女們的守成、叛逆、分化和勾心鬥角之中分崩離析；下部則以蔣家的小兒子蔣純祖為中心，展開了出身於這個破敗世家的各種類型的知識份子的生活道路。這是自巴金的《家》問世之後，又一部描寫封建大家庭及其子女道路問題的宏大作品。作品中封建支柱式人物蔣捷三與沒落子孫的代表蔣慰祖的死亡，標誌著封建家庭制度必然崩潰的歷史命運，一個舊的時代的結束。暴發戶出身的王熙鳳式的大兒媳金素痕，在蔣家內部掀起的一場驚心動魄的爭奪財產繼承權的鬥爭，成為這個瘋狂的大家庭的敗壞者，加速了這個家庭的滅亡。二兒子蔣少祖，曾經是這個封建大家庭的不肖子孫。他的反抗，他的政治生涯與愛情糾葛，乃至他在抗戰中政治上的動搖與退讓，都證明了他仍然不是一個徹底的反叛者，而是一個從「五四」覺醒青年倒退為國民黨官僚的典型。在小說中，小兒子蔣純祖是被當做真正的「新人」來描寫的。他詛咒舊世界的毀滅，宣佈自己「信仰人民」，參加黨領導下的演劇隊。但是，當他強烈的期望與中國抗戰時死水般的農村相對照時，他便迅速地失去了精神上的均衡。在事業與愛情都遭

---

14 胡風：《置身在為民主的鬥爭裏面》

到封建黑暗勢力的破壞後，他狼狽而逃，最後病逝。

《財主底兒女們》在廣闊的生活背景上，描寫了財主的兒女，即出身於剝削階級家庭的青年知識份子，在民族矛盾激化的時代裏的思想面貌，顯示出中國反帝反封建的民主革命的必要性，具有相當深刻的思想意義。它的出版，當時就被稱作「中國新文學史上的一個重大的事件。」[15]但是，路翎在小說中把具有濃厚個人主義思想的蔣純祖作為當代英雄加以歌頌，鼓吹蔣純祖的道路，也反映出作者思想認識上的某種缺陷。蔣純祖雖然曾經傾向馬克思主義，但卻又因堅持自由個人主義立場而沒有能找到光明的出路。他的悲劇，正是知識份子在未與人民群眾結合時的必然結局。

抗戰勝利後，路翎的小說創作大多取材於農村生活。1946 年創作的中篇小說《蝸牛在荊棘上》描寫一位當兵的農民因輕信別人對妻子秀姑的流言，回家後對妻子顯示「英雄行動」的故事。這種以對女人的懲罰來實現對故鄉黑暗現實的報復，在愚蠢而原始的悲喜劇中，反映出人物被扭曲的靈魂，投射出農村中的階級矛盾。同時創作的中篇小說《嘉陵江畔的傳奇》，通過農村姑娘王桂香與四川青紅幫流氓騙子的英勇抗爭，表現了落後地區群眾自發鬥爭的歷史畫面。作品儘管也描寫了人物身上的「原始強力」，但卻比早期作品帶有更多的現實內容。1948 年，作者創作了第二部長篇小說《燃燒的荒地》。在小說中，國統區農村兩個地主之間的明爭暗鬥、相互傾軋，致使處於夾縫之中的農民備受折磨與播弄，最後，終於在忍無可忍的情況下向地主階級發出了復仇的吼聲。雖然作者在描寫時把農民的精神負擔寫得沉重和難以解脫，對佃農張老二的精神麻木和奴性不斷地加以鞭撻，但是，在這種重重疊疊的暗影和微弱的反抗之光中，人們依然可以看到農民階級復仇的火焰。在這裏，作者已經不再抽象地反映人物的反抗與「蠻力」，而是更為明顯地表現出現實的、階級的鬥爭。

路翎的創作顯示了「七月」派在小說創作上的重要收穫，實踐著胡風現實主義文學主張的理論，用主觀精神的擴張，擁入與觀照客觀

---

15 胡風：《青春的詩—路翎著長篇小說〈財主底兒女們〉序》，載《胡風選集》第一卷，四川人民出版社 1996 年版。

世界。他的小說主觀色彩強烈，形成了以強烈的內心衝突和複雜的情緒波折表現人物性格的心理描寫特色。在作者看來，人的本性往往被社會的表象所掩蓋著，人的生命是痛苦、高貴而孤獨的，人性與獸性常常互相混合，因此，他歌頌「強力」，又著力挖掘落後人們的奴性，從人們黯淡平庸的心靈世界中看到精神力量的閃光。這樣，路翎的小說在揭示人物靈魂的複雜性、豐富性方面，往往有獨到的發現，具有相當的真實性；但是另一方面，作者無限制地把作家主觀精神「突入」客觀物件的內心方面，刻意反映人物內心深層搏戰的過程，也使得一些普通的勞動者具有了知識份子的特性，走向了真實性的反面。路翎這種對現代心理小說的探索，豐富了中國新文學的觀察視角與表現手法，也是以路翎爲代表的「七月」派小說的獨特性所在。

大陸新時期小說概論

　　粉碎「四人幫」後十年（1977-1986）的小說創作，是大陸新時期文學中成績最為顯著的一個部門。它充滿了思考、探索和追求，無論是數量、品質以及所產生的社會影響，在中國當代文學史上都是空前的。

　　新時期十年的小說是在批判「四人幫」鼓吹「瞞和騙」的文學的基礎上產生、並作為它的對立面而存在的。不過，在最初的一年間，由於老作家擱筆多年，青年作家還顯得稚嫩，特別是「四人幫」所推行的一系列唯心主義的創作理論尚未得到清算，創作界仍顧慮重重，步履維艱。當時出現的部分小說還未能擺脫反現實主義的創作模式，有的還有宣傳個人迷信及某些「左」的思潮。這種帶有過渡性質的僵滯局面，首先被 1977 年底劉心武發表的短篇小說《班主任》所打破。這個具有劃時代意義的作品，使中斷了現實主義傳統多年的中國文學界振奮起來，並開始正視生活中的矛盾和廣大人民群眾所共同關心的社會問題。接著，盧新華的《傷痕》以其展現極「左」路線給人們精神所戳下的傷痕而再次震動文壇，引起軒然大波。其後，又出現了《弦上的夢》（宗璞）、《最寶貴的》（王蒙）、《大牆下的紅玉蘭》（從維熙）、《啊！》（馮驥才）、《草原上的小路》（茹志鵑）、《蹉跎歲月》（葉辛）等重要作品。這些後來被稱為「傷痕文學」的小說，震撼了文壇乃至社會的每一個角落。它們率先否定了「文革」，控訴了林彪、「四人幫」倒行逆施所造成的無數人間慘劇，同時，用生動的藝術形象展示了人民與「四人幫」的封建專制主義所進行的殊死鬥爭。但是，這些小說也帶有變革時代初期文學的全部特點和印痕。作家，包括整個社會的那種不可平復的躁動與激情、控訴與哀怨，形成了這一階段文學的主要特徵。它們幾乎都是通過講述一個不同尋常的、令人驚異的事件或故事，引發人們對十年動亂的思考，大多用個人品質的善惡來解釋歷

史現象。因此，巧合和誤會，乃至戲劇化的手法，都是這些作品通常的情節構思方式。然而，無論「傷痕文學」有著怎樣的局限和不盡人意的方面，這些小說確實起到了思想解放的先聲的巨大作用，推動了時代潮流的前進，也為恢復文學的現實主義傳統，立下了不可抹煞的功績。

1978 年開展的關於真理標準問題的討論，中共十一屆三中全會的召開，對冤、假、錯案的平反，使廣大作家不再滿足於一般地停留在對於林彪、「四人幫」的反動罪行的鞭撻與揭露，不再滿足於只是停留在對於十年動亂給人們造成的心靈創傷的描寫與控訴，而是試圖站在一個較高的歷史角度來觀察與思考以往的教訓，求得對歷史的過程有一個再認識。這便是「反思文學」產生的背景。它是「傷痕文學」合乎規律的發展和正常的銜接。方之的《內奸》、張弦的《記憶》，是較早出現的「反思文學」的優秀之作。它們雖然也寫了人物在「文化大革命」中所經受的磨難與創傷，但又不僅僅如此，而是更注重描繪出造成創痛的歷史淵源，提出了許多值得人們深思的問題。魯彥周的《天雲山傳奇》、劉真的《黑旗》等作品把反思的內容追溯到反右鬥爭和「大躍進」的年代，且對歷史的是非作出了新的評價。高曉聲的《李順大造屋》，通過對李順大造屋三起兩落的歷史描述，揭示出極「左」路線對我國農村的巨大破壞，反映出 1949 年以來農村工作中的經驗教訓與成敗得失。從維熙的《泥濘》等作品則通過知識份子和幹部在人生道路上跋涉的悲劇，表現出作者在中國當代歷史的挫折面前所引起的無比痛心與深沉的思考。這些小說，無論在題材的開拓、主題的深化、人物的塑造，還是在藝術表現等方面，都取得了較為突出的成就。它們的出現，是新時期小說的現實主義發展深化到特定階段的標誌。

但是，總的看來，「傷痕文學」和「反思文學」表現的大多仍然是相對單一的政治性主題。在這一時期的小說中，非常充分地反映了對「文化大革命」，對我們的歷次政治運動和黨的工作中的某些失誤，對黨風、黨群關係，對社會主義的政治生活、經濟生活、一般社會生活，對社會主義制度的某些環節和完善方面，對現實中的人際關係、世道人心、社會風氣等等予以批判認識的內容。它們的主要藝術傾向是暴

露和批判，主要審美情感是憤懣和反思。這只能是新時期小說發展中的一個特殊階段。在一定的時間之後，它必然會面向更爲廣闊、直接的現實生活，對現實生活中活生生的人物、事件傾注出巨大的熱情。因此，在 1980 年前後，現實生活中的經濟管理體制改革問題，知識份子（特別是中年知識份子）問題，知青待業和就業問題，愛情、婚姻與道德問題，當代軍人生活問題，社會上的不正之風問題等，都在爲「四化」建設排除障礙、開闢道路的總方向上進入了文學的領域。這時，新時期小說便極其自然地出現了重大的轉折，拉開了它的第二個階段的帷幕。

率先面對變革的現實，及時表現「四化」建設中的鬥爭、挫折、困難和希望的是蔣子龍的《喬廠長上任記》。這篇小說以摧枯拉朽之勢，譜寫出了新的歷史時期改革者的第一支響徹雲霄的讚歌。它開了「改革文字」的先河。其後，隨著中共工作重點轉移與經濟建設的發展，隨著十二大提出的全面開創社會主義現代化建設新局面的歷史要求，反映大陸改革現實，除舊佈新的佳作相繼出現。《沉重的翅膀》（張潔）中的鄭子雲、《禍起蕭牆》（水運憲）中的傅連山、《三千萬》（柯雲路）中的丁猛、《圍牆》（陸文夫）中的馬而立、《花園街五號》（李國文）中的劉釗、《男人的風格》（張賢亮）中的陳抱貼等，都是較成功的改革者的形象。他們衝擊著千千萬萬人的心弦，推動著大陸改革事業的向前發展。在「改革文學」的浪潮中，由於中共在新時期的農村經濟政策給大陸農村帶來了從未有過的活力與生機，反映農村改革的小說尤爲引人注目。蔣子龍的《燕趙悲歌》、張賢亮的《龍種》、高曉聲的《荒池岸邊柳枝青》、賈平凹的《雞窩窪的人家》等，都是較有影響的作品。隨著改革步伐的加快與社會經濟的巨大變革，改革已經觸及到整個社會的各個領域，有力地衝擊著傳統的倫理道德觀念、思維方式和精神狀態，隨之引起人們的價值觀念與審美觀念的轉變。「改革文學」的浪潮越來越引起人們的廣泛關注與重視。不過，從目前看來，「改革文學」還只是起步，與讀者的要求尚有一定的距離。有些小說專注於改革的過程、事件的記敍，對改革者的內心挖掘不夠，形成了某些新的「套子」和「模式」；有的津津樂道於改革者的能耐、作用，

甚至宣揚了青天意識與救世主思想。當然，校正這些缺陷與不足需要
時間，但隨著改革的不斷深化與發展，它將逐漸得到克服與揚棄。

　　由於林彪、江青反革命集團長期凌辱人的尊嚴，摧殘人的意志，
毀滅人的良知，因此，這一階段的許多作家在表現人物的活動、刻畫
人物的性格時，也不約而同地開始了對健康的人性、人情與人道主義
的重新思考。劉心武的《如意》是較早在這方面進行探索的作品。小
說揭示了階級鬥爭擴大化所導致的對人性的扭曲，透過人與人之間真
誠無私、互相尊重的關係，表現出人的尊嚴感、淳樸的人性美、人情
美，從而顯示了強大的道德力量，具有豐富的美學意義。張潔的《愛，
是不能忘記的》，在家庭、婚姻、愛情與道德的關係領域裏進行了深入
的探討，指出了社會生活中還存在的愛情與婚姻相分離的不合理現
象，表現了人們對愛情的深沉追求。向彬的《心祭》通過「做了一世
犧牲」的母親的悲劇，發掘出了一個長期未被注意卻又十分重要的人
生課題，在某種程度上概括了我國老一代婦女的命運。此外，像《明
姑娘》（航鷹）、《爬滿青藤的木屋》（古華）、《哦，香雪》（鐵凝）等，
也是這方面的重要作品。總的看來，這些小說大都能把人性、人情、
人道主義作為倫理觀與道德觀來表現，它們的出現，是徹底清算極「左」
路線的罪行與塑造健全的新人的歷史要求在小說創作中的合理體現，
是新時期小說創作的現實主義精神發展的又一個標誌。不過，這時也
出現了一些作品，它們籠統地宣傳人性和人道主義，把人性僅僅理解
為人的自然本性和生理本性，把人的覺醒、人的解放理解為可以實現
個人主義的放縱和抹煞階級鬥爭、民族鬥爭的行動。這種抽象的、超
階級的錯誤傾向，及時得到了文藝界的批評。

　　對實際社會問題的特別關注，社會性主題在文學中普遍的、廣泛
的展開，還使得這一階段的小說作家有可能把筆觸伸入到社會生活的
各個角落，並不斷湧現出反映新時期人民生活的新主題、新領域。諶
容的《人到中年》，大膽地指出了中年知識份子的巨大貢獻與其低下待
遇之間的矛盾。這個問題，不只是關係知識份子自身的生活水準問題，
而且是影響「四化」建設的重大問題。高曉聲的《陳奐生上城》，通過
對富裕後的農民性格的刻畫，提出了在現代化建設途中改造「國民性」

的急切要求。陳建功的《丹鳳眼》，著力于反映普通礦工的日常生活，對他們的愛情、事業等問題表現出強烈的關注。王滋潤的《內當家》擷取新時期階級關係發生變化後的新矛盾，反映出農民在新的歷史條件下所遇到的問題與糾葛。在軍事題材方面，李存葆的《高山下的花環》、徐懷中的《西線鐵事》、李斌奎的《天山深處的「大兵」》等作品，成功地塑造了新時期軍人的光輝形象，並意識到在新的歷史條件下當代軍人內心的複雜感受，以及部隊士兵在成分構成上的變化而產生的新的矛盾。張賢亮的《靈與肉》，通過主人公在國外物質利益的巨大誘惑與深沉質樸的民族之情中間的抉擇，表現了在「四化」建設中可貴的愛國主義精神。李棟、王雲高的《彩雲歸》、歐陽山的《成功者的悲哀》等，還描寫了祖國大陸人民與臺灣、港澳同胞、海外僑胞之間血肉相連的感情，填補了當代小說題材上的空白。

　　總起來看，這一階段的文學，由於人們對緊迫的社會問題的普遍關注，使得作者在心理上沒有充分的餘裕去創作所謂的「純文學」，而是將創作才能更多地施展於對普遍性社會心理和社會問題的揭示。人們的文學觀念，主要側重於經世致用的社會功能。同現實生活中人們對社會問題的認識和思考異常敏銳和活躍相對應，文學作品中典型人物的性格表現和作品的情節構成，大都也理勝於情，知優於行，思想大於行動。社會性愈強的作品，往往愈能撥讀者的心弦，產生強烈的社會效果。應該說，這也仍然是文學發展中的一個特殊階段。當擠壓在人們面前急需解決的社會問題逐漸平復，人們普遍關心的社會熱點問題逐漸分散與緩解時，作為人民代言人的作家也便有了相對從容與寬裕的時間和精力來注視文學自身的問題，從一個更為闊大與更為符合文學特徵的涵蓋面上來反映社會生活。果然，在 1985 年前後，新時期小說出現了新的躍動，開始多角度全方位地觀照與表現社會生活，實現了小說觀念的重大更新。這是新時期小說發展的第三個階段。

　　作為這一階段重要特徵的，首先是文化小說的出現。這時，許多作家把文學作為人類歷史長河中特定階段和特定範圍的文化現象、文化形態的構成部分，是特定文化的載體，有著比特定的政治內容與社會內容更為廣大的空間。這裏，顯示出作家們試圖從更深的意義上尋

求文學觀念解放的努力。阿城的《棋王》、李杭育的葛川江系列小說、鄭萬隆的《異鄉異聞》、賈平凹的《商州紀事》、韓少功的《爸爸爸》、王安憶的《小鮑莊》、莫言的《紅高梁》等，就是這種小說觀念的體現。這些作品大都具有濃郁的地域性色彩與地域性歷史畫卷意味，但是，它們又不同於一般的鄉土小說。它們不僅寫民俗、民生，而且把民俗、民生看作是一種文化現象、文化類型，以歷史的諦視，通過民俗、民生寫出上承傳統、下接現實的民族文化心理的某些方面。它們尋找民族中帶有生命力的根須與病態的根須，不是為了復古，而是為了重鑄我們的民族精神，以適應改革開放與現代化建設的要求。無疑地，這裏提出了更高的文學創作目標與文學價值觀念。不過，從已經發表的作品來看，有些作品對在自然環境與人為因素影響下所形成的思想觀念、感情心裏、風俗習慣，還缺乏深層次的理解與表現，本意是想尋出民族文化之「根」，而實際上還只是展覽了某些「枝葉」而已。並且，有些作家對山林野趣、古道俠腸的刻意追求，也使人有一種歎賞和懷舊之感，恐怕就更會流於表現與虛幻。

　　「現代派」小說的出現，是這一階段小說創作的又一重要特徵。這時許多作家對西方現代派文學的接受，並不僅僅注重於對表現技巧、手法的借鑒，而是著力注意表現人們在新的條件下精神與現實的錯位，反映改革開放過程中出現的陣痛對人們心理的衝擊與影響。劉索拉的《你別無選擇》是一篇在這時產生了相當廣泛的社會影響的中篇小說，它通過對一群放情任性的音樂學院學生的描寫，通過他們的胡鬧、放縱、混亂、騷動、盲目，表現出一部分青年對現狀的不安與對未來的追求，以及在追求中的迷惘、失落與苦惱。徐星的《無主題變奏》中的男主人公，神思恍惚，對一切都漠然，而又認真。有那麼點玩世不恭，卻並不隨波逐流；不滿意生活，不滿意自己，卻又不知道自己嚮往什麼，等待什麼。殘雪的《蒼老的浮雲》、《黃泥》，展現的是一種心神不寧的離異，一種與整個世界的格格不入。馬原的《虛構》，通過一個現代人在西藏的精神遊歷、想像和幻覺，創造出一個關於作者、敍事人和行動者三位一體的現代神話。此外，李曉的《機關軼事》和《繼續操練》、陳村的《大河》、何立偉的《一夕三逝》、蘇叔陽的《改行》

等，也都是這時「現代派」小說中的重要作品。這些小說的出現，反映出在改革開放過程中我國一部分青年的真實想法與思考，顯示出與世界文學潮流同步發展的良好願望與努力，具有一定的認識作用和審美價值。它們接受了西方現代派文學的影響，但更多的是中國人自身的思想感情與表達方式。不過，也有一些作家過於孤芳自賞，局限於個人生活的小圈子，忽視了文學的社會功能，放棄了作家的社會責任。

文化小說與「現代派」小說的出現，並沒有拘囿其他作家的廣泛追求。一些作家繼續保持著自己的創作特色，並進一步尋求新的發展道路。朱曉平的《桑樹坪紀事》，以一個歷史見證者身分剖析了不同類型的農民心理性格，表達了作者對農民獨特的感知和思維把握方式，是知青小說的一個新收穫。鮑昌的《盲流》以新疆幾十萬盲流者的生活為題材，為人們塑造出鮮為人知的眾多的盲流者形象。李斌奎的《啊，昆侖山》，描寫昆侖山上運輸兵和野戰醫院的生活，顯示出西部文學雄偉、瑰麗的藝術風采。劉心武的《5．19長鏡頭》和《公共汽車詠歎調》，採用紀實文學的方法，對人民群眾普遍關心的社會問題進行了散點透視，保持著他一貫的創作特色。柯雲路的《新星》，塑造出一位大刀闊斧、雷厲風行進行改革的健將，引起了強烈的社會反響。馮驥才的《三寸金蓮》，以說書人的口吻進行創作，反映出全新的思想內容和深刻的歷史哲理，大大提高了通俗小說的品質。此外，像《桑那高地的太陽》（陸天明）、《雪城》（梁曉聲）、《古船》（張煒）、《軍歌》（周梅森）等，也都在題材、主題與表現方式等方面，進行了可貴的探索與嘗試。

這是一個真正多元的、全方位的文學階段。它的出現，是大陸新時期小說極其自然的發展結果。人們完全可以期望，在不斷實踐與總結經驗教訓的基礎上，新時期小說將會邁出更為堅實的步伐。

王蒙，1934年生於北京，祖籍河北省南皮縣。1949年後，在北京從事青年團的工作。1955年，發表第一短篇小說《小豆兒》。次年，又發表《組織部新來的青年人》，尖銳地觸及了建國初期人民群眾所關心的社會矛盾，塑造了區委組織部長劉世吾這個具有典型意義的官僚主義者形象。這篇小說使王蒙在文壇嶄露頭角，同時也使他在1957年反

右鬥爭擴大化中受到嚴厲批判，隨之在文壇消失，並到北京郊區、新疆伊犁等地長期地過上了農村的勞動生活。

「故國八千里，風雲三十年」[1]的生活，大大豐富了王蒙的生活積累與人生體驗。粉碎「四人幫」以後，他迅速進入了創作的爆發期，發表了大批的小說創作。其中，短篇小說《最寶貴的》、《悠悠寸草心》、《春之聲》，中篇《蝴蝶》、《相見時難》，都是全國小說評選中的優秀作品，從而，王蒙也成為新時期文壇上相當活躍的重要作家。

在復出文壇的最初兩年，王蒙的創作基本上保持了 50 年代的現實主義風格。《最寶貴的》以簡潔、明晰的筆觸，向人們提出了在新的歷史條件下如何正確樹立理想、信念的問題。歷盡十年浩劫而重新複職的老幹部，是追求個人利益，變本加厲地向社會索取，還是恪守黨性原則，堅持革命的節操？剛剛踏上人生之路的年青人，是考慮個人的前途、地位，還是把個人的努力與整個社會的需要結合起來？老幹部嚴一行及其兒子對於什麼是「最寶貴的」的明確回答，反映出作者對這一問題的焦慮、期望與對黨、對人民的拳拳之心。《悠悠寸草心》表現的是人民群眾對領導幹部的殷切期望。作品中的地委書記唐久遠在十年動亂中慘遭迫害，受盡凌辱，在痛定思痛之餘，認真地思考了自己以往在擔任領導工作中的失誤，認為假如能重新工作必須首先實施「三點政綱」。然而，在果真復職之後，在奪回「四人幫」給他自身造成的損失中，又拉開了自己與人民群眾之間的距離，小說在省委招待所一名理髮員的所見、所聞與所思中，反映了 1949 年後 30 年來黨群關係的發展與變化，表現了人民群眾對於幹部思想作風的深切憂慮與擔心。小說有一定的思想深度。

從 1979 年創作的《夜的眼》起，王蒙開始嘗試借鑒「意識流」的手法進行創作。他連續發表了《布禮》、《蝴蝶》、《春之聲》、《海的夢》、《風箏飄帶》等一批帶有現代派色彩的小說。《蝴蝶》借「莊生夢蝶」的寓言，描寫了一個革命者的命運浮沉及其對生活變動的思考。主人公張思遠從一個鑽山溝的八路軍指戰員，1949 年後成為有權有勢的市

---

1 《王蒙小說報告文學選·自敍》，北京出版社 1981 年版。

委書記，「文化大革命」中則變爲「牛鬼蛇神」、「走資派」，下放勞動改造的「老張頭」，後來又官復原職，不久又升爲副部長。「他是莊生，夢中化作一隻蝴蝶嗎？還是他乾脆就是一隻蝴蝶，只是由於做夢才把自己認作一個莊生呢？」張思遠常常凝神思慮這些問題。最後，他終於在山村人民中找到了自己的「魂」，知道了聯結小石頭——張書記——老張頭——張副部長之間的紐帶：心裏要有人民群眾。自己和人民的血肉聯繫，就是一座通向勝利的橋樑。作者通過張思遠到山村找「魂」的心理經歷，從這個人物的變異與復歸中，尖銳地提出了我們生活中黨和人民群眾的關係問題。它不僅直接影響到人物「心靈的躁動」，而且還關係到我們黨的政權的性質，關係到革命的目的和發展方向。在藝術上，《蝴蝶》打破了傳統小說通常採用的情節結構方式，運用了心理結構的技巧。作品從張思遠告別山村回到北京家中坐在沙發上的意識流動寫起，通過主人公不受時空限制的心理活動和印象記憶中浮現的畫面，展現了 30 年的漫長歷史，而「蝴蝶」則是一束放射狀思維線索的交匯處，全篇結構的支撐點。在這裏，它比起嚴謹的結構更好地完成了揮寫漫長的歷史進程和人物心靈史的艱巨任務。《春之聲》是一幅旋轉的生活畫面。工程物理學家岳之峰在出國考察之後，坐上春節期間增設的悶罐子車回他暌違 20 多年的故鄉。萊茵河的高速公路，法蘭克福的兒童，貧窮而富饒的故鄉，繁雜擁擠的人物……在他的腦海中形成了極其強烈的對照。然而，他在祖國畢竟也看到了「微笑」，看到了秩序，看到了信心十足、指揮若定的女列車員。整篇小說像一曲繁弦急管的交響樂。作家摸到了祖國脈搏的跳動，也摸到了人民的心的跳動。

　　中篇小說《相見時難》（1982 年）的發表，標誌著王蒙創作道路上的一次重大突破。作者的視野已從相對單一的政治學、社會學的角度，擴大到歷史學、文化學、倫理學、民俗學等領域，逐漸深入到歷史的深層與民族的文化心理結構。構成翁式含與海外歸來的藍佩玉「相見時難」的矛盾糾葛並不僅僅在於他們兩人之間的陳年老帳與個人恩怨，而且還蘊含著中西文化交匯、碰撞所產生的整個民族的具有時代意義的複雜的心理難題。儘管作爲一個受黨教育多年的知識份子，一

個正直、嚴肅的中國人，翁式含既用自己不能不選擇的革命的鐵一樣
的邏輯支撐了自己，保持著一種對藍佩玉稍稍俯視的角度，又用自己
對革命的曲折所造成的落後現實的清醒觀照調整了自己，但是，在他
的意識中對幾千年中國傳統文化腐朽性的清算，對幾十年中國當代歷
史中潛伏著的封建、狹隘、愚昧等消極面的反思，實際上已經提出了
在新的歷史條件下中西文化再次「相見」所引起的精神上的不安和困
擾。其後，《冬天的話題》更加明顯與集中地表現出對傳統文化心理的
批判。小說中沐浴學老前輩朱慎獨與後進趙小強之間關於「沐浴學」
之爭的種種荒誕的話題，深刻地反映出一大批「無名群眾」在人際關
係上的病態和畸形。正是他們憑空地給人世增添了許多紛擾、風波和
糾葛，無意中構成了善良而天真的人們的陷阱。有著這樣大批「無名
群眾」的民族，想要改革，想要創造，想要奮飛，自然會倍感翅膀的
沉重。在《名醫梁有志傳奇》中，作者揭示出生活中的另一種「怪圈」，
一種落後的民眾心理與社會氛圍在對待人才方面的矛盾現象。梁有志
傳奇式的仕途道路，表現出腐朽的傳統文化心理在選撥幹部時的「歷
史的幽默感」，[2]催人警醒，發人深思。

　　1986 年發表的長篇小說《活動變人形》是王蒙的優秀作品，也是
他側重從文化角度對社會生活進行思考的力作。小說以 1949 年前夕風
起雲湧的社會現實爲背景，通過一個封建家庭慘苦怨毒的故事描寫，
掀動了舊中國歷史上存在著的精神痛苦的淵海，把那些「比生活和人
還要強的怨恨和殘忍，那些比怨恨和殘忍還要沉重的無聊和空洞」驚
心動魄地解剖給人們看。作者以悲憫人類的大心，無情地拷問著倪吾
誠、姜趙氏、靜珍、靜宜等人物的靈魂，把他們從已逝的歷史夾縫中
慢慢地引領出來，讓他們彼此糾纏怨怒、撲打詈罵、聲態並作，然後
又一一把他們送了回去。倪吾誠是作品中受到最慘烈的精神折磨的人
物，也是塑造得最爲成功的藝術形象。近代中國風雲激蕩的形勢，使
他年輕時上了洋學堂，到西方留學過，開始了一條與陶村、與一個土
地主的家業相分離的生活道路。儘管他接受的還仍然是西方文化的一

---

2 王蒙：《梁有志他》，見《中篇小說選刊》1986 年第 6 期。

些皮毛，然而在他回到自己的故土時，卻再也無法安靜地生存下去。他清醒地看到了血淋淋的現實，這種現實是這樣貧窮、骯髒。每一個人都在自造地獄，同時也爲他人製造地獄。他的岳母、妻姐爲他製造着痛苦，他的妻子也爲他製造著痛苦，就連他唯一的精神寄託、真正摯愛着的孩子，也在無意中嘲笑、欣賞、玩弄着他的痛苦。阿 Q 畢竟通過精神勝利法找到了精神的逃路，而倪吾誠的精神逃路卻被他所瞭解的西方文化所堵塞。這使他更加痛苦，更加窒息。倪吾誠的心靈歷程，正是 20 世紀一部分中國知識份子心靈歷程的縮影。這是非常深刻的悲劇性歷程。在這裏，作者的批判鋒芒既指向中國舊的社會環境和舊的封建文化觀念，也指向沒有與中國具體現實找到結合點的西方文化。此外，被封建文化吞噬，又反轉來「吃人」的靜珍、靜宜等人物也刻畫得相當成功。作者入木三分而又極其精彩的描寫，揭示出這些老中國兒女的荒謬人生與悲劇內涵，並啓發人們去思考新的人生之路。

王蒙是新時期小說藝術探索的先鋒。從《夜的眼》起，他嘗試著以敏銳的心理感受容納對錯綜複雜、變幻無窮的現實生活的體驗。它不像傳統小說那樣，通過一定的矛盾衝突或事件來展現社會生活，表達主題，並在矛盾鬥爭中刻畫人物，而是通過流動的心理時間與大跨度的空間印象，蘊藏著作者對民族與當代政治歷史，對一代人的社會人生理想，對變動著的時代生活，對人生外部和內部現實的多種思考，因此，他常常用主觀感受、內心獨白、自由聯想、夢幻等藝術手法來表現生活。此外，王蒙還具備了好幾副筆墨，常常把音樂、繪畫、評論、雜文、相聲與幽默、諷刺、象徵等多種手法熔於一爐，擴大了容量，增強了藝術效果。例如，《買買提處長軼事》充滿幽默、諷刺，以「笑」來表現悲劇題旨；《風箏飄帶》用風箏象徵主人公的美好理想與希望；《說客盈門》簡直是單口相聲。他的小說有意識地吸收了意識流等西方現代派文學的技巧，同時也明顯地有著我國傳統的現實主義手法。其不足之處在於，有些作品過於放縱了自己的筆墨，讀者感到飄忽朦朧，影響了人們的接受效果。

陸文夫，1928 年出生於江蘇泰興縣四圩村。6 歲時，舉家遷至靖江縣夾港，在這個水陸碼頭接觸到三教九流、五光十色的各色人等。

1945 年，考入蘇州高級中學。1949 年後，在新華社蘇州支社當記者時開始文學創作。1957 年，因與高曉聲、方之等幾位江蘇青年作家籌辦「探求者」文學社而蒙冤，被下放到工廠和蘇北農村勞動。1978 年，調回蘇州市文化局創作組進行專業創作。

陸文夫在「文化大革命」前出版有《榮譽》和《二遇周泰》兩個短篇小說集。作者從較廣闊的生活題材中反映了建國初期蒸蒸日上的生活，描寫了從舊的軀殼中蛻變而出的新的靈魂。發表於 1956 年的短篇小說《小巷深處》，是他的成名之作。作者通過 1949 年前一位妓女徐文霞在新社會中的新生及其複雜的心理狀態，塑造出一個被人們遺忘與忽視的人物，開拓了題材領域的一塊處女地。這篇小說發表後不久，便在反右鬥爭中受到批判，後收入《重放的鮮花》集中。

粉碎「四人幫」以後，陸文夫的創作進入了成熟期。這時，他大都從現實著眼，把歷史、現實乃至未來貫穿起來思考，組成整體的畫卷，表現出深厚的生活積累與獨到的生活見解。《小販世家》反映的是餛飩攤販朱源達大半輩子的遭際。少年時，他從父親那裏接過餛飩擔子時滿懷著能夠獨立生活與自食其力的喜悅和信心，就連招呼顧客的竹梆子也「敲得比父親好，有一種跳躍的感覺，顯得頑皮而歡樂」。然而，30 年的坎坷與磨難使他嘗夠了作為一個個體攤販的苦頭。他再也不願意重操祖業，連他的兒子也不會再挑，一家幾口捧上了省心思、省力氣與省麻煩的「鐵飯碗」。小販世家從此成了「工人世家」。從朱源達的生活經歷和思想變化中，人們不僅可以看到機械教條主義與左傾思潮對一個普通小販的摧殘，看到它日甚一日的形成與發展的過程，而且更重要的是可以看到它對未來生活的毒害和影響，看到根治「左」的頑症痼疾的緊迫性和艱難程度。在中篇小說《美食家》中，這種貫通歷史的思考表現得更為深沉。小說反映的是一位嗜吃如命的吃客的故事。朱自冶在 1949 年前是一個房屋資本家，除了吃，一無所長。1949 年後，他吃性不改，在高小庭進行「飯店革命」，追求飯菜大眾化、平民化時，與燒得一手好菜的孔碧霞結婚。困難時期，他只能向別人討南瓜為生。然而，粉碎「四人幫」後，朱自冶卻身價陡漲，被請到飯店講課，當上烹飪學會會長。小說以朱自冶 40 年「吃客生涯」

的幾經變幻爲主線，藝術地概括了 1949 年以來幾個歷史階段的經驗教訓，具有深廣的社會內容。高小庭的「飯店革命」，原以爲可以阻止朱自冶紙醉金迷的生活，但是，實際上卻革去了飯店的傳統特色，革去了飯店的正常秩序和工作人員的事業心、責任感與服務精神。朱自冶故弄玄虛的講學，也非常形象地提醒人們警惕在改革大潮中各種沉渣的泛起。《美食家》以一個吃客的「吃史」與整個國家的政治脈搏緊緊相聯，具有普遍的社會內容與題材上的開創意義。

　　對社會生活橫向的拓寬與縱向的開掘，不僅使陸文夫的小說具有很強的歷史感，同時，這種觀察、思考生活的視角，也使他的作品常常表現出對生活的精闢見解，反映出思想的深度。《獻身》是陸文夫在新時期重返文壇後的第一篇作品。在小說開頭，人們往往會以爲作者也要用一個悲歡離合的故事來撫慰知識份子心靈的傷痕，然而出乎意料的是，作者筆鋒一轉，卻以知識份子可貴的獻身精神發人深思，催人奮起。這在「傷痕文學」風靡之時，顯示出作者不入俗流的生活思考。在《圍牆》中，作者讓人們秀過圍牆事件看到了實幹派與空談派、取消派的明顯分野，對那些只尚空談，不務實際，不謀進取，一旦有了成績便搶功在前的空談家們，給予了尖銳而善意的諷刺。這是人們如何投身於改革大潮的重大問題。此外，《特別法庭》中對我國幹部隊伍的看法，《唐巧娣》中對如何促使工農群眾真正解放這一問題的關切，《萬元戶》中對農民在富裕以後所承受的新的壓力的表現，也都給人啓發，引人思考。

　　1985 年中篇小說《井》的發表，顯示出陸文夫試圖從民族文化心理等多種角度觀察社會生活的努力，並取得了重大的成功。小說中的女主人公徐麗莎出身於一個資本家的家庭，成分不好與海外關係的陰影使她倍受歧視和打擊，大學畢業後分配到一家區屬小廠洗瓶子。家庭生活的不幸更使她鬱鬱寡歡。改革開放的春風使她振作起來，成爲事業上的強者。但是不料，就是她即將出國進修之際，一則由她丈夫朱世一捏造、在市井小巷中不脛而走的桃色新聞，使她的一切成功和努力都化爲烏有。她無處投訴，也無法擺脫朱世一的糾纏，最後只得投向深井。徐麗莎生活道路上的每一次挫折，都映照出歷史和現實中

存在著的悲劇性因素。劃分階級成分的機械性及其無窮的後患，輕視知識和知識份子的愚昧性及其對人才的壓抑摧殘，在新時期時隱時現的極「左」思潮的危害性，都在徐麗莎的悲劇中得到了充分的揭示。同時，作者還特地向人們指出：徐麗莎並沒有死於極「左」路線的迫害，也不是死於缺乏情趣的家庭生活的折磨，而是在事業成功之後死於無從對質的流言蜚語之中！《井》側重從反思傳統文化的角度出發，把傳統的封建意識、僵化心態與改革的現實緊密聯繫起來，使小說產生出啓迪人們更好地認識傳統、認識時代、認識改革的藝術力量。同年發表的另一個中篇小說《畢業了》也表現出類似的主題。在大學曾經讀過家政系的高材生李曼麗，在一次偶然的感觸與對照面前，萌發出重理家政的雄心。然而，對幾十年來曾經使用過的瓶瓶罐罐的溫馨記憶，最終導致她的「家庭革命」只是一場空話而已。在此，小說揭示出長期形成的習慣勢力與心理惰性對社會變革與人類發展的嚴重束縛，折射出作者對改革開放事業的深切關注。它與《井》的發表，反映了陸文夫認識生活與觀察生活的新視角。

陸文夫的創作有著鮮明的特色。他善於從宏觀的高度鳥瞰式地觀察生活、理解生活，把對生活的熟悉與對生活的理解結合起來，把感性的把握與理性的思考統一起來，把握住生活的全貌和本質。然後，再選擇一個特殊的角度或視窗，從微觀落筆，寫一些少為人們注意的小事件與小人物，從而以小見大，揭示出深廣的社會內容與思想意蘊。其次，慍而不怒、甜而不膩的藝術情趣。在陸文夫的小說中，看不到劍拔弩張的激烈衝突與痛快淋漓的情緒宣洩，看不到叱吒風雲的英雄人物與十惡不赦的小人，看不到大起大落與大悲大喜的故事情節，有的只是普通人的實實在在的生活，他們的奔忙、追求、辛酸、苦惱與變遷，而從中卻又不難感到作者的愛憎與社會世相，從而顯示出一種質樸、深沉、纖細的藝術風格。此外，獨具風采的蘇州民情風俗的描寫也是陸文夫小說的一個重要特色。園林風景、吳越遺跡、風味美食、小橋流水、牌坊公井以及幽深曲折的石板小巷與高圍牆石庫門的江南庭院，等等，這些蘇州獨特的文化與風俗，不斷地作為情節要素在他的小說中出現，從而使他的作品平添了一種特殊的藝術魅力，贏得了

「小巷文學」與「蘇州文學」的稱號。

劉心武，1942 年生於四川成都市。1961 年從北京師範專科學校畢業後，長期在北京的一所中學任教。1977 年，以短篇小說《班主任》而一舉成名，從而成爲新時期文學中一位勇於面對嚴峻現實，熱切關心社會問題的重要作家。

《班主任》是新時期文學的發軔之作。小說以班主任張俊石接收小流氓宋寶琦插班的矛盾過程爲線索，深刻地揭示了十年動亂對青少年一代心靈的毒害與摧殘，發出了「救救被『四人幫』坑害了的孩子」的強烈呼聲。宋寶琦是十年浩劫孕育出來的畸形兒。他墮入流氓泥淖走上犯罪道路，乃是「四人幫」的專制統治所造成的「什麼書也不讀」的必然結果，是一個以蒙昧主義與愚民政策爲特徵的歷史的產物。從這個小流氓的身上，人們可以發現許多令人感慨、痛心的社會內容，激起對「四人幫」一夥倒行逆施的無比仇恨。同時，小說還描寫了一位實際上與宋寶琦一樣同屬無知的謝惠敏的形象。她是「四人幫」封建專制統治的另一種畸形兒。作爲班級團支部書記，作爲本質純正、品行端莊的「好學生」，她一直嚮往「成爲一個好的革命者」。她時刻不忘階級鬥爭，凡事「鬥」字先行，認爲穿短袖襯衫是「沾染了資產階級作風」，傳播文藝資訊是「沾染了資產階級思想」。她的邏輯是，凡不是書店出售、圖書館外借的書全是「黑書」、「黃書」，以極其虔誠的態度拜讀報紙、刊物上的「幫八股」文章。如果說宋寶琦被扭曲的靈魂是赤裸裸地暴露在光天化日之下的話，那麼，同樣被「四人幫」扭曲了的謝惠敏的靈魂則籠罩著一層厚厚的「革命」光圈。長期的極「左」思潮和盲從哲學，侵入了她的肌體，毒害了她的靈魂，泯滅了她少女的天性。作者從謝惠敏身上揭示出的這種人們往往不易察覺的「內傷」令人震悸和警醒，激起強烈的感情波瀾。儘管小說中對宋寶琦和謝惠敏這兩個藝術形象的刻畫還不夠豐滿，但在「四人幫」剛剛垮臺一年，它就從學校生活的一角，提出了清除「左」傾思潮的影響和流毒的命題，在當時的確具有某種振聾發聵的社會意義。

在《班主任》獲得巨大的社會反響之後，劉心武繼續沿著問題小說的路數，迅速揭示與反映同人民群眾密切相關的社會問題。《愛情的

位置》以流暢、親切的語言，表達了廣大青年男女對於正當的愛情生活的嚮往。《醒來吧，弟弟》，反映了在一場浩劫之後，如何使一部分青年在信仰破滅、看破紅塵的迷途上迅速驚醒的問題。《我愛每一片綠葉》從一個極爲平凡而又性格古怪的中學教師身上，提出了應該尊重他人個性的問題。《如意》通過學校勤雜工平淡無奇的一生，表現出作者對人性與人道主義問題的探索。總起來看，劉心武的這些作品敏銳地提出了一個個社會問題，引起了社會的強烈共鳴，但是，也有些作品對生活的思考還沒有化爲形象，而作者又急不可耐地要爲社會問題尋找答案，因而也就不可避免地產生了某種概念化的傾向。

　　1982 年中篇小說《立體交叉橋》的發表，標誌著作者在創作道路上的重大躍進。這時，作者「已經重視立體地、交叉地，亦即多層次地、網路式地去表現人，人的內心，以及人與人之間的關係。」[3]在這篇小說中，作者描寫了一戶北京普通居民侯家由於居住空間的擁擠而導致的家庭成員之間的矛盾和衝突，以及人們在心靈空間上的窘迫壓抑，表達出在人們居住空間和心靈空間上建造起一座座彼此溝通的「立體交叉橋」的願望。這時，作者完全摒棄了人物塑造上的意念化的傾向，堅持按照生活中人物的本來面貌，通過典型化的藝術手法，深入到侯銳、侯勇、葛佑漢這些個性各異的人物內心，揭示出他們性格的複雜的交叉，指出造成各種人物性格特點的社會的與人物身身生活經歷的原因，從而顯示出人物刻畫的深度。儘管作者在描寫中過多地反映了生活中庸俗、狹隘、懦弱等灰色的一面，多少使人產生一種壓抑之感，但是，它確確實實表現出作者在藝術上新的探求，在現實主義深化的道路上跨出了一大步。

　　最爲充分地顯示出劉心武新的探索成就的是《鐘鼓樓》。這部榮獲第二屆茅盾文學獎的長篇小說，通過北京一個與古老的鐘鼓樓聯成整體的四合院中九戶居民一天的日常生活，以及他們聯繫著的歷史和現實的社會關係，給人們提供了一幅普通的京華市民社會生態景觀的縮影。在這裏，作者著力刻畫了三組互相依存、勾連、衝撞、和諧的當

---

3 劉心武：《多層次網路式地表現人—我寫〈鐘鼓樓〉》，1986 年 1 月 9 日《光明日報》。

代市民群像。薛大娘、薛永全、盧勝七、荀興旺、海老太太、七姑等，他們大都屬於老北京的傳統市民，在他們的觀念中還保留著較多的傳統市民文化意識。往昔的歲月和京華景物，既使他們心酸，也使他們留戀。他們接受了歷史進步的恩惠，但也感到了與歷史腳步間的距離，當現實的變革與歷史沉澱物之間出現對立衝突時，他們心中常常掀起層層的波瀾。詹麗穎、慕櫻、詹台智、韓一潭等是作品中的中年一輩，歷史的波浪在他們身上留下了更深的印痕。從職業和思想狀況來說，他們並不屬於傳統市民社會這一範疇，而大多都應歸於知識份子一類。歷史的變幻、生活的困苦、人到中年萬事休的感慨，在他們各自坎坷不同的命運中注入了非常豐富、複雜的社會內容。作者在運筆時，對他們充滿了理解和同情。作爲第三組人物畫像的青年一代，是一個並不單純的群體。小說中的新郎和新娘——薛紀躍和潘秀婭，對社會和人生還未有多少深入的思考，喜歡追求潮流的表面價值。盧寶桑則更等而下之，整天渾渾噩噩而又自得其樂，有時很可能爆發出破壞性來。荀磊、馮婉姝、郭杏兒等，他們接近於當代變革潮流，將從根本上改變老一代市民的生活方式和思想意識……這三組人物，在古老而又現實的鐘鼓樓這座京華文物背景裏，反映出了京華市民的生活風貌和心理情態的演化，表現了現代生活方式與歷史文化的衝突、交融的過程，是一曲 80 年代的北京市民的交響樂章。在藝術上，作者大膽地採用了「流動的網路結構」[4]，不以刻畫一兩個主要人物爲目標，而是把九戶居民安排在共同的空間和時間內活動，以薛家婚宴爲貫穿線，既有整體聯繫，又有各自的家庭背景，縱橫交織，人雜不亂，戶多不散，組成了一幅斑斕多彩的京華生活場景與人物群像。

劉心武是一位勇於解剖自己、不倦地進行藝術探索的作家。敏銳的思想、樸素的敍述、暢達的文筆、明朗的色彩與充滿溫愛的感情，構成了他小說創作發展變化中的基本特色。在《鐘鼓樓》之後，他又創作了《5．19 長鏡頭》、《公共汽車詠歎調》等一批紀實小說，通過對廣大群眾普遍關心的社會熱點問題進行散點透視，尋求人們心靈之間

---

4 劉心武：《多層次網路式地表現人—我寫〈鐘鼓樓〉》，1986 年 1 月 9 日《光明日報》。

的互相溝通與理解。他的這種新嘗試和新探索，引起了人們的熱情讚揚和廣泛關注。

蔣子龍，1941 年出生於河北省滄縣農村。初中畢業後，到天津重型機器廠當工人。1960 年入伍，復員後仍回工廠工作，當過生產組長、廠長辦公室秘書、車間總支副書記和代理主任等職，對工廠生活極其熟悉。60 年代初開始文學創作。1976 年發表的短篇小說《機電局長的一天》，衝破了當時創作模式的束縛，塑造了一位在極「左」路線統治時期，衝破重重干擾努力工作的老幹部霍大道的形象，顯示出作家對生活的敏感和藝術上的獨到鋒芒，在社會上引起了較強烈的反響。粉碎「四人幫」之後，蔣子龍的創作出現了重大的飛躍，成為新時期以來在反映工業題材中獨樹一幟的重要作家。

蔣子龍的創作具有強烈的時代意識。他善於及時捕捉生活中的重大矛盾，感知人民思想的脈搏，敏銳地把握住變革中的新事物，傾注全力反映廣大人民群眾的意願、情緒和要求，往往傳達出整個時代的節奏和呼聲。1979 年發表的《喬廠長上任記》是作者的成名之作，也是一篇具有深刻時代意義的作品。小說以某電機廠廠長喬光朴新上任後為改變該廠落後面貌而進行的一系列努力為情節線索，真實地展現了粉碎「四人幫」之初撥亂反正、調整改革時期各類幹部的心理狀態、精神面貌以及各種複雜關係，成功地塑造了喬光朴這一順應時代潮流的開拓者與改革者的形象。喬光朴原是「權力不小，責任不大，待遇不低，費心不多」的電器公司經理，面對十年動亂所遺留下來的種種矛盾和困難，他主動請纓，到「千奇百怪的矛盾、五花八門的問題」互相糾結的電機廠當廠長。他大刀闊斧、雷厲風行地採取了一系列改革措施：發動全廠大評議、大考核、成立編餘服務大隊；整頓無政府主義思想，狠抓產品品質。同時，與原廠長冀申所耍弄的一系列詭譎多詐的政治手腕周旋，激發與點燃黨委書記石敢心中的革命火焰，迅速處理郗望北的問題以及與童貞的愛情關係，在重重阻力中初步扭轉了電機廠落後混亂的局面，充分顯示出一個實幹家的膽識、魄力和才幹。喬光朴作為一個生活中的強者與事業上的開拓者，他的形象深深地打動了無數讀者的心弦，他的名字被作為能夠打開局面的企業幹部

的「共名」在群眾口中流傳。因此，儘管作者對喬光樸這一形象的處理稍嫌理想化，但是小說所產生的強烈社會效果，也反映出邪些破除陳規陋習的改革措施真實地揭示了新舊轉換中尖銳的生活衝突，已經深深地接觸到整個社會最為敏感的神經。

在諸多的生活衝突和矛盾中，蔣子龍特別注意揭示權力鬥爭。他認為：「我研究了自己想要表現的這一生活領域的人，什麼東西最能牽動他們的心？他們在什麼事情上最容易表現出做人的本質？權力——對權力的看法、使用和競爭。」[5]因此，他的作品在揭示各種各樣的社會矛盾的同時，突出地反映了人們對於權力的觀念、態度以及圍繞著權力的鬥爭。中篇小說《開拓者》，把經濟體制的改革和幹部問題同時提到了人們的面前。作為分管工業的省委書記，車蓬寬考慮的著重點是如何在經濟改革方面開拓出一條正確的道路。然而，在複雜、尖銳的體制改革的種種矛盾中，儘管他有膽有識、德才俱備、敢想敢幹，最後卻受到排擠退出歷史舞臺，而碌碌無為、吹牛撒謊的潘景川和吳昭年卻身居要津、青雲直上，小說反映出幹部制度的改革實在是一切改革的關鍵一環。《一個工廠秘書的日記》則從另一個角度提出了幹部制度中的問題。金風池並不是一位崇高的企業家的形象，他為副廠長女兒解決工作問題，趕在文件精神變化之前突擊發放獎金，為老工人備置辦喪事的汽車。然而，正是這一切收買人心的行動既使他保住了廠長的位置，又能順利地開展工作。他雖然不是我們的時代應該有的幹部，但恰恰正是我們這個時代造成了這樣的幹部。此外，像《拜年》、《悲劇比沒有劇好》、《人事廠長》、《弧光》等也都突出地反映了權力之爭和幹部任用中的問題。蔣子龍的這種描寫，表現出對科學的健全的幹部制度的期望，揭示出我國幹部制度中的弊端已經嚴重地妨礙了「四化」建設的進行。這與僅僅描寫改革事件本身的作品相比，顯然要清醒、冷靜與深刻一些。

《陰錯陽差》（1985 年）和《收審記》（1986 年）兩個中篇的發表，顯示出蔣子龍的認識又進了一層。在《陰錯陽差》中，電子工程學家

5　《蔣子龍選集·自序》，《蔣子龍選集》第 1 冊，百花文藝出版社 1983 年版。

布天雋和她的丈夫馬弟元在國外考察和工作歸來後，憧憬著有一個良好的工作條件搞一些尖端專案的研究，然而，本單位同事間的傾軋、嫉妒和排斥，結果使他們空懷報國熱情而一無所成。作者從中西文化對照的角度，表現出民族的心理結構、傳統的道德觀念、人們的心理素質對於改革與「四化」所發生的潛在而又非常巨大的影響。《收審記》描寫的則是一個改革者蒙冤的悲劇。要求革新、勇於開創局面的某生產科長，他所得到的並不是領導的支持與改革的順利，而是被冠以莫須有的罪名關進拘留所進行審查。理想與現實的違拗，個人與環境的對立，作者在這裏已不再把改革者置於一帆風順的描寫之中，而是在錯綜複雜、千頭萬緒的現實矛盾中反映出改革的艱難、痛苦以及所付出的代價。這種比廉價的樂觀更爲真實的表現，也是蔣子龍跟隨時代認真探索的結果。

在著力關注工業的發展與改革的同時，蔣子龍也表現出對其他一些問題的熱心。《赤橙黃綠青藍紫》反映的是青年生活。解淨、劉思佳等一批當代青年，十年動亂在他們心理上留下了不同的傷痕和烙印，他們各自的性格與變化，呈現出 80 年代青年生活與精神歲月的紛繁複雜的色調，要求著全社會的關懷與理解。《燕趙悲歌》表現了處於轟轟烈烈的改革與變動中的農村現實。武耕新作爲大趙莊的黨支部書記，他建設大趙莊的宏偉藍圖，他的精明強幹的領導魄力，他的全新的現代化消費方式，都顯示出一個叱吒風雲的新型農民形象，一個具有相當創造力的改革家形象。《蛇神》以京劇演員邵南孫與花露嬋頗具傳奇色彩的故事，表現出對一代受難而復蘇的知識份子自身陰暗面的嚴峻審視。在這些作品中，同樣顯示出蔣子龍對社會熱點問題的關心與對生活的敏感。不過，由於作者對有些領域的熟悉程度不夠，一些作品也一定程度地流露出演繹概念的痕跡。

在藝術風格上，蔣子龍追求一種剛健、粗獷、豪放的藝術特色。他往往從生活激流中攫取重大而急迫的題材，居高臨下，俯瞰全局，而後快刀切下，大翻大覆，造成騰挪翻滾的氣勢。他對人物形象的刻畫，一般不大注重心理剖析與靜態描寫，而是強調在動作中寫人，採用粗線條勾勒，常常選擇一兩個強動作來凸現人物性格。在語言上，

雄渾、精闢、生動，表現出大工業戰線上濃厚的生活氣息和氛圍。但他也有的作品在粗獷中留有粗疏的毛病，有時議論過多，有直奔主題之嫌；也有的作品中人物帶有類型化的傾向。

張潔，1937年生於北京。1960年畢業於中國人民文學，後長期在工業部門工作。「四人幫」粉碎後才開始文學創作，但起步迅速。《從森林裏來的孩子》、《愛，是不能忘記的》、《沉重的翅膀》、《祖母綠》等一批別具一格的小說，在讀者中產生了廣泛的影響。

張潔在粉碎「四人幫」後最初幾年的創作，主要追求健全完美的社會生活和思想境界，發現並捕捉人物身上動人、閃光的一面。1978年發表的短篇小說《從森林裏來的孩子》是她進入文壇的開篇之作。作者雖也寫了音樂家梁啓明慘遭迫害的悲劇，但她並沒有在作品中展覽「傷痕」，而是著力揭示存在於人民中間的高尚情懷與美好心靈。梁啓明臨終前毅然將自己的全部藝術毫無保留地傳授給伐木工人的後代，讓生活中美的東西在青年一代身上得到繼承、延續和發展。這是在遭劫罹難的歲月和醫治創傷的新舊交替時期最可寶貴的品質，是一曲飽含著抑鬱的傷痛與欣悅的詩情的生活讚歌。《誰生活得更美好》反映的是作者對青年人生觀念的思考。自命不凡、裝成一副「趣味高雅，思想深奧」的青年吳歡，在質樸、踏實、上進的公共汽車女售票員面前顯露出來的靈魂空虛與猥瑣渺小，表現出作者對人的尊嚴與堅韌的精神力量的讚頌，在讀者心中掀起了層層的感情波瀾。

《愛，是不能忘記的》是一篇引起廣泛爭議的作品。小說中女主人公鐘雨年輕時曾盲目地陷入了無愛的婚姻，但是，當她重新開始追求，與一位老幹部傾心相愛時，大家卻都面對著難以掙脫的無愛的婚姻的現實，最後不得不忍痛割捨。整篇作品就是在無愛的婚姻背景下的一曲愛的哀歌。作者將筆觸深入到人的感情世界最隱秘的處所，大膽地描寫了一場婚姻與愛情分離的悲劇，在平靜的生活中表現出一場驚心動魄的精神搏鬥。它向人們尖銳地提出：愛情在婚姻中究竟佔有怎樣的地位？應該追求以愛情為基礎的婚姻，還是繼續維繫沒有愛情的婚姻？這對清除千百年遺留下來的封建傳統道德與現存的落後保守觀念，以及喚起人們的現代情愛意識，無疑有著巨大的作用。不過，

小說的缺失在於，它對於愛情的理解和描寫太過於理想化。鐘雨一生中與「老幹部」接觸的時間累計不足 24 小時，「聯手也沒有握過一次，」卻能與他 20 多年在精神上相處在一起，「就像一對恩愛夫妻」。這種空泛的、純精神的愛情追求，幾近一種宗教意識。它在使人們感到不盡合理的同時，也削弱了作品的思想光芒。

　　1981 年發表的《沉重的翅膀》，是新時期文壇出現的第一部反映「四化」建設的長篇小說，榮獲第二屆茅盾文學獎。它標誌著作者創作道路上的一次重大的突進與開拓。小說圍繞著經濟體制改革問題，描寫了 1980 年前後發生在國務院一個部委的一場錯綜複雜的鬥爭，爲「四化」建設的革新派、創業者譜寫了一曲高亢的頌歌。作品突出刻畫了副部長鄭子雲的形象。作爲改革派的主將，他頭腦清醒，思想解放，有深厚的理論素養，也有不懈的實幹精神。人民群眾在 30 年的社會主義建設中，生活未能得到應有的改善與提高的事實，使他深深地感到歉疚和責任重大。正因爲如此，他在 65 歲而又身患重病的情況下，還決意爲社會主義的企業作出自己應有的貢獻。他竭力主張實行體制改革，擴大企業管理自主權，多方支持曙光汽車廠的各項改革措施，親自爲企業管理幹部編寫訓練教材，力圖使政治思想工作科學化。對於改革的困難，他心中有數，在工作中既有進攻型的鬥爭和追求，也特別注意鬥爭的政策和策略，甚至也有妥協和退讓。這是一個活生生的新時期老幹部當中的「中國的脊樑」式的藝術典型，對於豐富當代文學的先進人物畫廊是一個不小的貢獻。此外，田守誠的圓滑刁毒，陳詠明的求實苦幹，楊小車的誠實義氣，也都刻畫得相當成功。作者視野開闊，既寫了國家機關、工廠和家庭，也寫了農村和城市的某些方面；既將社會矛盾、家庭糾葛和個人遭遇交織在一起，又將人物的行動與心理交融在一起，比較充分地展現了「四化」建設起步階段的時代風貌，給人一種在艱難中所需要的強烈振奮感和必定勝利的信心。小說的不足之處在於，結構較爲鬆散，許多場面之間缺乏應有的內在粘結力；議論偏多，有的則不免帶有一定的主觀隨意性。

　　在《沉重的翅膀》之後，張潔的創作主要集中在愛情、婚姻與婦女問題的描寫方面。《方舟》是一篇憤世之作。「寡婦俱樂部」裏的三

個離婚寡居的中年知識份子，她們在婚姻上的不幸，以及隨之而來的冷遇、侮辱和打擊，使她們在掙脫了家庭的痛苦之後又蒙受著更難忍受的社會歧視。作者對那種視離婚婦女爲「不屬於誰，便好像可以屬於任何人」的侮辱心理與傳統的倫理道德觀念進行了有力的批判，呼喊著全社會對離婚婦女的尊重和理解。《七巧板》則從另一個角度探討了婦女解放的問題。女主人公金乃文曾是一個受過現代高等教育的女子，但是不幸的婚姻使她在經受著磨難的同時也認同了傳統，成爲一個節婦烈女的典型。在這裏，作者的解剖刀伸向了傳統的封建觀念，也伸向了束縛人們行爲的現實環境，更深一層地剖析了婚姻悲劇的心理因素和歷史淵源。在《祖母綠》中，善良、純潔的 50 年代女大學生曾令兒，爲了青年時代鍾愛的男子犧牲了一切——「政治前途，功名事業，平等自由，人的尊嚴」，還有青春、幸福和愛情。但在曾令兒看來，愛首先是給予，是無私地奉獻，是犧牲一切，它只需要呼應，而不需要任何回報。因此，她的愛脫離了具體物件、形式，不受時空限制，上升爲一種永恆的愛的意念即所謂的「無窮思愛」。在這些作品中，張潔對愛情、婚姻、家庭與道德這些方面的確具有一種嚴肅、勇敢的探索精神，正是這種探索精神使她的作品高人一籌。但是，在她的筆下，作爲現實問題的愛情、婚姻往往被推向了極端，離開了社會的人，成爲一種思辯哲學，因而也就削弱了生活本身發展的內在聯繫和必然性，影響了作品的思想意義。

　　張潔的小說具有深沉、含蓄的藝術風格。她善於描寫人物的內心世界，通過對人物的種種心理和感情流程的描寫，細緻入微地表達出他們的愛與憎、歡樂與憂傷、希冀和探求，使人物呈現出清晰的心理內涵。抒情性敍述和哲理性議論相結合也是張潔小說的一個明顯特點。她在描述人物的不幸遭際，抒發人物的內心感受時，總是融入自己的情感和體驗，而同時又往往雜以作者關於社會人生的哲理性議論，情與理熔於一爐。這在《愛，是不能忘記的》等反映愛情婚姻問題的作品中表現得更爲明顯。她的語言優美、流暢，富於節奏感，有著音樂和抒情詩那樣打動人心的藝術魅力。

　　諶容，原名諶德容，祖籍四川巫山，1936 年生於漢口。1954 年考

入北京外國語學院俄語專業，畢業後當過俄語翻譯和中學教員。1975
年，她出版了第一部長篇小說《萬年青》。1978 年，又出版了另一部長
篇小說《光明與黑暗》（第一部）。這兩部小說都不同程度地打上了那
個時代的痕跡，沒有引起人們的廣泛注意。1979 年以後，諶容的創作
出現了重大的轉機。她連續發表了《永遠是春天》、《人到中年》、《太
子村的秘密》、《散淡的人》等一批有影響的作品，成為新時期文壇上
一位引人注目的女作家。

　　《人到中年》是諶容的成名之作，也是一部具有深刻現實意義的
社會問題小說。作品通過對中年女醫生陸文婷在「超負荷運轉」中心
力交瘁的描寫，以及活動在她周圍的一些知識份子的境遇，真實而又
尖銳地提出了一個極帶普遍性的社會問題——中年知識份子問題。在
「四化」建設途中，中年知識份子是國家的骨幹，他們熱愛祖國，勤
奮工作，貢獻卓著。然而在現實生活中，他們地位不高，待遇菲薄，
生活窘困，不能不常常感到力不從心，又不能不付出巨大犧牲。《人到
中年》就是從這樣的現實出發，對如何正確對待理解與尊重中年知識
份子的問題發出了強烈的呼籲，因而在國內外引起強烈反響，榮獲
1977-1980 年全國優秀中篇小說一等獎，並被改編為電影。

　　《人到中年》著力塑造了陸文婷這一具有深刻時代意義的人物形
象。她身材瘦弱，寡言少語，沒有人們常常炫耀的那種社會關係和顯
赫門第，甚至連黨員都不是，只是一個普通的住院大夫。但是在 20 多
年的工作中，她把全副精力和心血都傾注到了醫療工作中，在醫院裏，
她面對的是永無休止的求治的病人，回到那 12 平方米的居室，面對著
是繁忙的家務和清苦的生活。她不是只滿足於吃飽喝足消閒混日子的
女人，她唯一的奢望是如果能再有一張書桌就好。她熱愛自己的事業，
不像姜亞芬夫婦那樣受不了窘迫和委屈忍痛出國。她不卑不亢地對待
秦波的侮慢，也絕不認為給焦副部長治病有什麼光榮。為了完成張老
漢的角膜移植手術，她忍受著大病爆發前的劇烈痛苦，最後終於倒了
下來。這是一個普通而又崇高的知識份子形象。她用自己高度的事業
心和責任感，表明了對事業的熱愛與對人民的赤誠。在她的身上，反
映出了中國知識份子的共同性格，並向人們提出了重視知識份子、改

善知識份子待遇的急迫要求。此外，與陸文婷形成鮮明對照的「馬列主義老太太」秦波，在作品中也刻畫得相當成功。這位部長夫人雖然也曾遭到林彪、「四人幫」一夥的迫害，但她並未覺醒，開口閉口「我的同志喲！」以馬列主義的原則、詞語為幌子，到處拉關係走後門，享受特權，盛氣凌人。在漂亮的詞藻下面，隱藏著一顆已經喪失革命意志的發黴的靈魂。她的優裕地位和精神面貌，不僅烘托出陸文婷的清貧、正直和踏踏實實的工作作風，而且也反映出我們社會中一些令人深思的現實問題。

在《人到中年》以後，諶容繼續從現實生活中提煉具有重大社會意義的主題，大膽地揭示尖銳的社會矛盾。《太子村的秘密》是作者的又一中篇力作。小說描寫了在極「左」路線時期農村基層幹部李萬舉，以勞動者的機智和狡黠，用各種方法對那一套荒謬的做法進行了有效的抵制，揭開了太子村在政治動亂中既「緊跟」了形勢又發展了生產的秘密。李萬舉性格中真、假兩個側面的統一，實際上反映了我們的農村工作路線、政策、作風與農村實際情況一度處於嚴重分裂的狀況，蘊含著深刻的歷史教訓。《散淡的人》同樣顯示了作者對社會問題的深切關注。蜚聲國內外的著名學者楊子圭，從「一二‧九」運動起就追隨革命，為黨和人民做了許多有益的工作，然而，由於他胸懷坦蕩，性情梗直，到了 80 年代仍被認為「入黨的條件還不成熟」。在他晚年所謂「散淡」、「狂放」的外殼下麵，包含著的其實仍然是一顆對黨、對祖國、對人民至死不渝的赤子童心。從楊子圭身上，照出了黨的某些組織、某些成員對待高級知識份子觀念上的偏頗和工作中的失誤。此外，諷刺形式主義的領導作風和工作方法的《關於豬仔過多問題》，在一次彆扭的學習中刻畫出一幅幅微妙的知識份子心態圖的《真真假假》，以一條小道消息的傳播照出各個年齡層的男男女女各種想法的《減去十歲》，也都從不同的角度與側面切入社會、人生，顯示出作者對現實生活的關注和思考。

與新時期有影響的中、青年女作家相比，諶容是較少觸及婚姻戀愛題材的一位。但是，當她一進入這個題材領域時，就表現出自己獨特的思想深度與獨特的發現。《褪色的信》迥異於一般的描寫愛情的小

說。作品通過女知青章小娟回城後對青年農民溫思哲的感情變化，清醒地意識到並不存在什麼抽象的、永恆的愛情。愛情的產生和熄滅，歸根結底是擺脫不了社會因素、理想信念的制約的。從這一點出發，作者對章小娟的感情冷卻，表現出了一種難得的、超乎世俗觀念的同情和理解。《錯！錯！錯》和《楊月月與薩特之研究》敘寫的都是愛情中的悲劇故事。前者中男女主人公汝青與惠蓮，脫俗、超凡、浪漫，不受金錢的困擾，也沒有第三者的插足，然而，在短暫的蜜月之後，他們卻無可挽回地冷漠與隔閡了。汝青不斷地追悔，但是，他始終也不知道「我的錯在哪里？」作者在引導人們注意調節幻想與現實的關係、去掉幻想中不合理成分的同時，還進一步流露出對現存婚姻形式本身的迷惘與懷疑。後者反映的是一個人們常見的家庭破裂的故事，不過，作品力圖表明，在這一出悲劇中幾乎所有出場的人物都是不幸的。楊月月有其不幸，而拋棄她的徐明夫和曾經是「第三者」的劉玉玲也許更加不幸。這一容易被庸俗、簡單地處理的題材，在作者筆下得到了完全新穎的處理。

　　諶容的小說有著鮮明的創作個性。她的作品大都從時代精神的主潮中，從千百萬群眾生活的大趨勢中汲取詩情，提煉主題，因而，能夠啓示讀者思考社會生活中那些最牽動人心的問題，產生出較大的社會影響。在藝術上，理性和激情的融合是她創作個性的核心。例如在《人到中年》中，仿佛同時並存著兩個藝術世界，一個是藝術的理性世界，另一個是藝術的感情世界。前者使人思考，催人清醒，後者引人入勝，使靈魂得到沐浴。此外，她還不斷注意尋求藝術手法上的革新。《散淡的人》採用了以人物為軸心、輻射式的多角度歷史回敘的方法，《關於豬仔過多問題》使用了類似電影鏡頭剪接的結構技巧，《太子村的秘密》運用推理小說的寫法，《錯！錯！錯！》通篇採用人物內心獨白……這些不拘一格的藝術探求，不僅有助於人物性格的刻畫與故事情節的展開，而且也增強了作品的藝術效果。

附　　錄

附：

純與俗：文學廝殺中的
對立與溝通

欒梅健　馬亞中　王堯
劉祥安　湯哲聲　李彬

一

　　王堯：純文學與俗文學的廝殺是中國當代文學的大裂變，裂變與裂變而來的各種效應表明，它是轉型期中國重要的文化現象。

　　劉祥安：「轉型期」確實是個有意義的時間概念，在這特定的時間內，文學上的這種對立與廝殺包孕了許多文學的與非文學的話題，值得一議。

　　馬亞中：要討論這種對立，有必要檢查一下概念。我認為將純文學與俗文學對舉，從概念上講是說不通的。「純」者，一色不雜之謂也。顧名思義，「純文學」者，當為純粹的文學，也就是說，是完全符合文學之標準，專門擔當文學責任的文學，它的對立面應當是「雜文學」，也就是與其他文化類型相交，兼負多種文化使命的文學。譬如報告文學、雜文小品等，我認為就屬於雜文學的範圍。也就是說，從純粹的意義上講，它既非文學，又非哲學、政治學或社會學，而是一種介於其間的特殊的「邊緣文化類型」。

　　而「俗」者，乃大眾化之謂也。又，俗，欲也，俗人所欲也。從俗，也就是能滿足大眾之欲，故「俗文學」也就是容易為大眾接受理解，能滿足大眾之欲的文學。在傳統文化中，「俗」常與「雅」對舉。「雅」者，正也。而「正」的標準則掌握在「君子」、「士大夫」的手中，因此，所謂「雅」，也就是符合「君子」、「士大夫」標準的。所以，如果要指出一個可以與「俗文學」相對舉的概念，不妨可以沿用雅俗

對舉之例，把它稱爲「雅文學」。

　　欒梅健：就是用「雅」、「俗」的對舉也還是不盡如意的。在過去的語言中，「雅」往往與雅士聯繫在一起。俗人在封建社會裏，則是引車賣漿者流，下里巴人，暗含著不同階級、階層、不同文化傳統的對立。今天使用這樣的字眼，應該剔除這類成份。

　　劉祥安：本來概念用來概括一類現象，沒有價值判斷的意味，但「雅」、「純」在與「俗」對舉時，似乎就暗示了一種價值判斷。追根尋源，在現代，大概始於新文化運動對鴛鴦蝴蝶派的批判。後來治文學史的人，則簡單地肯定一方而否定另一方，於是「雅」似乎與「新」、「進步」、「有價值」等聯繫在一起，而「俗」則成了「落後」、「愚昧」的代名詞。

　　馬亞中：的確是這樣。除我前述之義外，在傳統文化中，這兩個概念時常是一種寓有褒貶的價值判斷。因此，必須強調我們現在確立的「雅文學」和「俗文學」這兩個概念，主要是從接受層次上對文學類型作出的一種劃分和界定，而並不含有褒貶之義。一般而論，「雅文學」的主要接受對象是上層知識階層，但反命題並不成立，即上層知識階層接受的文學並不就是雅文學。「俗文學」的主要接受對象是下層文化程度一般的平民百姓，反命題同樣不成立，即平民百姓接受的文學並不就是俗文學。

　　李彬：聽說巴金就喜歡在工作之餘看點打鬥片。巴金當然是高層次的知識份子。人們的精神生活是有層次的，是複雜多樣的。就社會一般情形而言，人們將目光投向文學，往往爲了休息，爲了娛樂，爲了宣洩，甚至爲了再現虛幻的夢想，所以有很多的金庸迷、瓊瑤迷，而置莎士比亞、托爾斯泰不聞不問。因爲在那些世界名著中他們找不到適合的精神飲料。有些文學作品可以滿足知識階層探求宇宙人生的需求，滿足他們精細的審美感覺的需求，有些僅僅滿足休息、娛樂的需求。但是，它們就象蛋白質、維生素、鐵、鈣對於人都不可或缺一樣，我們不能在它們之間加以取捨或分出等級，派定誰是有價值的，誰是沒有價值的。

　　欒梅健：有些俗文學，從純文學角度看來簡直沒有多少藝術可言，

比如滿足人們好奇心的「好奇型」作品。但它自古以來就存在，至今還在發展，說明它有存在的合理性和必然性。

　　湯哲聲：況且，純文學與俗文學之分本來就不是絕對的，它和時代的觀念有著很大的關係。《詩經》本是采風而來，《水滸傳》、《三國演義》的出現首先也在民間流傳，在當時都可以說是俗文學，而今卻又都成了純文學。它們兩者之間不應是廝殺，而應是同時並存，互相滲透。誰也說不準，當今的俗文學若干年後會不會成為純文學！

　　劉祥安：但是，許多當代作家就是不能接受這一點。他們從來以有價值的作家自居，在俗文學如潮的現實面前失去了心理平靜。

　　王堯：因此，對立衝突不在作品之間，而是作家觀念、精神自身的矛盾。在新時期之初，俗文學仍是一個比較淡薄的概念，純文學作家並未意識到俗文學將會挑戰並危及自己。當然，那些被稱為純文學的作品是不是純文學仍需「研究研究」。先是自信，後是嚴密防範，但這時已有惶恐。憤慨夾著鄙夷，招數不多，最終亂了方寸，那「氣」竟運不到丹田，無奈「疲軟」下去，失落感油然而生。面對俗文學，純文學作家的心態失重，正是原有人生態度、精神體系和價值觀念的裂變。幾聲呻吟，也可謂之「陣痛」。如果聲音變得怪異，則是精神上的孱弱。純文學正宗地位和純文學作家精英地位的轟毀，意味著我們文化選擇行為必須要重新調整。

　　劉祥安：調整的前提是溝通。對立的雙方不需要各自以自己的體系來衡量對方，更需要跳出自己的體系，站在對方系統中來評判自己，這一定會發現許多有趣的東西。

　　王堯：我們應當注意到，除了「五四」一代作家外，活躍在當今文壇上的作家，絕大多數是在封閉的系統中完成自己的文化積累過程，造成某種先天性的「精神偏狹」症。這樣就有必要到戶外去做做「擴胸運動」。我很贊同劉祥安的「溝通」，就創作主體而言，溝通是精神對流；就文本而言，是藝術上的滲透。這將帶來文學的新特質，並由此動搖我們原先的價值觀，理論體系的重構也將不再那麼渺茫。當然，溝通也有前提，我們必須培養自己的寬容精神，作為一個現代意義上的作家，寬容既是人文精神又是藝術準則。

　　馬亞中：事實上，歷史已經作了溝通。儘管在歷史的橫斷面上，有雅文學和俗文學的兩大陣營存在，但隨著歷史的變遷和篩選，留傳後世的許多俗文學作品，都成了「雅文學」。例如，爲中國在世界上爭面子的明清五大古典小說名著，其出身原是「俗」的，現在有許多自命清高的「雅作家」恐怕還攀不上這樣的貴親。就整個體裁而言，小說者流，本來就屬於「俗文學」之列。小說家，就如同過去上海灘上的許多闊佬，其祖宗也不過是市井負販而已，所以，不要以爲現在闊了，就瞧不起市井負販了。「雅文學」與「俗文學」之間的交流是雙向的，整個文學正是在這種雙向交流中不斷豐富、不斷發展，現今的「俗文學」很難說不是未來的「雅文學」。當然，俗文學「與」雅文學之間的交流是多方面的，需要作整體的研究，不要作互相之間的廝殺。從這個意義而言，鮮明地自覺宣導「溝通」是很有價值的。

二

　　馬亞中：俗文學的基本內容，從歷史發展角度看，主要由與平民百姓關係最密切、最具利害關係的三級世界構成。首先是神怪世界，這是原始的巫術、宗教活動的影響，籠罩著原始思維的陰影。它與百姓的關係是神怪決定命運，其典型的文學形態就是志怪小說。接著是歷史世界：英雄崇拜是神怪崇拜的現世化，它是個性意識覺醒的子夜，英雄創造了歷史，並操縱著歷史。它與歷史的關係是英雄決定命運，其典型文學形態就是歷史英雄話本。最後是現實生活的日常生活世界。它是個性意識覺醒的黎明，自身的生命活動成爲關注對象。與生命活動直接相關的兩大內容是生兒育女和謀生，由生兒育女產生出「愛」，它的具體表現是言情文學，由謀生產生出「罪」，它的具體表現是公案、俠義文學。

　　王堯：俗文學是條生生不息的大河，之所以抽刀斷水水更流，在於它是人的本性的載體和人的生存方式的藍本。「落難公子遇佳人」固然是一種簡單的敘事模式，然而也正由於簡單，人的天性才原始、樸實、毫無僞飾地表現出來。從接受角度看，讀者對武俠小說的偏愛癡迷，不僅是審美心理的選擇，而且在「成人的童話」面前，人的某種

天性由抑制而淋漓盡致地得以排遣。因而，讀武俠小說、觀武俠影視時的痛快，既是審美愉悅，更是人的生命力的弘揚。

樂梅健：因此，俗文學的考察，應該從文化人類學的視角去進行。文化人類學認為，人們的審美滿足並不簡單地依賴於對新的認識、經驗的掌握，而更多的是寄植於人的生理上的宣洩、放鬆。驚心動魄的打鬥場面，懸念迭起的偵探情節，纏綿悱惻的情愛描寫……都是以直接而有效地抓住人們的感應神經，在雅文學欲語又停留的羞澀與遮掩面前，迅速進入到讀者的心理與生理的愉悅層次。

劉祥安：是否可以說，雅文學更多作為社會精英的創作活動，是精英文化的充分表現形態，俗文學因為最大限度地適應了讀者的需要，往往表現了潛文化的內容。精英文化，一方面是自覺的，但另一方面也更多是社會的、歷史的，相對於潛文化來說，有更多的戕害人性的方面。潛文化則往往逸出精英文化的藩籬，有許多令人深思的東西。如果這種觀念可以接受，那麼俗文學可以置於潛文化與精英文化的對立統一關係中加以觀照。這裏，潛文化也好，精英文化也好，都是關於人的一種精神產品，把這一模式與傳統的社會學分析模式進行比較，可以校正一些誤解。

馬亞中：因為人的生命活動是無意識的，人對自身的認識又是全方位的，無限的，所以，一種已經意識到的、自覺的文化畢竟是有限的。如果拿精英文化這個繩索來束縛人的生命活動和自身肯定，的確有點殘酷；如果以某一種更為有限的文化來束縛人，那就不僅殘酷，而且更顯得猙獰了。所以植根於人類的生命活動和自身肯定的俗文學，是不能簡單地以某一種社會決定論的觀點加以分析的。

湯哲聲：按傳統的分析模式，中國現代文學史上的俗文學是資本主義商品經濟的產物，其實俗文學古已有之，於今為烈。只不過是商品社會的快速節奏給俗文學帶來了用武之地，給俗文學娛樂性的施展提供了條件。無論是腦力勞動者，還是體力勞動者，在他難得閒暇之時，他是決不願聽板著面孔的牧師指迷訓誡的。他要享受，要休息，俗文學給他提供了這個機會。

王堯：對，商品經濟的發展僅僅給文學提供了一個機會，也就

是說，提供了某種特定條件、環境，使老問題有了某些現代特徵。大眾傳播媒介的逐步發達和現代化，為俗文學的生存與發展創造了條件，但我們不能據此以為現代商品經濟是俗文學發展的動因。持這種觀點的人不少。現在似乎又形成了一種思維模式：從商品經濟角度審視各種問題，包括文學現象。因為在有些人看來，經濟基礎決定上層建築，既然發展商品經濟不可避免會出現各種腐敗現象，那麼必然有俗文學「氾濫」──或許後面還有「成災」二字。當某一角度被萬能化時，其價值會因庸俗而喪失。因此，我主張要在一個廣闊、複雜的背景上，對純、俗文學的種種狀況作多角度的透視。

劉祥安：也許可以說，俗文學雖然被不屑一顧了幾十年，但是我們對它卻是所知甚少，因此，當前有必要研究研究這俗文學了。

李彬：首先要解除觀念上的障礙，現代文學史提及的通俗作家很少，除張恨水外，幾乎都隻字未提。我認為僅從藝術成就來考慮，如劉雲若、畢倚紅、王度廬是可以和張恨水匹敵的。劉的《紅杏出牆記》、畢的《人間地獄》、王的《綺市芳葩》都是很為出色的作品。拋除政治因素，單純從文學方面考慮，他們在文學史上完全可以位居蔣光赤、葉紫之上。但至今未有人仗義執言過，就因為劉雲若等是通俗作家，可見舊的文學觀念依舊沒有砸碎。

劉祥安：這些觀念有些也許並不壞，問題在於俗文學既然和雅文學有些區別，為什麼總是要用雅文學的評論標準去對待俗文學呢？正如我們不會用古典主義的標準要求浪漫主義，也不會用浪漫主義的標準去要求現實主義一樣。

王堯：批評的理論體系有它特定的適用物件，不論物件的規定性亂套亂批，是一種「強姦批評」。

劉祥安：比如說，人們往往指責俗文學作品的不真實、怪奇，這顯然是用現實主義的批評體系來看待問題了。古代神話、民間史詩，我們今天不再責難其幼稚、怪誕，對俗文學為什麼不能耐心去探求一下它們所以如此的緣由？我認為人既是理性的，又是非理性的，有無窮的非理性的欲望，在社會理性的秩序中，這類欲望無法得到滿足，俗文學就是一種補償，通過它得到虛幻的滿足。

李彬：我很欣賞「成人的童話」的提法，在商品社會裏，最真實的是赤裸裸的金錢關係。批判現實主義作家、自然主義作家曾經爲我們描繪了觸目驚心的圖畫，但我們仍然得在這裏生活，別無選擇。這時候，來點岑凱倫、三毛的作品也許未嘗不好。

劉祥安：如果不算冒昧，我想俗文學中的這種奇與怪的內容，它的虛幻特徵，應該另有評價尺度，這便是欲望的真實。如果相對於理性的真實，它是非真實原則。奇、怪、虛幻是表現形態，從創作過程說是一種幻想，而幻想的素材是社會生活，但最爲值得注意的是幻想的內驅力，真正的幻想根源於生命的深層，根源於無意識。俗文學的基本內容是一種人類的幻想、民族的幻想、特定的時代社會的幻想，這三個層次是重合的，不可分離，或者說是一種人類幻想在特定民族、特定時代、特定社會的表現。

馬亞中：對於幻想的浪漫表現，也許武俠小說比較明顯、比較突出。

三

欒梅健：在新時期出現了相當數量的俗文學創作，對於其創作現狀，不知諸位有什麼看法？

湯哲聲：說俗文學沒有缺點是不現實的，恰恰相反，從當前的現狀來看，它離令人滿意的程度還有很大差距。我認爲封建意識和文化修養的缺乏是兩個突出的表現。例如大多數武俠小說都有一股「農民造反」的氣息，當一個霸權主義的代表被推翻以後，而另一個盟主又出現了，而這個盟主往往是前一個盟主的「造反派」，大有一種「皇帝人人做，今天到我家」的味道。

劉祥安：我認爲文學從接受角度講，應該既有趣味性，又有人文精神。

湯哲聲：實際上，俗文學從整體上說還需要有一個提高文化修養的問題。象《飄》和《根》這樣的小說在美國屬於俗文學，而在中國則會成爲純文學的驕傲（尋根文學就是一例）。爲什麼會有這樣的差別呢？稍加分析就會看出裏面有兩國文化修養水準起點不同的差距，這裏面有國民素質的高低之分。重要的是俗文學作家的文化修養有待提

高。由於有些俗文學作家文化修養低，因此他們就只能看到事物的表像而缺少一種審美的眼光，這是很多俗文學胡編亂造的原因。法制文學成爲刑事案件彙編，武俠小說象群架鬥毆，言情小說也僅是卿卿我我。俗文學作家必須有較高的文化修養和較高的審美眼光，其實，金庸小說之所以在俗文學中獨佔鰲頭的地方也正在這裏。

馬亞中：當然，所謂境界的提高，實際上還涉及到一個「雅化」問題。什麼是高境界?標準是什麼？這似乎很難說清楚。但仔細品味，這裏也有一個馬克斯·韋伯所說的「奇理斯瑪權威」問題，那一種在傳統中滋生出來的內在標準。它的具體範式，也就是爲歷史所認可的文學作品，是「正」與「雅」的（從接受角度而言，歷史上的經典作品，包括俗文學作品，一般都不是當時所流行的最通俗的作品）。在這裏，我認爲在俗文學與雅文學的雙向交流中，最主要的是雅文學對俗文學的影響，但俗文學境界的提高，絕不意味著放棄自己的特色，削足適履，進入既定的雅文學的模式。這就需要創造性的發展。從某種意義上來說，俗文學境界的提高，首先需要有藝術形式方面的自覺。一般看來，俗文學的美學關注點是它的「故事」，表現故事的藝術形式尚未成爲美學關注點。許多俗文學的作品之所以境界低下，一個重要原因就是不太講究藝術形式。當然「故事」本身也有一個境界問題，我認爲這就要看「故事」是否具有平易近人又震撼人心的美感效應。至於「意蘊」、「感悟啓示力」等，則可以作爲意外的、不期而至的收穫。如果把「意蘊」及「感悟啓示力」作爲美學關注點，把人們引向理性的思考，那麼俗文學也就侵入了雅文學的領地，而俗文學原先具有的許多雅文學無法產生的魅力也將隨之殆盡。

王堯：客觀地說，俗文學之所以遭到誤解，除了觀念使然，其實也與俗文學的品質有關。我覺得，俗文學也應當重塑自己的品格，當僅僅滿足於接受物件的廣泛時，也就陷入了另一種困境。

馬亞中：俗文學境界的提高，我看最主要是放膽，放手實踐。中國有才識、有修養的人不少，有膽的人就太少了。

1989·12 於蘇州大學東吳園

（原載《當代作家評論》1990 年第 3 期）

後　記

　　當校訂完上、中、下三編的內容，手捧茶杯凝視著這些文字時，心中不禁湧起無限感慨。從 1986 年在《小說評論》發表第一篇評論文章《安然論》起，至今已有近二十個年頭了。那時自己還是一個初出茅廬的在校碩士研究生，而如今已是步入不惑之年的經霜的中年人了。

　　在我的文學之路上，父親給了我最大的引導與啟蒙。他是一位執著于創作的文學愛好者，經常寫一些小說和詩歌投諸刊物。據母親說，父親在產房陪母親生我的時候，他一直看的是《紅樓夢》。小時候家中長年訂閱的刊物是三種：《人民文學》、《詩刊》和《雨花》，這些都是父親最愛看的。自從我識字以後，它們也就成了我每期必看的雜誌。幾乎是每個傍晚，父親領著我在屋角東面那顆大柿子樹下背誦古典詩詞。他最推崇的是蘇軾。不過，我最熟悉的卻是《水滸傳》。那時，正是大陸開展評論《水滸》的時候。我看得滾瓜爛熟，常常有一堆小夥伴圍繞在我的周圍，聽我給他們眉飛色舞地講《水滸》的故事。

　　我初中畢業是在 1976 年 6 月，那時距離「四人幫」粉碎還有幾個月的時間。高中不是經過入學考試錄取的，而是要由根紅苗正的出身無產階級的子弟去佔領。於是，我失學了，那年是十四歲。失學後怎麼辦？父親覺得我天資聰慧，也有毅力，便叫我在家自學中醫，以為將來生機考慮。我生吞活剝地背下了半本的《湯頭歌白話解》，但對於如何運水入土、運土入水卻總是不甚了了。幾個月後，父親見我沒有什麼興趣，便給我拜了一個油漆工師傅，讓我去學漆工。畢竟對於我們這樣「黑五類」家庭出身的子女來說，學一門技術總比在鄉下種田好。

　　油漆工師傅姓施，對我也頗器重，只不過技藝一般，因此生意也不見佳。我跟著他走南闖北，哪裏有生意就往哪裏趕，前程渺茫黯淡。有一次從江蘇北面的泰興縣做完油漆後回長江南岸的老家武進縣，那

天風急浪高，小船上下顛簸，我坐在船尾，暈船得厲害，幾乎把五臟六腑都吐了出來。看著船下滔滔的長江流水，再回想自己十五、六歲的年紀就如此漂泊天涯，不覺悲從中來、失聲痛哭。其情形，也庶幾類同於走投無路、風雪山神廟的林沖了。

1980 年，我以同等學力身份參加高考。由於沒有高中階段的正規學習，因此外文和數、理、化成績不甚理想，只得報考文科，最後被徐州師範大學中文系錄取。接著，在 1984 年本科畢業時應屆考取蘇州大學中文系的現當代文學專業碩士研究生。其後，似乎是一帆風順：從碩士到博士，從講師到副教授再到教授。

一路走來，似乎幾次要與文學絕緣，然而到最後卻仍然是以文學為職業。現在想來，可能應該歸結於在那棵大柿子樹下背誦的幾百首古典詩詞的影響。

從 1991 年出版《誘人的智慧果》開始，我的文學研究成果大都收集在那十幾本專著中，剩下的是一些主題不甚集中或者當時沒有發表的零散論文。現將它們整理出來，共分三編，其大體設想是：

上編主要收集有關通俗文學研究的論文。從 1985 年開始，我就參與了中國近、現代通俗文學史這一重大課題的研究，在這其中，為了搜集一些通俗文學作家的生平資料，曾多次到地方誌辦公室、圖書館、作家原籍去考查、搜證；尤以王鈍根、惲鐵樵、陸澹安、許指嚴和吳綺緣這五位作家的小型評傳費力最多，資料也最為翔實、可靠。

中編收集的是有關現當代文學的論文。除《安然論》是我的第一篇學術論文外，《李向南論》、《對大陸新時期小說創作中「農民性」問題的思考》和三篇有關高曉聲的論文，均是我在做碩士生時的論文。其中關於對「農民性」問題思考的一文，發表後反響頗好，曾被《新華文摘》全文轉載，並被評為蘇州市優秀學術論文。現在有機會將它們結集出版，也是對自己青春歲月的一個紀念。

下編收集的是對二十世紀中國文學中三個不同時期的文學概述。這三個時段，一直是自己在文學研究領域中著力最多的部分，因此，許多文學史家在編撰諸如二十世紀中國文學史時常常會邀請我承擔這些時段的部分章節；有些改編本文學史，也時常會任意截取，影響到

整體的構思與觀點。現在將它們整理出來，也有比照的效應。

在我的研究中，純文學與俗文學一直是兩個互相聯繫的整體，因此特將我與馬亞中、劉祥安、湯哲聲、王堯、李彬的一組筆談對話《純與俗：文學廝殺中的對立與溝通》作爲附錄收入進來，該文當時發表於 1990 年第 3 期的《當代作家評論》上。由於各人研究方向的不同，其學術觀點有的也漸行漸遠，但當時熱烈討論的情景，還彷彿如在目前。至於《「瓊瑤熱」形成的原因》、《何其芳》等部分，則是以前從未發表過的論文。

非常感謝文史哲出版社社長彭正雄先生的大力協助，也非常感謝政治大學中文系張堂錡教授等好友的熱心關照，是他們讓我擁有了重溫青春歲月的美好心情。

樂 梅 健

2005 年 1 月 3 日

上海，復旦大學

欒梅健主要著述目錄

《誘人的智慧果》（先秦寓言讀本），臺灣業強出版社 1991 年出版。

《二十世紀中國文學發生論》（專著），臺灣業強出版社 1992 年出版。

《通俗文學哀情鉅子——徐枕亞》（編校），南京出版社 1994 年出版。

《通俗文學之王——包天笑》（專著），臺灣業強出版社 1996 年出版，上海書店出版社 1998 年再版。

《大陸新時期文學概論》（編著，與陳信元合作），臺灣南華管理學院出版社 1999 年出版。

《中國文化巨人叢書·現代卷》（主編，十卷本），北京團結出版社 1999 年出版，臺灣國家出版社 2003、2004 年出版。

《前工業文明與中國文學》（專著），臺灣文史哲出版社 1999 年出版，廣西教育出版社 2000 年再版。

《安那其的家園——巴金》（專著），臺灣文史哲出版社 2001 年出版。

《雨前沉思——余秋雨評傳》（專著），臺灣讀冊文化事業有限公司 2001 年出版，北京當代世界出版社 2001 年出版。

《中國現代文學史導學》（編著），北京大學出版社 2001 年出版。

《中國現代文學名家傳記叢書》（主編，與張堂錡合作，已出十五本），臺灣文史哲出版社 2005 年出版。

《中國現代文學概論》（編著，與張堂錡合作），臺灣五南圖書出版公司 2003 年出版。

《抗戰時期的中國文化與文學生態》（專著），河北教育出版社即將出版。